[本书受北京市教委新闻出版类专业建设经费资助]

互动传播

崔恒勇　著

知识产权出版社

全国百佳图书出版单位

图书在版编目（CIP）数据

互动传播/崔恒勇著. —北京：知识产权出版社, 2015.4

ISBN 978-7-5130-3072-4

Ⅰ.①互… Ⅱ.①崔… Ⅲ.①互联网络—传播媒介—研究 Ⅳ.①G206.2

中国版本图书馆CIP数据核字（2014）第232387号

内容提要

随着互联网应用的不断深入，交互性网络媒介的蓬勃发展在不断冲击着传统强势媒体的权威地位的同时，也在逐渐地改变着人们的生活方式。不论是大众还是学界，对于互动传播的关注更多地集中在互动媒介的发展与演变领域。而本书试图通过人类社会活动的本质需求，从传播过程的各个环节来分析互动传播的特点，在写作过程中结合现有传播领域中的相关案例，综合运用了社会学、心理学和传播学的相关理论，从社会交换与互动、心理预期与态度、议程设置等角度，系统地分析了互动传播的要素、机制，并从关系互动、符号互动、媒介互动、情景互动、议程互动等方面来系统地分析研究互动传播的特质，并尝试以此来解释现有互动传播现象。

责任编辑：唐学贵　　　　　　　责任出版：孙婷婷

执行编辑：于晓菲　吕冬娟

互动传播

HUDONG CHUANBO

崔恒勇　著

出版发行：知识产权出版社 有限责任公司		网　址：http://www.ipph.cn	
电　话：010-8200060转8363		http://www.laichushu.com	
社　址：北京市海淀区马甸南村1号		邮　编：100088	
责编电话：010-82000860转8363		责编邮箱：yuxiaofei@cnipr.com	
发行电话：010-82000860转8101／8029		发行传真：010-82000893／82003279	
印　刷：北京中献拓方科技发展有限公司		经　销：各大网上书店、新华书店及相关专业书店	
开　本：720mm×960mm　1／16		印　张：15.25	
版　次：2015年4月第1版		印　次：2015年4月第1次印刷	
字　数：224千字		定　价：48.00元	

ISBN 978-7-5130-3072-4

目　录

第一章 互动传播概述

　　随着媒介技术的不断发展，无论在日常的社交活动中还是在商业与公共领域的公共关系活动中，大众对互动传播的关注度都越来越高，然而互动传播的内涵与外延在学界还没有得到统一，其应用领域也只是零星的组合"互动"二字，而对于互动传播的整体结构还未形成系统认知。本章将结合社会学与心理学的相关理论，从传播学的角度来阐述互动传播的相关知识。

第一节 传播与互动

一、人类传播的五个发展阶段

　　人类传播活动是人类在社会交往过程中通过特定的媒介所进行的信息流通活动，任何传播都离不开渠道和媒介。人类传播活动的演变历程本质上就是传播媒介的发展历史。迄今为止，人类的传播活动经历口头传播、文字传播、印刷传播、电子传播、网络传播五个历史发展阶段。

（一）口头传播

　　口头传播，也可称为有声语言传播、口语传播。口头传播是指传播者（说话人）通过口腔发声并运用特定的语言和语法结构及各种辅助手段向受传者（听话人）进行的一种信息交流。菲利浦·列伯曼在《人类说话的进化》中推断：人类的远祖大约在距今9万年的某个时候开始"说话"，大约在距今3.5万年的某一时期开始使用语言。最原始的传播方式——口头传播依然是今天应用最广泛的传播方式之一。人们的日常交流、沟通性会议、公务谈判等众多场合均以口头传播为主。

苏联著名心理学家巴甫洛夫（I. P. Pavlov，1849~1936年）说："没有东西可以比语言更能使我们成为人类。"德国哲学家莱布尼茨（G. W. Leibniz）曾说："语言是人类最古老的纪念碑。"口头语言的产生，是人类第一次传播革命的直接推动力，也是猿与人的分界线。人类创造并使用语言，使语言成为人类进行交往与传播的工具，并使得人类文明得以有效传承。在东、西方早期文明时期，有关氏族起源、神话传说、战争英雄等的早期人类文明均是以口头语言的形式保存下来。古希腊的《荷马史诗》便是以口述传说的方式保留在古代先民的记忆中，其后又以史诗的形式在民间口头传播。《荷马史诗》的内容非常丰富，无论从艺术技巧还是从历史、地理、考古学和民俗学方面来说都是人类文明的早期经典。2000多年来，西方人一直认为它是一部古代最伟大的史诗。

口头传播作为人类交流的主要手段，对于社会的发展产生过很大的作用。但是由于人类生理和口头传播本身性质的局限性，口头传播的影响也受到了很大的限制。一方面，人们的口头传播范围有限，一旦超过有效的范围，传播的内容将无法覆盖到其他的群体；另一方面，口口相传、语言接力式的传播，往往会导致信息失真。

（二）文字传播

口头传播是人与人之间的口口相传，历经时空的推移，难以保证信息在传播中不失真。文字传播与口头传播的不同在于，它是一种形变固化了的语言形式，使听觉符号转变为视觉符号，使语言形式固化并且得以完整保存。文字的发明与应用，是人类传播史上的一大创举，也是人类进入文明时期的重要标志。

文字起源于绘画，最初使用文字的时间大致是在公元前4000年。在我国文字传播阶段中，汉字经历了从具象的图画到象形文字，再逐步向抽象的篆书、隶书、楷书、行书的转变，文字媒介则经历了从石头，泥陶向龟甲，兽骨，木板，竹简和软绵、便携的羊皮，绢帛，纸张的转变，而书写工具则经历了从树枝、棍尖到刻字的石刀、铁刀到写字的毛笔的转变。

文字传播使得跨越时空的传播成为可能，大大提高了传播的广度和范围。它一方面使人类迈步进入"文明时代"，另一方面从时间和空间上实现了对口头语言传播的实质性超越。文字是口头传播的技术延伸，也是人类视觉系统的感官延伸，此后人类的传播活动进入了技术传播时代。文字及其媒介的使用是古代文明跨越时空延续与发展的重要基础，更促进了世界文化、宗教、民俗等的交流与融合。

文字构成了一个相对独立的传播体系。从古代的祭祀宗法到文学创作以及重大的历史时代的资料，都是以固化的语言形式完整、长久地保存下来的。相比口头语言而言，文字语言的形成受到地域、文明、战争等多方因素的影响，因此文字语言的种类要少于口头语言的种类。

（三）印刷传播

相比较龟甲、竹简、羊皮和绢帛等载体将人类文明以固定的形式保存下来而言，印刷术的发明则加快了整个世界文明的进程，并引导人类正式步入了大众传播时代。

印刷术起源于殷商时期的印章和公元200年的拓印术，大约在隋末唐初（公元618年至公元649年）中国人发明了雕版印刷术。❶世界上现存的第一本印刷品是我国唐咸通九年（公元868年）印刷的佛典《金刚经》。北宋庆历年间（公元1041年至公元1048年），毕昇发明了活字印刷术。后蒙古军队西征，将印刷术传入西方。公元1400年至公元1450年，德国人古登堡发明了金属活字印刷术，在此后的半个世纪里，欧洲的书籍总量从约1万册迅速增至900万册。印刷术的产生与应用使得统治阶层对知识和话语权的垄断被打破，加速了欧洲中世纪黑暗统治的灭亡；同时印刷术的广泛应用不仅促进了宗教的世俗化与大众化，而且对"文艺复兴"运动和近代西方政治、文化与科技的变革都产生了巨大的影响。

正如美国传播学者施拉姆所描述的：书籍和报刊同18世纪欧洲启蒙运

---

❶ 李景峰, 杜彦峰. 印刷性文献与网络文献阅读比较[J]. 情报科学. 2005, 23(6): 885-890.

动是联系在一起的。报纸和政治小册子参与了17世纪和18世纪所有的政治运动和人民革命。印刷品的数量激增，极大地激发了人们的求知欲望，推动了教育的发展、文化的普及、科学启蒙，以及社会进步；与此同时，公众文化知识水平的提高又导致了他们对宗教、科学、哲学、文学等印刷品的更大需求，于是形成了一种良性循环，加快了人类文明前进的步伐。

美国社会学家查尔斯·库利（Charles Kuly）在《社会组织》（1909年）一书中认为，报纸、书籍和杂志作为新的大众媒介，它不仅消除了人们相互隔绝的障碍，影响到社区相互作用的方式，而且引起了社会的组织和功能的重大变化，甚至永久地改变了那些使用者的精神面貌和心理结构。

（四）电子传播

19世纪以来，工业革命使得人类科技的发展进程逐步加快。1844年美国人莫尔斯发明了电报，1876年贝尔发明了电话，1877年爱迪生发明了留声机，1882年法国人马瑞根据中国灯影原理发明了摄影机，以及随之而来的广播、电影、电视等媒介相继问世。人类开始进入第四个传播阶段，即以广播和电视为主要媒介的电子传播。电子传播不仅彻底突破了时间和空间的限制，使信息能够快速传播到世界各地，而且也摆脱了印刷传播中必不可少的物流渠道的束缚，为信息传播开辟了一条便捷、高效的电子通信渠道。信息借助电波或电磁波在空中传播，借助于卫星中转环节，电子传播不再是传统意义上的大众传播，更是快速有效的跨国传播甚至是全球传播。在国际纷争的年代里，电子传播更是强国信息战、舆论战的重要手段。

与以往的传播阶段不同，电子传播不是将人推向信息，而是主动将信息覆盖到更广泛的范围。如果说文字语言是社会分层的一个门槛，那么电子传播则为大众提供了跨越文字壁垒，以视觉、听觉等多种媒介感官为主的大众传播。当广播电台首次成功播出美国新总统当选的新闻时，广播的那种亲切自然、迅速及时的传播特点所引发的强大震撼力，曾让全美报业大为恐慌。他们认为报业从此会在新闻报道上失去往日的光彩，甚至还会威胁到自身的生存与发展，因此美国报业曾试图联合抵制广播进入新闻传播领域。电视媒介集声、光、电和字、形于一身，时至今日仍是大众传播中的主要媒体形式。事实上，不论是广播传播，还是电视传播，它们各有特点，互动互助，共同为人类的传播事业贡献力量。

（五）网络传播

网络传播是以互联网技术与通信技术为基础，进行信息内容的传递、交流和利用，从而达到社会传播与文化交流目的的传播形式。网络传播融合了单向的大众传播和双向的人际传播的信息传播特征，在总体上形成一种散布型网状传播结构。在这种传播结构中，任何一个节点都能够生产、发布信息，所有网络生产、发布的信息都能够以非线性方式流入网络之中。网络传播具有人际传播的交互性，受者可以及时地反馈信息。同时网络传播还突破了人际传播中一对一或一对多的局限，在总体上是一种多对多的网状传播模式。

伴随着互联网的快速发展，特别是移动互联网时代的到来，网络传播呈现出多种媒介个性化融合、海量信息数据的生成与应用、双向传播的快捷性、开放性与自主性等特性。网络传播和信息革命正在进入一种"临界状态"，一个崭新的传播社会即将到来。每一种传播科技的出现与发展都在缩短着传播的时间和空间，消除文化差异和认识差异，扩展着信息和思想观念。信息传播的双向互动，是网络传播的本质特征和社会意义的集中所在。报纸、广播、电视作为20世纪的主体传媒，恰恰在这方面相形见绌。双向互动式传播具有三个重要特征：信息的传者不再享有信息特权，与受众一道成为真正意义上的平等交流伙伴；网络用户不仅可以平等地发布信息，还可以平等地开展讨论与争论；舆论监督功能在网络环境中不断放大，具有无比的威慑力量。"互动式传播内含着天然的民主亲和力与自由召唤力，从而构成了对现有传媒的致命冲击，构成了对传统意识的日趋迫切的反叛与否定。"

二、传播中的互动

从人类传播发展的五个阶段来看，媒介技术的发展使得人类的传播范围不断拓展、传播速度不断加快，然而传播的效果却是呈曲线型发展的。互动既是传播效果的有力保障，又是人类社会活动的手段与需求。

（一）面对面的互动

在口头传播阶段，人们主要以面对面的互动形式进行双向传播，其传播效果受到传播主体期望、语言信息、非语言信息、情境、环境等多要素的互动及时性的影响。从人类社会的发展进程来看，人际之间、群体之间的面对面互动是最早的也是延续至今的最重要的传播形式。面对面互动主要是指在特定情境下的人与人之间、人与群体之间为思想与情感的传递而进行的信息互动过程。不论媒介技术如何发展都替代不了人类社会对面对面互动的需要。面对面互动具有以下四个特点。

1.传播信息的全面性

面对面互动相比较跨时空互动而言，其在传受信息方面具有全面性。除了我们之前提到过的语言信息和非语言信息外，传播的环境信息、情境符号信息、议程信息等都是面对面互动中传受主体可运用的信息形式。

2.情境建构的真实性

面对面互动最具优势的特点就是情境建构的真实性，这也是媒介技术发展至今仍无法跨越的互动特性。在面对面互动传播中，传受主体现实的社会角色与客观的传播环境等因素共同建构了真实的互动情境，它满足了人类在社会化过程中，对于认知与情感的客观需要，是社会主体认识自我现实存在的基础。

3.互动反馈的及时性

面对面互动的传播形式由于传播距离短、互动频次高等优势，使得传受主体在双向有序传播中可以及时地反馈与互动。传受主体的现实距离，确保了互动传播进程的连贯性，使得传受主体可以在一致的情景下及时连续地互动。

4.传播过程的可控性

互动传播是传者在双向互动过程中将有目的的信息传递给受者，使受者在注意、记忆、态度、行为意向等方面产生效果的传播活动。相比较网络互动传播等跨时空的互动形式，面对面的互动具有主体的前台行为可控、情境建构一致、议程设置灵活、互动方式多样及噪声可控等优势，这使得传者能够有效控制互动的方式和范围，对于受者的反馈与扩散的互动方向能够及时有效地应对。

面对面互动是最完整的互动传播形式。它涵盖了人与人之间的互动、关系互动、符号互动、情境互动、议程互动、媒介互动等多种要素互动。在面对面的互动传播中，传受主体的传播信息多样化，除了常用的语言信息外，非语言信息包括动作、表情、眼神、距离等也是面对面互动传播信息的主要形式。在互动传播过程中，传受主体对于情境的建构也具有互动性。面对面互动是传受主体多频次的双向有序传播，这种互动传播是建立在信息累加的递进式互动基础上的，是传受主体在不断地人内互动与反馈中进行的多要素互动，在互动的过程中持续影响传受主体的自我期望、符号信息选择、情境建构、情感与态度等方面的变化。

（二）跨时空的互动

媒介的发展使得传播得以跨越时间与空间进行，但在跨时空的传播演进中，随着传播范围的扩展，传的互动性也逐渐减弱。在传统媒介时代，虽然大众传播从理论上具有传播的互动性，但是这种互动性在应用中确实是极为少见的，其传播效果与控制的理论研究也主要以单向的传播模式为出发点。直到网络媒介的兴起，其互动性、及时性、多元性及平等性等特点使得跨时空的互动传播具有了必要的媒介基础。

在网络互动传播之前的跨时空互动，其本质上还是面对面互动的媒介延伸，如书信往来、电话沟通等，虽然在互动的时间与空间上实现了跨越，但是却极大地降低了互动传播的效果，其跨时空的互动是在牺牲了互动传播众多优势的基础上的弱化信息的互动，如非语言符号、情境一致性等，这种跨时空互动是一种不完整的互动传播方式。

而进入网络时代以来，媒介的去中心化、对等的互动性、信息的多元化、传播的及时性等特性使得传播主体双方能够进行有效的互动传播，不仅跨越了时空的限制，而且可以更广泛地扩展互动范围，形成多对多的网状互动传播模式。

但这种跨时空的互动模式也有明显的弊端。如传播主体角色的虚拟化，使得主体的前后台行为的界线模糊，其传播行为不再受到现实体系的规范与权威的约束，社会传播的积极价值被削弱；媒介的去中心化不仅弱化了"把关人"的作用，也使得互动的议程设置功能弱化，影响互动议题的有效进行；网络媒介海量的信息增长、互动情境的不一致、受者媒介选择的自主化等都增加了传播的噪声，干扰了互动传播的有效进行。

跨时空的互动是人类社会活动与媒介技术发展的必然阶段，随着人类社会交往范围的不断扩大，大众对跨时空的互动需求也日趋强烈。跨时空的网路互动是媒介技术进步的表现，同时也是大众对于双向平等沟通的需求表现。

第二节　互动传播的内涵

一、互动的内涵

互动主要是指两个或两个以上人或事物之间的相互作用。我们日常涉及媒介互动、符号互动等概念时，其互动的主体常常被隐匿或忽略。"互动"一词在社会学、传播学和心理学领域的应用非常广泛。

（一）社会学领域的互动

德国社会学家齐美尔，在其所著的《社会学》一书中就曾使用了"社会互动"一词。德国社会学家马克斯·韦伯也是较早就强调"互动"的社会学家之一。之后，在美国形成了相关的学派和理论系统。其中最具代表性的有米德、布鲁默、戈夫曼、库利等人。他们的基本观点是：人的自我意识来源于社会互动，在社会互动中学习和使用语言符号，通过角色扮演和他人对自己扮演角色的反馈，逐步形成自我意识。社会是一个舞台，全体社会成员是在这个舞台上按照特定规则扮演不同角色的演员。社会互动的重要特征就是"印象管理"或"自我呈现"。社会互动理论的核心内容是互动方法。以互动方法的不同为标准，理论界形成了常人方法论、符号互动论、戏剧互动论、社会交换论和参照群体论等几种主要观点。

（二）传播学领域的互动

早期的传播理论多是关注单向直线性的传播模式。奥斯古德在充分认识到维纳的"滤波理论"和香农—韦弗的"数学模式"的局限性基础上，提出了互动传播的双重行为模式，即在传播活动中，参与传播的主体既是发送者又是接收者，具有编码和译码的双重行为。在此基础上，施拉姆在《传播是如何进行的》一书中提出了循环模式，强调传播主体双方在传递、接收信息过程中的编码、译码等角色功能上的平等性，并依次交替循环。但两者的互动传播模式主要适用于人际传播的解释，而不适用于解释大众传播，为此施拉姆引入了受众的反馈因素，用以解释大众传播中可能存在的媒介与受众的互动。后期德弗勒引入了反馈环节和噪声概念，在《大众传播理论》一书中提出了互动的环形模式，其模式结构比较系统地描绘了传播的主要过程，尤其是信息源获得反馈的途径，这种反馈可以促使主体双方的认知一致性。

（三）心理学领域的互动

在当代心理学研究中，社会心理学领域的互动研究对互动传播的影响最为直接。社会心理学主要是从个体与社会相互作用的角度出发，研究特定社会生活条件下的个体心理活动的产生与发展的规律。社会心理学不仅强调个体与社会之间的相互作用，重视社会情境和个体内在心理因素的探讨。其研究领域主要涉及人与人之间的互动领域中的态度改变、归因、知觉与意识；人际互动领域中的从众与服从、非语言交流；群体互动领域中的偏见与伦理等不同维度的互动心理的研究。其代表理论有：斯金纳的强化理论、米勒和道拉德的模仿论、班杜拉和沃尔特斯的社会学习理论、舒茨的人际行为三维理论及米德等人的符号互动论等。

互动活动是个体的自我存在、个体的社会化以及个体与社会交换等层面的心理活动、传播活动及社会行为，互动不仅体现了个体现实存在的心理需要，也是个体在社会活动中的直接形式。

二、互动传播的本质

作为社会互动的一种类型，互动传播也满足社会互动的基本原则。互动传播主要是传者基于自我认知和获取报酬（金钱、赞同、尊重和依从）等动因，通过双向对等的媒介渠道，与受者进行信息交流，以影响受者态度和行为意向的双向传播活动。在互动传播过程中，传受主体的角色功能基本一致，都包括了编码译码的环节，所不同的是在传播的主动性上有所差异，可分为主动传播主体和被动传播主体，严格意义上讲，传播主体都具有传与受的活动。其传受角色依次交替循环。

广义上的互动传播是指传播者与受者之间信息相互交流、相互作用的活动过程。传播主体双方的相互作用贯穿于整个传播活动过程中，在各个环节中都产生不同的反馈。在传播的编码、释码、译码过程中，传播主体之间的动因、特质等差异，对信息来源、媒介、信息内容的选择，被动传播主体接收各种信息后产生的态度及行为方式，都是在传播过程中主体双方传受活动的相互作用的结果。传播过程中传播主体之间，也存在着直接与间接的互动。互动传播的主体之间直接传递和反馈信息，或通过受传者与传播内容的互动来实现反馈交流。

狭义上的互动传播是指传播主体间信息高效流通的传播活动。传受双方对媒介渠道的使用上体现了平等性，信息传播快速及时、媒介与环境的噪声较小、传受双方具有明确的交流意图和目的。不论是个体或者组织机构作为信息传播的传授者，都会在互动传播过程中及时产生反馈信息，完成持续的信息沟通，并且影响互动传播中传受主体的态度倾向与行为方式。由于反馈内容、媒介信息的流通速度、传受主体的地位与期望等因素的差别，互动传播的效果也存在差别。

与单向线性传播模式不同，互动传播具有以下特点。

（1）主体角色的对等性。

互动传播的主体双方都具有传播者和接收者的双重角色。对于主体而言，传者与受者的角色并没有一定的界限，在不同的传播情境与环节能够实现角色互换。尤其是在去中心化的网络媒介环境中，传播主体双方都能够享有平等交流沟通的权利，人人都有自由表达的权利，并能够相互影响着互动对象的态度。

（2）互动交流的多向性。

与其他社会活动一样，传播主体的互动同样是一种有目的的"理性行为"活动，传播主体基于一定（非固定）的期望进行互动活动。而这种互动交流并不局限于双向形式，而更多地呈现为一对多、多对多的多向传播。这种基于媒介渠道的多向性互动传播方式，不仅能够使传播的范围扩大，而且可以提高互动的深度。

（3）内容议题的可控性。

互动传播是信息的有序循环传播模式，传播主体依据自身的传播动因自主地选择传播内容、设置议题；传播主体也可依据既有的态度和期望选择关注的信息内容、接受或拒绝信息，并且能够增加或优化互动信息。传播主体也可依据传播情境、传播目标等因素的变化，控制内容的互动深度和方向。

（4）互动反馈的共生性。

互动传播中的互动行为与反馈行为是两个不同的环节，并且具有共生性。反馈是一种对所接受到的信息较为被动的、有限的、少量的、暂时性的行为机制，是对传者的观点、态度等信息的一种反应模式。受者的互动行为是一种显性的、主动性强的、无限的一种行为，是一种主动的传播活动。反馈行为是传播当中不可缺少的一个环节，而互动是互动传播活动的基本特质，二者彼此区别，又共生于互动传播之中。

三、互动传播的分类

不同于按传播范围分类的方法，本书中的互动传播主要依据在传播活动中可以形成互动的要素、环节等因素，将互动传播分为关系互动、符号互动、媒介互动、情境互动和议程互动等五个类型。

（一）关系互动

作为社会活动的组成部分，互动传播活动也是基于社会关系的典型活动。在人类社会中，人与人之间的关系可分为血缘关系、地缘关系、业缘关系和趣缘关系。血缘关系是由婚姻或生育而产生的人际关系，血缘关系在实际生活过程中又被细分为直系血缘关系和旁系血缘关系，用以区分关系的亲疏远近。地缘关系是指以地理位置为联结纽带，由于在一定的地理范围内共同生活、活动而交往产生的人际关系。业缘关系是人们由职业或行业的活动需要而结成的人际关系。趣缘关系是因人们的兴趣、志趣相同而结成的一种人际关系，目前主要是网络人际关系。而群体机构与社会公众间的互动传播也是基于公共关系间的传播活动。公关关系是一个组织运用各种传播手段，在组织与社会公众之间建立的相互了解和依赖的关系，并以此进行双向的信息交流。

关系互动是主体间基于不同的角色关联所产生的相互作用而进行的传播行为。相互作用的关系可能是亲情、友情、共同的兴趣等心理因素的信息和行为交流，也可能是组织之间行为动作的交流。处于社会中的个体拥有基于血缘、地缘、业缘等不同维度的角色身份，而且在不同的社会子系统中处于不同的等级状态。关系互动是在既有体系中基于角色规范的互动活动，也是主体间能动性地选择有利的角色关系进行互动的活动，如金庸的武侠小说《神雕侠侣》中杨过与黄药师的忘年之交。

（二）符号互动

人类传播活动的实质是信息的流通，信息是传播活动的内容，是传播的材料。信息要素贯穿在整个传播过程当中的各个环节。传播者会对信息进行编码转变成各种符号，之后通过渠道进行信息符号的传播，受众接收到符号后，对符号进行解码，转变成信息后理解，并且发送出自己的反馈信息。人与符号的互动是实现意义的交流和互动。人类是符号的动物，符号则是人类的表征。符号是人们共同约定用来指称一定对象的标志物，它包括以任何形式通过感觉来显示意义的全部现象。符号是人类进行传播的要素，是载送信息的代码，是人类社会所约定俗成的一种符码，同时也是人类所独有的表达信息的一种方式。

英国学者特伦斯·霍克斯认为："任何事物只要它独立存在，并和另一事物有联系，而且可以被'解释'，那么它的功能就是符号。"符号的独立性、代表性、解释功能等特征是互动传播要素中最为典型也是基本的特征。从符号的构成来看，符号是符号形式与意义所共同构成的统一体。

符号互动是传播主体间基于传播渠道的符号信息的互动过程。符号是人们解码译码完成传播行为的基础，我们都生存在符号的世界里，通过与符号的互动来实现人的存在感。在传播过程中，信息经主动传播主体的符号编码过程，与传播受者的符号译码过程而形成符号的流通与互动。在互动传播的过程中，符号不是单向流通而是双向互动的过程，编码的环节也具有译码的功能，主体是传受合一的，兼顾编码和译码的双重身份。在这个互动的过程中，主体间的互动是基于符号能指与所指认知一致的基础上进行循环的符号互动。

（三）媒介互动

凡是能使人与人、人与事物或者事物与事物之间产生联系或者发生关系的物质都是广义的媒介。人类传播史中依次经历了语言媒介、文字媒介、印刷媒介、电子媒介和网络媒介等五个阶段。不同的媒介有其特有的媒介传播特性，媒介间的互动不仅能够有效控制议题的设置和引导舆论，掌握话语权，而且能够全方面地展示信息内容、提高互动参与度和体验感。根据媒介信息属性和媒介类型的不同，可将媒介互动分为同质媒介互动、异质媒介互动以及多媒介整合互动三种类型。同质媒介的互动主要指具有相同符号属性的媒介间的互动，如报刊等纸质媒介间的互动、广播电视等电子媒介间的互动及数字媒介间的互动等类型。而由于媒介在传播方式、频率、内容形式等方面的不同，异质媒介互动能够互为补充，满足受众多维度接受信息的特点，如纸质媒介、电子媒介及网络媒介等典型媒介在媒介特性上不仅能实现内容互补，还能在传播方式与传播频率等方面，有效补充，提高媒介互动的议题覆盖率和权威性。多媒介整合互动则是围绕一个事件、一个主题或一个理念而形成的多种媒介自发参与舆论议程设置。从互动传播的角度来看，多媒介的整合互动实现了集人际传播、小众传播、中众传播、大众传播等多种传播形态于一体的媒介互动形态。

媒介互动在传播过程中呈现出了多维化的传播特色，各种媒介互动形态在社会互动传播中发挥着不同的作用并具有特殊的价值。同地域的媒介因相同的政策、相同的经济环境和不相上下的技术水平，在媒介间的互动过程中存在着先天优势，因此其更有利于焦点新闻的扩散和发布。随着信息社会的到来，媒介互动技术不断发展，媒介对于新技术的采用也愈来愈普遍。尤其是具有开放性和全球性的互联网的普及，使得媒介互动彻底打破了长久以来的地域限制。区域间的媒介互动已成为常态，各类媒体的地方新闻板块概念已经被逐步淡化，在媒介政策不断宽松的社会环境下，媒介跨区域的同质互动、异质互动以及整合互动传播成为常态。

（四）情境互动

情境是指在一定的时间内各种情况相对的或结合的境况。而传播情境指的是对特定的传播行为直接或间接产生影响的外部事物、条件或因素的总称。就影响的现实性而言，传播情境可分为社会情境和媒介情境两大类。所谓社会情境是指直接影响个体的社会环境，即个体所感知到的，并直接影响个体心理活动与行为表现的全部社会事实的内部组织状态，包括真实的情境、想象的情境与暗含的情境等三类。真实的情境是指人们周围存在的他人或群体，个体与他人或群体是处于面对面的相互影响之中；想象的情境是指在个体意识中的他人或群体，双方通过传播工具间接地发生相互作用；暗含的情境是指他人或群体所包含的一种象征性的意义，个体与具有一定身份、职业、性别、年龄等特征的他人或群体发生相互作用，也是一种影响个体行为的社会情境。所谓媒介情境指的是由各种媒介营造的一种情境，它是一种媒介化的社会情境。这种情境是传者、受者以及媒介等多种传播要素综合作用的结果。随着网络化大众媒体的日益发达，个体与群体的生存与发展越来越依赖于媒介构建的情境来认知世界。

在特定情境结构中，情境互动主要受个体的认知、情感和习惯的影响。认知和情绪在刺激和引导情境互动过程中起着重要的作用，它们通过三个方面调整转换过程：首先是识别特定情境，认识情境中与其熟悉的模式相似的特征；其次根据个人的需要和动机，评价行为的选择；最后了解双方的需要和预测他人动机。个体需要不断地适应场景的变换并及时调整自己的行为规范来适应新的情境模式，人与情境的互动是个体感知自我与社会的基础。

（五）议程互动

议程设置理论是麦库姆斯和唐纳德·肖于1972年提出的，该理论认为大众传播往往不能决定人们对某一事件或意见的具体看法，但可以通过提供信息和安排相关的议题来有效地左右人们关注哪些事实和意见及谈论的先后顺序。大众传播可能无法影响人们怎么想，却可以影响人们想什么。议程设置主要有媒介议程设置、公众议程设置和政策议程设置三大类。议程设置的主要目标是引发受者或目标群体的认同与共鸣。不同类型的议程设置相互关联，媒介和公众之间存在着因果关系，一般来说，媒介议程或多或少都会影响到公众观念和社会风俗，从而形成对公众议程设置的作用；政府对于媒介议程具有控制作用，而公众议程设置往往会形成强有力的社会口碑，使得政策制定者在某些公开的场合必须重视公众议程设置的影响力，从而影响他们所重视的事情。

传统的议程互动研究主要集中于媒介间的议程互动，而从社会活动背景下的互动传播角度来看，议程互动可以分为媒介间的议程互动、人际间的议程互动和人与媒介的议程互动三种类型。媒介间的议程互动主要体现在两种或者多种媒体之间议程的设置与互动。在信息的表述和传播上通过媒介特质与优势的互补，实现更大传播范围内的议程互动。通过媒介间的议程互动，公众热点议题出现双向流动和互相影响的趋势。媒介之间的议程互动是最普遍的议程互动形式。人际间的议程互动主要体现在社会交往、习俗礼仪、商务谈判等活动中基于既定的社会风俗、道德规范等行为规则而进行的议程设置与互动。而人与媒介间的议程互动主要体现在既定的媒介议程设置与个体间的互动活动，如电子游戏。同时议程互动具有引导性、时效性及约束性等特点。议程互动是互动传播活动中策略性最强的一种互动类型。

第三节　互动传播的理论依据

一、社会交换理论

第二次世界大战以后，帕森斯的功能主义占据着美国乃至世界社会学界的绝对统治地位。他将社会看作一个有机的整体，其中各组成部分在整个社会系统中承担着相应的角色、发挥着各自的功能。与帕森斯的整体方法论不同的是，20世纪60年代，霍曼斯的交换理论从个体需要、心理动机的角度出发，得出社会交换的实质是个体为获得报酬或减少惩罚而采取的理性行动。霍曼斯的交换理论主要来源于以亚当·斯密为代表的古典政治经济学及马克思的经济思想、以弗雷泽和马林诺夫斯基为代表的文化人类学家的交换思想和以斯金纳为代表的个体主义心理学思想。

作为交换理论的创始人，霍曼斯提出了一组普遍性命题：（1）成功命题。个体的某种行为如得到相应的报酬或奖励，他就会重复这一行动；个体行动的频率往往取决于得到报酬和奖励的频率，以及获得报酬与奖励的方式。（2）刺激命题。相同的刺激可能会带来相同或相似性行为。如果个体曾经在某种情况下的活动得到了奖赏或惩罚，而在出现相同的情况时，他就会重复或不再重复此种活动。（3）价值命题。如果某种行为的后果对个体越有价值，那么他就越有可能去重复同样的行动。（4）剥夺与满足命题，即获得的报酬和奖励遵循经济学上的边际效用递减规律。个体在最近越是经常地得到某种报酬，那么随着报酬的增加，此人所获得此报酬的满足感和价值感就会越少。剥夺是指个体在得到某一报酬后所经历时间的长度。满足是指个体在刚刚过去时间里得到的报酬使他不再马上需要更多的报酬。（5）攻击与赞同命题。该命题包括两方面：一是当个人的行动没有得到期待的奖赏或者受到了未曾预料到的惩罚时，就可能产生愤怒的情绪，从而出现攻击性行为；二是当个人的行动得到预期的奖赏，甚至超过期待值，或者没有遭到预期的惩罚时，他就会高兴，就会赞同这种行为。（6）理性命题。个体行动与否取决于成功与价值这两个因素，行动者总是选择价值最大和获得成功概率最高的行动，用数学公式表示就是：行动发生的可能性＝价值×概率。霍曼斯将6个命题看成是一组"命题系列"，强调它们之间相互联系的重要性，并认为只要将6个命题综合起来，就能够解释一切社会行为。霍曼斯指出，利己主义、趋利避害是人类行为的基本原则，由于每个人都想在交换中获取最大利益，结果使交换行为本身变成一种相对的得与失。对个人来说，投资的大小与利益的多少基本上是公平分布的。

布劳把社会交换界定为"当别人做出报答性反应就发生、当别人不再做出报答性反应就停止的行动"。他认为，社会交换是个体之间的关系与群体之间的关系、权力分化与伙伴群体关系、对抗力量之间的冲突与合作、社区成员之间间接的联系与亲密依恋关系等的基础。个体因彼此有对方需要的资源而相互交往。布劳将资源的提供者可能得到的报酬依据价值的大小依次分为金钱、社会赞同、尊敬和依从四类一般性报酬形式。在大部分社会关系中，金钱都不适宜作为报酬，因为其价值最小；社会赞同和尊重是交换关系中常出现的形式；而依从是一种具有极高价值的报酬形式，人们一般不会轻易地以此作为交换，只有在交换地位的分化达到比较悬殊的程度时，才会出现以依从作为回报形式。个体以何种报酬形式进行交换，并不完全取决于他的主观动机，而往往要受到客观结构条件的制约。

二、社会规范理论

社会规范是指"人们共同认可并遵守一定的行为标准"的普遍现象。社会规范是社会成员达成共识的约定，既可以是口头约定也可以是书面规定，部分社会规范在现实范围内被上升为法律。社会规范对人们的行为是一种激励机制，埃尔特斯提出规范就是"一种在考虑按某种特定的、禁止的方式行动时，会感觉羞愧或者渴望他人认可的倾向"。社会规范是人们在日常生活中日积月累形成的共同行为标准，不同的社会文化体系构建出不同的社会规范。规范与社会价值联系密切，共同体现了社会价值，并通过人们的赞同或不赞同来强化。社会规范的力量就是一种情绪上的力量，通过违规者情绪上的尴尬、焦虑、内疚和羞愧得到维持，而这些情绪则是违背规范所带来的预期。社会规范主要包括以下几种类型。

（1）强制性规范（injunctive norms）：对实施某些行为必须经过群体允许的认识。比如组织行为规范，处于组织中的个体都必须遵守相应的行为标准。

（2）期望规范（descriptive norms）：对群体中的其他人如何行事的认识。比如社交礼仪。

（3）公开性规范（explicit norms）：文字性或口头性的行为准则。比如，国家的法律法规，机构的规章制度等。

（4）暗示性规范（implicit norms）：没有明确的文字或口头的表述，但当一个人违反时会得到群体反对的信息。比如道德规范、公共场合的行为规范等。

（5）主观规范（subjective norms）：对群体中的重要成员如何看待某种行为的心理预期。

（6）个人规范（personal norms）：个人自身的行为准则。

社会规范不是一成不变的，时间的推移、群体之间的交流、社会的融合都会使社会规范发生改变。同时社会规范下的个体行为在一定情况下往往会发生行为偏差，即社会失范现象。与埃尔特斯的社会规范理论相对的则是以迪尔克姆和默顿为代表的社会失范理论。迪尔克姆认为，现代社会中的失范是由于从机械团结到有机团结的改变尚未完成而造成的。社会分工的发展快于这种分工所要求的道德基础，这样，社会的某些方面便受到不适当的控制，从而导致失范。迪尔克姆还把失范与现代社会的病态相联系。例如，他在《自杀论》一书中特别研究了失范型的自杀。失范型自杀就是在社会规范对什么事情可以去做、什么事情不可以去做还处于摇摆不定的状态时，人们陷入矛盾状态之中而容易引起的一种自杀。他认为社会越是失范，自杀率就越高。他还认为，无论是经济萧条时期还是经济繁荣时期，自杀事件都会有所增加。因为上述两个时期均置人们于一种新的社会环境，使人们原有的准则和规范失去了作用，生活变得漫无目的，自杀便容易发生。默顿修正了迪尔克姆的心理学假设，他将失范的含义由无规范更改为规范冲突。在他对当代美国社会分析后认为，社会价值结构的不同组成部分之间的分离和文化所规定的目标统一欲达到这些目标所采取的制度化的合法手段之间的分离，是造成人类不幸的原因。当人们不能用合法手段去实现这些目标时，失范就产生了。但人们也可以通过遵从、革新、仪式主义、退却主义和造反等不同方式（后四种属于越轨行为）去适应这种失范，以这些方式去抵制社会规定的目标或手段，抑或同时抵制它们两者。

三、社会角色理论

社会角色理论的来源始于戏剧中"角色"一词，指演员扮演的剧中人物。美国芝加哥学派的米德较早使用此概念来说明在人们交往中存在的可预见的互动行为模式，以此来了解人与社会的关系。米德认为角色是在互动过程中形成的，角色表演并没有预设的剧本，文化与规范是角色表演的大体范围。美国人类学家林顿认为，角色是在任何特定场合作为文化构成部分提供给行为者的一组规范。角色受其地位影响，当地位所代表的权利与义务发生效果时便开始了角色扮演。林顿将社会结构置于个人行为之上，视社会结构为一个行为规范体系，个人接受和遵循这些规范。因而角色是由社会文化塑造的，角色表演是根据文化所规定的剧本进行的。任何一个人都不可能仅仅承担某一种社会角色，而总是承担着多种社会角色，他所承担的多种角色又总是与更多的社会角色相联系，所有这些就构成了角色集。角色是社会地位的外在表现；角色是人们的一整套权利、义务的规范和行为模式；角色是人们对于处在特定地位上的人们行为的期待；角色是社会群体或社会组织的基础。

社会角色是指由人们的社会地位所决定的，表现出符合社会所期望的行为和态度的总模式。社会角色包括三种含义：一是一套社会行为模式，每一种社会行为都是特定的社会角色的体现；二是由人们的社会地位和身份所决定，角色行为真实地反映出个体在群体生活和社会关系体系中所处的位置；三是社会角色应是符合社会期望的，按照社会所规定的行为规范，责任和义务等去行动。任何一种社会行为，不仅反映出角色扮演者的社会地位及其身份，而且还体现出个体心理、行为与群体心理、行为及社会规范之间的相互关系。角色理论主要包括角色的认知，角色的学习和角色的期待等内容。

（一）角色的认知

在社会组织活动中，各种社会角色总是不断地相互影响和相互作用。一个人对自我行为和地位的认识，总是根据对他人的行为和地位的认识获得的，因为角色的行为总是以对应的另一角色的行为为基础的。一个人在扮演某一个角色时，既要知道自己的身份和地位，也要知道对方的身份和地位，所以对角色的认识，只有通过分析角色的相互关系才能更加明确。

（二）角色的学习

在社会组织活动中，每个人经常具有不同的权利并承担着不同的义务。因此，一个人的社会角色，也是在不断地变化。有时，在不同的社会情境下，一个人往往要扮演各种不同的社会角色，所以每个人都必须在个人社会化的历程中，不断地学习符合各种角色的社会行为。在不同的情境中，扮演的角色是不能混淆的；否则，人类的社会生活将发生极大的混乱。角色的学习主要包括两个方面，一是学习角色的义务和权利，二是学习角色的态度与感情。

（三）角色的期待

角色期待是指组织中的每个人，在组织中总是占有一定的"职位"，对于占有这个"职位"的人，人们对他总是赋予一定的期望，而人们对他所应具有的行为期望，就称为角色的期待。在这里，人们所期待的他的行为，一般地说是一种处在这类职位上的规范化的行为。为了使每个学习者进入角色，角色的期待往往是不可缺少的。期待有时是实现角色的有效手段。

角色期待是他人对自己提出符合本人身份的希望，同时本人也必须领会他人对自己所寄予的期望。如果一个人不知道别人对自己所寄予的期待，这时，就不可能发生明显的期待效果。所以，为了使一个人实现某种社会角色，除了使他清楚地知道自己充当这种角色的一整套行为模式外，还必须知道社会和他人对自己的期望。

四、符号互动理论

符号互动理论又称象征互动论，是一种主张从互动的个体的日常自然环境去研究人类群体生活的社会学和社会心理学理论。这一理论由美国社会学家米德（G. H. Mead）创立，并由他的学生布鲁默于1937年正式提出。"符号"是指在一定程度上具有象征意义的事物。符号互动论认为，事物对个体社会行为的影响往往不在于事物本身所包含的世俗化的内容与功用，而是在于事物本身相对于个体的象征意义，而事物的象征意义源于个体与他人的互动（这种互动包括言语、文化、制度等），在个体应付他所遇到的事物时，总是会通过自己的解释去运用和修改事物对他的意义。

符号互动理论认为，社会心理学的研究对象是"社会互动过程"中的个人行为和活动，而个人行为只是整个社会群体行为和活动的一部分。了解个人行为，就必须先了解群体行为。符号互动理论强调社会是一种动态实体，是由持续的沟通、互动过程形成的。符号互动理论主张在与他人处于互动关系的个体的日常情境中研究人类群体生活，特别重视与强调事物的意义、符号在社会行为中的作用。作为符号互动理论的核心概念——符号，包括语言、文字、记号等，甚至个体的动作和姿势也是一种符号。通过符号的互动，人们形成和改变自我概念，建立和发展相互关系，处理和应对外在变化。

布鲁默认为，社会是人际间符号互动的结果，人类社会的典型特征是符号互动。人类相互之间总是对对方的行为做出自己的解释和定义，并以此为依据进行互动。人际互动是运用符号来解释或确定相互间的行动意义为媒介的。社会中的客体包括物质客体、社会客体和精神客体，通过符号互动，客体才被创造、肯定或否定。社会是由行动着的人们构成的，社会生活是由人们的行动组成的。这些行动发生在一定的情境中，它们是因对情境的解释而产生的，并由其解释的含义和结论所决定的。因此人类的行动就是人们所构建的"解释性行动"，它包含了对事物等的解释和由此而产生的行为两部分。

布鲁默的符号互动理论有三个基本论断。首先，他认为人类对于某一客体采取的行动，主要是根据他们对客体赋予的意义。同一事物对于不同的人而言其意义也不相同。其次，人们在互动中赋予事物的意义诠释，包括态度、观念等都受到外界与他人的影响。最后，客体的意义不是一成不变的，而是在解释的过程中加以修正的。

五、戏剧理论

戏剧理论又称印象管理理论或剧场理论，是由欧文·戈夫曼（Erving Goffman，1922~1982年）依据戏剧表演的观点，从印象管理的角度来揭示社会互动的特点，主要研究人们运用哪些技巧在别人心目中创造形象。该理论认为互动中的一方总想控制对方的行为，使对方通过对自己的理解，做出符合自己计划的行为反应。戏剧理论主要包括印象管理、前台与后台、剧班、情景设定等部分，其中印象管理是戏剧理论的核心部分。

（一）印象管理

印象管理是传者在人际传播中试图通过语言或非语言、行为来控制对方对自己印象的认识的一个过程，又称为"印象修饰"。通常人们总是倾向于以一种与当前的社会情境或人际背景相吻合的形象来展示自己，以确保他人对自己做出愉快的评价。印象管理是社会互动的一个根本方面，每种社会情境或人际背景都有一种合适的社会行为模式，这种行为模式表达了一种特别适合该情境的同一性，人们在交往中总是力求创造最适合自己的情境同一性。印象管理的过程主要包括形成印象管理的动机和进行印象建构两个阶段。

（二）前台与后台

戈夫曼引入戏剧表演中的舞台一词，将人类的表演场也称为舞台，舞台又划分为"前台"和"后台"。这里的"前台"（又称为"前台区域"）与"后台"（又称为"后台区域"）是一个相对的概念。所谓的"前台"指的是观众能够看到的并且能够从中获得一定意义的部分。而"后台"是相对于前台而言，指的是不能让观众看到的舞台部分。

（三）剧班

"一个特定的参与者投射的情境定义是由一个以上的亲近参与者所树立和维持的投射的组成部分。"舞台上的表演者为剧班成员，现实生活中很多情况下不是一对一式的面对面传播，总会出现至少其中一方是多人的传播现象。为了与戏剧的比喻相一致，欧文·戈夫曼把这些亲近的参与者叫做剧班，或传播团体，剧班是传播表演者在现场情景中的亲密合作者。

（四）情景设定

情景的定义最早是由威廉·托马斯提出的，是指对于条件、状况和态度认识得比较清楚的概念。戈夫曼认为，情景就是"我"与对方都期望具有和表现出来的某种共同形象，双方可能有的某种共同经历、情感、思想等使他们在某些问题上极易形成的同盟关系明显有别于他人。然而戈夫曼所研究的角色分析中的"参照系统"通常是模糊和易变的，情境系统通常被设定在一个单一社会机构的围墙内所发生的活动中，"这种活动是一个多少有点封闭性的、自我补偿的、自我终止并互为依赖的行为循环"，因而具有非常明显的局限性。

六、媒介情境理论

美国传播学者乔舒亚·梅洛维茨结合麦克卢汉的媒介理论和戈夫曼的社会互动理论，建立了媒介情境论。其主要观点是媒介的变化必然导致社会环境的变化，而社会环境的变化又必然导致人类行为的变化。情境就是信息系统，构成信息系统的是：谁处在著名地点，什么类型的行为可被何人观察到。情境之所以重要，是因为它们允许某些人听到或看到正在其间发生的交流活动，而不让其他人听到和看到这些传播活动，故媒介所造成的信息环境比通常意义上的物质场所重要，而在确定信息环境与物质场所的界限时，接触信息的机会则是判断和辨别的一个关键因素。每一种独特的行为需要一种独特的情境，并且情境是动态的和可变的，而大众媒介的运用就会混淆了不同情境的界限，将那些只适合某些人观看的演出原封不动地搬给了整个社会来观看；电子媒介能促成原来不同情境的合并、不同类型受众群的合并，促成了原先接受情境、顺序和群体的改变，将原来的私人情境并入公共情境。

梅氏理论在某种意识上超越了英尼斯、麦克卢汉的理论，并将这些理论成功地与戈夫曼的理论融合在一起并取其精华。与前人的理论相比又更前进了一步。媒介情境论将媒介研究和社会研究有机结合，以动态和可变的眼光分析情境与行为的关系，将受众的概念纳入到媒介情境的分析之中，提出了一系列"情境合并"的论点。但是媒介情境理论体现了科技决定论的观点，过分夸大了媒介科技的作用，过分夸大媒介科技对社会的消极作用，同时将媒介与信息甚至是情境混淆在一起，有时又不恰当地人为地将媒介与内容分割开来。

七、议程设置理论

议程设置是大众传播媒介影响社会的重要方式，其观点主要来自政治学。李普曼的《舆论》最早提出该思想。《舆论》一书被认为是传播学领域的奠基之作。"议程设置功能"作为一种理论假说，最早见于美国传播学家麦库姆斯和唐纳德·肖于1972年在《舆论季刊》上发表的《大众传播的议程设置功能》一文。议程设置理论认为大众传播往往不能决定人们对某一事件或意见的具体看法，但可以通过提供信息和安排相关的议题来有效地左右人们关注哪些事实和意见，及他们谈论的先后顺序。大众传播可能无法影响人们怎么想，却可以影响人们去想什么，新闻媒介提供给公众的是他们的议程；大众传媒对事物和意见的强调程度与受众的重视程度成正比，受众会因媒介提供议题而改变对事物重要性的认识，对媒介认为重要的事件首先采取行动；媒介议程与公众议程对问题重要性的认识不是简单的吻合，这与其接触传媒的多少有关，常接触大众传媒的人的个人议程和大众媒介的议程具有更多的一致性；议程设置不仅关注媒介强调哪些议题，而且关注这些议题是如何表达的。

议程设置可分为媒介议程设置、公众议程设置及政策议程设置三种类型。媒介议程设置是指通过媒介给予的强调力度来影响人们对于事情重要性的判断。即通过媒介的集中报道来制造新闻热点，利用媒介传播与公众认知之间的对应关系来形成议事日程。公众议程设置主要是指人们在长期的社会生活中受社会风俗、教育背景、家庭背景甚至成长经历以及社会制度等因素的影响，对公众判断某一事情重要性而产生的影响，从而决定人们的议事日程。政策议程设置体现的是国家在相关政策的制定过程中的"日常安排"。

议程设置理论从考察大众传播在人们环境认知过程中的作用入手，重新揭示了大众传媒的有力影响，为效果研究摆脱"有限论"的束缚起到了重要的作用。议程设置理论所包含的传媒是"从事环境再构成作业的机构"的观点，重新提出了大众传播过程背后的控制问题。议程设置理论对考察传媒的舆论导向过程具有一定的启发意义。

八、培养理论

培养理论是由美国传播学者格伯纳等人根据20世纪六七十年代所进行的有关电视暴力内容对受众态度的影响的系列研究而创建的理论，也称培养分析、教化分析或涵化分析。在现代社会中，传播媒介提示的"象征性现实"对人们认识和理解现实世界发挥着巨大的影响。由于传播媒介的某些倾向性、人们在心目中描绘的"主观现实"与实际存在的客观现实之间发生着很大的偏离。同时这种影响是一个长期的、潜移默化的、培养的过程，它在不知不觉当中制约着人们的现实观。

格伯纳认为，电视已成为人类社会化过程中一个极为重要的因素，电视的主要功能在于散布、稳定社会行为模式；主要目的不是要改变现有社会行为模式，而是要避免改变；包括电视在内的新闻媒介具有形而上学的上层建筑属性，它与一定时期内的政治、经济制度相适应，和一定时期的生产力发展状况相适应，从本质上说是具有阶级性的舆论工具。因此其势必会维护既有的社会模式和规范，而不是去摧毁它，这从世界各国的媒介实践中都得到了证实。在我国，新闻媒介也以宣传党的路线、方针和政策为己任，并大力宣传和贯彻社会的主流价值观和道德律，从而促进社会稳定。新闻媒介的这一功能无所谓正面还是负面，关键还在于其维护的社会行为模式本身的正确与否。

培养理论学派提出"主流效果"和"回响效果"理论。主流效果是指理应多样化的价值观，因接触电视而变得与电视所呈现的主流意见相似，这与沉默的螺旋理论不谋而合。电视作为大众传播媒介，代表并引导社会主流舆论，从而使公众意见趋于一致。"主流说"是指长时间看电视的人们，其对社会现实的看法，即"主观现实"均倾向于"媒介现实"，具有趋向"主流"的趋势。"共鸣说"是指电视的"培养"效果在某些特定群体中具有更加明显的效果。"回响效果"理论指当电视世界的经验与个人经验趋于一致时，培养效果会如同空谷回音一样显著扩大，这又与选择影响理论有异曲同工之妙。这就要求新闻媒介的报道与宣传应极力贴近实际，贴近社会，贴近群众，这样才能使媒介效果达到最大。

九、使用与满足理论

使用与满足理论是站在受众的立场上，通过分析受众对媒介的使用动机和获得需求满足来考察大众传播给人类带来的心理和行为上的效用。同传统的信息如何作用受众的思路不同，它强调受众的作用，突出受众的地位。该理论认为受众通过对媒介的积极使用，从而制约着媒介传播的过程，并指出使用媒介完全是基于个人的需求和愿望。

使用与满足理论的产生是传播研究史上的一个重要转折点。之前传播研究大多站在传播者的角度，就传播者如何影响受众进行研究，而"使用与满足"理论则把研究焦点转移到了受众身上。传统的理论认为，媒介在传播过程中的主要任务是说服受众，受众是被动的，而"使用与满足"研究把受众看作是有着特定"需求"的个人，他们的媒介接触活动是有特定需求和动机的，并使这些需求和动机得到"满足"的过程。

使用与满足理论关注受众使用媒体的需求，把"十分满足受众的需求"作为衡量传播效果的基本标准。之前的观点都倾向于认为在使用媒体的过程中，受众具有较大的惰性，他们消极地等待接受大众媒介传送的信息，然后发生大致相同的反应。随着中介因素的存在并被逐渐强调，以及由此引发的对于受众个体差异和社会属性的重视，使得每一个受众的主动性特征都凸显出来，研究者逐步认识到受众的接触媒介是基于个人需求进行的，强调受众的能动性，从而在理解上推翻了受众被动论。在一定的媒体接触条件下，人们会积极地选择自己所偏爱、所需要的媒介内容和信息。使用与满足理论的发展过程明确地将受众的作用和受众的动机作为研究中的一个重点。人们在说明大众媒体的影响之前，必须首先理解受众为什么和怎样使用媒介。使用和满足理论采纳了两个新角度，即人们如何使用大众媒介和大众媒介内容能够满足人们什么样的需要。使用和满足理论并不认为信息和效果之间有一种直接的关系，而是认为受众使用信息等诸如此类的使用在效果过程中作为中介性的变量在发挥作用。相比于经验主义传播学中的"效果型"研究，使用与满足更表现为一种"满足型"的受众研究。

从目前的研究发展来看，使用与满足理论也有一定局限。早期的研究过于强调个人和心理因素，忽略了社会条件和所处环境的制约，而在认识到这种局限后的研究还没找到合适的方法解决这一问题。再者受众的能动性是有限的，仅限于"有选择的接触"范围，其接触行为通常是仪式化的，对于仪式行为倾向虽早有发现，但研究中对于这一特性还不够重视。另外，在后期的研究中，脱离了传媒生产过程和社会系统来单纯考察受众的媒介接触行为，不能全面揭示受众与传媒的社会关系，研究成果有局限性。

十、控制转让理论

控制转让理论是科尔曼（J. S. Coleman）提出的。他反对将集群行为视为一种非理性行为，认为集群行为的参与者都很理性，在正常情况下，每个人都控制着自己的行动，而在集合行为中则把对自身行动的控制转让给他人。但这种控制转让并不是一时的感情冲动，而是理性权衡的结果，是为了最大限度地获取效益。转让行为的控制权，并不一定导致混乱，但如果接受转让者控制不了的形势，就可能发生集群行为。

科尔曼认为理性的含义包括两个方面：首先个体的行动是有目的的；其次行动的原则在于最大限度地获取收益。由于资源的有限性，为了满足个体的利益，个体会通过各类不同的行动去最大限度地获取各类资源。行动包含了两种最基本的要素：行动者和资源。其中行动者已经作了解释，即有目的和以获取最大收益为基本原则。资源则包括各种形式，包括政治、经济、文化等形式；可转让、可分割、不可分割、不可转让等形式。应该超越对资源有形形式的认识，将资源定义为是一种行动的权利。个体的行动可以分为三种不同类型的行动。第一种行动是行动者为了满足个人利益，控制着他能够从中获利的资源。由于在这种行动中，只有一个个体，因此不具有社会意义。第二种行动是行动者不断去争取控制更多的利益，这是一种主要的行动类型，可以解释很多社会行为。第三种行动是行动者控制着能够使自己获利的资源，却对这种控制进行单方转让。行动者的利益驱使人们进行交换，行动的过程是一个相互竞争的过程，其结果是系统内的资源被重新分配。交换系统中还有两个主要因素：实力和价值。实力是在竞争性的交换中获胜的关键因素，而实力来源于拥有有价值的资源。因此，利益、控制、实力和价值构成了交换系统分析的主要内容。❶

第四节　互动传播的价值

一、角色学习

互动传播有助于主体完成角色学习。个体在社会化过程中，对于自身所处的阶段性角色的认知与学习是融入社会的基础。在社会结构中，社会

---

❶ 詹姆斯·S.科尔曼.社会理论的基础[M].北京:社会科学文献出版社,2008.

互动是在各种社会角色相互影响和作用下进行的。个体对自我行为和地位的认识与学习是在个体与外界的互动与交流中完成的。一个人在扮演某一个角色时，既要知道自己的身份和地位，也要知道对方的身份和地位。所以对角色的认识，只有在角色的相互关系中才能更加明确。个体也在与外界的互动交流中，观察、模仿角色的行为，获取相应的语言、思想和态度。个体只有在特定的情境下，将习得的角色内容与其他角色主体进行持续有效地互动交往，才能够充分地理解自身的角色地位、行为标准并树立积极的心理态度。

二、刻板印象

互动传播有助于主体建构有利的刻板印象。"刻板印象"也叫"定型化效应"，是指个人受社会影响而对某些人或事持稳定不变的看法。互动活动的一个主要作用就是对主体进行印象管理，尤其是在跨时空的互动传播中，受者对于传播主体的信息接收具有不完全性和阶段性等特点，使得传播主体可以有目的、有策略地刻画自身的典型印象，既简化了受者认知的过程，节省了认知的时间和难度；同时又将受者的认知信息限制在有限的、被精心修饰过的印象范围内，确保受者能做出积极正面的评价。刻板印象是互动传播的一个突出价值。

三、教化培养

互动传播除了对传播主体自身具有价值外，还具有对受者施加影响的价值，其中之一就是教化培养。依据格伯纳的培养理论，传播主体通过媒介渠道将说服性信息以受者可接受的形式进行互动与传播。信息的有机组合系统背后暗含着特定的意识形态系统，这必然导致该符号系统意义结构的完整性和整体倾向性。在媒介社会，"现实"分为真实存在的"客观现实"，由大众传播媒体塑造的"媒介现实"（或称"符号现实"）、"虚拟现实"，以及由"客观现实"与"媒介现实"共同作用于人的头脑而形成的"主观现实"。传播者通过构建媒介现实对互动对象的态度、情感等施加影响。

四、自我满足

互动传播有助于传受主体双方满足包括存在感、归属感等在内的自我需求。使用与满足理论认为，受众通过对媒介的积极使用，制约着媒介传播的过程，并指出使用媒介完全基于个人的需求和愿望。在个体的社会交往中，人们总会对符合自身情感诉求和群体归属的内容加以更多关注，积极地选择自身所偏爱的媒介、内容和互动对象进行互动交流。互动传播的主体双方不再是被动的说服对象，而是为满足自我需求，通过一定的媒介情境进行的主动传播活动。

五、控制转让

作为社会互动的一种形式，互动传播活动获取报酬的最高形式是依从，即控制转让。传播主体的一方为获取最大限度的效益，在互动过程中，经过"理性权衡"，将自身行为的控制权转让给另一方。在以往的社会学理论中，通常将控制转让归为集合行为，并认为这是一种极端缺乏理性的行为形式，而互动传播理论则认为"控制转让"互动主体在特定情境下，通过信息内容的互动沟通，使得主体一方在态度、情感和价值评判上有所谓的"理性权衡"，愿意将自身行为的控制权转让给另一方，以获取理性判断下的收益，从转让行为的主体角度来看没有所谓的缺乏理智。

第五节　互动传播的现状

一、互动传播的研究现状

互动是人类社会交往的基本需求，也是社会发展的动力源泉。人类进入文明社会以来，经历了由最初的面对面人际互动到伴随着媒介技术不断发展而演变的跨时空的多样性互动方式等多个互动阶段。尤其是进入网络媒介阶段以来，随着数字化与网络化的媒介技术的大发展，具有即时性、双向性的多媒体功能整合的互动媒介呈现类型多样化的趋势。

（一）互动传播研究的领域

关于互动传播的研究也是目前传媒行业的一大热点，相关研究成果也非常丰硕。但就现有的研究成果而言，主要集中在以媒介为核心内容和以舆论为核心内容的互动传播研究上。

1. 以媒介为核心内容的互动传播研究

互动传播的发展阶段主要是以媒介技术的发展阶段来划分，尤其是当前互联网媒介的蓬勃发展与多样性衍生，使得基于媒介互动特性的互动传播研究也呈现了媒介传播方式的广泛性。以媒介为核心内容的互动传播研究主要集中在以下三个方向。

（1）新媒体技术发展引起的媒体互动和媒体间整合互动的研究课题。

意大利学者帕加尼在2006年出版的《多媒体与互动数字电视：把握数字融合所创造的机会》一书中就如何开发互动数字电视服务、数字电视运营商如何进行媒介内容管理与数字版权管理等问题进行了探讨。王珂在《媒介的互动传播方式与特征研究》一文中以媒介的互动传播方式为研究对象，梳理归纳了各类媒介的互动传播方式，研究了各主要互动传播方式的特征，以及决定这些特征的影响因素。

（2）针对媒介融合下的品牌互动、广告互动等媒介营销互动的研究。

学者舒咏平、陈少华和鲍立泉于2006年合著的《新媒体与广告互动传播》一书就以互动传播的视角关注广告，对互动传播时代广告业需要做出的调整和改变等问题进行了深入的探讨。在《基于网络互动的品牌形象传播研究》一文中，江洁对网络品牌传播的实践和理论进行了整理研究，深入分析了企业是如何利用网络的互动特性传播品牌形象的。总结了网络互动传播品牌形象与其他传统媒介相比，在传播者、传播模式和用户方面所具有的特殊意义和优势。

（3）媒介互动传播的案例研究。

孟欢在《〈杜拉拉升职记〉的媒介互动传播》一文中尝试分析《杜拉拉升职记》在报纸、电影、网络等多种媒介互动传播中取得的强大传播效果，深层解读其互动传播现象。刘英姿、符聪在《试论媒介间议程互动——以"躲猫猫"事件为个案分析》一文中以"躲猫猫"事件为个案，依托媒介间议程设置理论，综合媒介间议程互动的特点，对"躲猫猫"事件中纸质媒体与网络媒体的议程互动做了初步探讨。

2. 以舆论为核心内容的互动传播研究

互动传播不仅是社会交往的基本需要，更是有效控制社会关系的重要途径。在大众传播领域，围绕着以舆论为核心内容的互动传播研究主要是针对组织机构如何有效控制与大众关系的研究课题。以舆论为核心内容的互动传播研究主要集中在以下三个方向。

（1）议程互动。

曾代君在《现代互动传播中议程设置功能研究》一文中提到"网络最重要的一个特征便是主体交互性，这种主体交互性使得传受双方的界限越来越模糊。受众在强大的信息冲击下，可以自由选择自己感兴趣的议题。受众也可以利用网络，自己设置议题，并形成一定的规模，从而影响到传统媒体。

李毅华在《微时代下网络舆情的议程互动分析》一文中论述到："微博在作为新兴舆论场的同时，也已成为舆情的高发地。互动作为舆情传播最主要的特征，其中媒体、公众、政策议程之间的互动是推动舆情发展的重要作用力"。并从议程互动的角度来分析微时代下网络舆情的演变机制，探讨议程互动在微时代下对网络舆情传播的影响作用，以及对微时代下网络舆情传播议程互动中问题的反思。

（2）公关互动。

刘俊在《当代中国公共关系与新闻报道的互动研究》一文中从历史与现实的角度出发剖析公共关系与新闻报道多元纠合的互动动机。揭示中国新闻机构在行政规范、市场规范与新闻规范下开展公关活动并生产公关新闻的动因。聚焦公共关系与新闻报道互动中产生的积极促进作用，并尝试引入传播模式中"噪声"概念去揭示公关对新闻信息流通的干扰。

（3）舆论互动。

安珊珊在《网络舆论生成中的要素及其互动影响机制——基于四个中文BBS论坛的探索性研究》一文中对网络舆论生成机制展开分析，以期厘清网络论坛中构成舆论客体、舆论主体和舆论本体相关因素的特征，及其对回复量所产生有效影响的向度及程度，并尝试解析网络舆论生成的总体趋势及不同论坛舆论生成的内部趋势。

（二）互动传播研究的局限

就目前的研究现状而言，互动传播领域的研究是伴随着媒介技术发展而深入推进的，就目前互动传播的研究现状而言，存在着以下局限性。

1.互动传播的要素认知不统一

由于媒介技术的发展，互动传播各要素之间的关联性在认知上出现模糊。如狭义的互动传播指在传播过程中传者与受者的互动，如在人际互动中，传播主体是社会人。广义的互动传播则是指传播过程涉及的各类主体间的相互作用。这里的主体在许多研究中可以是信息内容与受者，或媒介与媒介、媒介与受者等。因此需要我们科学地界定互动主体、要素互动等概念。本书中将互动传播主体设定为具有社会属性的个体或机构，而各要素间的互动，如议程互动、媒介互动，或要素与"受者"（这里的受者是传播主体的接受信息功能）的互动，只是互动传播链中多种要素互动之一，它们共同组成了完整的互动传播结构。

2.难以摆脱媒介为中心的研究思路

虽然当今的互动传播是由于媒介技术的引领而兴盛起来，从媒介特性发展、相关案例研究等方面容易得出显性研究结论，但是从本质上讲，互动传播依然是社会互动的有机部分，传播的社会价值满足社会交换的本质诉求。社会个体参与互动交流的动因也符合心理学和社会学的理论架构的，因此我们应该在更大的学科背景下来分析研究互动传播的相关课题。

3. 缺乏互动传播的研究体系

目前的互动传播研究大多处于现象的描述与评价上，如广告互动、品牌互动、媒介互动，这些研究或是互动传播的商业应用研究，或是新媒介的互动特性研究，它们彼此间的关联性，在互动传播研究体系中的位置等问题都需要学界能够在传播学理论及周边学科体系下来重新梳理。

二、互动传播的应用现状

互动传播最初在人际传播中应用较为广泛，随着媒介技术的发展，尤其是网络媒介的兴起，跨时空的互动传播在商业领域的应用也更为普遍。以互动广告为例，互动广告中最常见的是情景互动广告和感应互动广告。互动广告凭借其巧妙构思和与计算机高新技术的融合，获得难以想象的展示效果，使广告深入人心。情景互动广告是指需要广告画面外的物体来参与的广告，是一种新颖而独特的广告形式。感应互动广告以计算机视觉和虚拟现实等技术为基础，使普通广告能够根据人体动作而产生相应变化。例如虚拟现实的互动广告，可将原本单一的平面广告改造成集趣味性和娱乐性于一体的多媒体广告，从而开创广告史上的革命。

互动广告因其应用了先进的互动传播新技术和更加合理的互动传播模式，从而突破了时间和空间的限制，使其所传播的信息无论在量上还是在速度上都远远超过了传统广告。同时提升了消费者接收或传播广告信息的便利性、低成本性和时效性。尤其是互动广告所建构的传受双方主体间的全新关系，无限释放了消费者的广告参与热情，激发了他们创作广告、传播广告的欲望。

目前互动传播除在人际互动中保持其完整性外，在商业领域中更多地侧重于广告互动、品牌互动、舆论互动等，但多是从传者或受者等主体角度来研究应用其媒介的互动形式，而对于互动传播的体系研究与应用还没有形成广泛共识，这也需要学界与业界在案例研究和媒介研究与应用的基础上，深入地、系统地构建互动传播的整体框架。

第二章　互动传播要素

　　传播活动是基于传播过程中各要素的相互作用。相比较传统传播体系而言，互动传播更加强调传播主体间的双向信息流通，从传播主体到内容要素等，互动传播赋予了各要素新的任务与功能。只有深入地分析互动传播过程中的各要素的内涵与特质，才能系统地了解互动传播的体系特点和应用策略。在本章中我们将重点探讨互动传播各个要素的特色，分析在互动传播过程中传者和受者角色的变换，以及其他诸要素的变化。通过各个要素的重点阐述来解释网络互动传播过程的特色。

第一节　互动传播主体要素

　　不论媒介技术如何发展，传播的核心活动依然是围绕着传播主体而进行的。在此前的传播学研究中有许多关于传受主体的研究，其研究关注点多集中在研究不同的传播模式下，人类历史如何创造，信息如何交换与流通，其研究领域主要在传者研究（控制研究）及受众研究（效果研究）两大领域。与传统典型的传播理论不同，互动传播理论认为：传播主体不仅是传播者，同时也是接收者；从社会动机角度来看，在互动传播过程两端的传播主体可分为主动主体与被动主体。

　　"在网络中只有传播主体，不再有传播者和接受者的分别，在网络环境下，传者和受者的分立基本消除，传—受地位不平等的关系已经不复存在，二者的身份、专业性也愈加模糊。"❶但值得注意的是，在去中心化社会媒体蓬勃的发展背景下，传统强势的单向传播媒体的没落，使得大众对于自我表达与自我存在的需求更加凸显，传统的接收主体也成为了传播的

---

❶ 彭红. 涌现与互动——网络社会的传播视角[M]. 北京: 中国社会科学出版社, 2010.

传者。在这个强调平等与互动的传播时代里，传者与受者之间的对立已经逐渐弥合。

一、互动传播主体分类

在奥斯古德观点的基础上，威尔伯·施拉姆在《传播时怎样运行》一文中首次提出了循环传播模式，在他的循环模式当中没有传播者和受传者的概念，作为传播行为主体角色的双方通过信息的传受而相互作用。而参与传播过程的主体双方都在不同的阶段依次扮演着译码者和编码者的角色，强调了社会传播活动的互动性。

然而施拉姆所提出的循环模式并没有体现出传播主体角色之间的差异性，而是将两者置于完全对等的关系当中。由于传播主体双方在客观世界与传播环境中的资源、地位等因素的差异，传播主体双方的互动关系通常处于不对等状态，传播主体之间会存在着主、被动的差异性。

（一）互动传播主动主体

互动传播的主动主体指的是互动传播活动中的积极者与引导者，是对于传播活动的维持具有积极作用的个人、组织、社会混合体。虽然在互动传播活动当中，主动主体不一定是传播活动的发起者，但是在互动传播与交流的过程中，主动主体起到互动引导的作用，其在互动议程与目标动机的积极性上要强于被动主体。

在互动传播的活动中，主动主体的传播行为常常是因为受到社会交往活动中的报酬激励所导致的，从社会行为的范畴来看，传播主体的传播活动也遵循着社会交换理论的基本原则。社会交换理论是20世纪60年代在西方社会学界兴起的一种社会学理论。社会交换理论阐述了人类进行社会活动的依据，它以特定的人性假设为基础，认为人类本性是趋利的，人的一切社会活动（包括社会交往与互动行为）都是以奖赏和报酬为基础的。

在社会交换理论中，霍夫曼提出了八个关于社会交换的基本概念，而在这些概念当中最为值得关注的是"互动"与"报酬"这两个关键概念。

霍夫曼认为："互动是人与人之间的相互交往、相互作用，只有通过它，人们才能把自己的行动变成追求报酬、避免惩罚的行动。"❶而报酬又称奖励，是指能够满足个体某种需要的对象，它可以是物质的，如金钱；也可是非物质的，如声誉、赞扬。他认为报酬是最为核心的概念，人们所有的互动行为都是为了获得报酬，不论是外在的还是内在的。也就是说，在互动传播过程当中，传受主体受到报酬（包括金钱、赞同、尊重、服从等形式）的刺激而进行信息传播和互动活动。对于报酬的期望越大，参与互动传播的积极性也就越高。在报酬的激励或期望下积极主动地进行着有目标的互动传播活动。因此，互动传播中的主动主体的行为动机在一定程度上是大于被动传播主体的。

在单向传播模式当中，"传播者是传播活动的发起人和传播内容的发出者，是位于传播起点的个人、组织、社会的混合体。传播者不仅决定着传播活动的存在和发展，而且决定着信息内容的质量和数量、流量和流向，决定着传播内容对人类社会的作用和影响"。❷我们可以从传播者的定义中看出：作为互动传播的主动主体与单向传播当中传播者角色存在着一定的区别。

1. 角色区别

在单向传播模式中，传播者是传播活动的发起者与信息内容的发出者。对于传播的信息来说，其扮演的是收集者与掌控者的角色；对于传播媒介而言，其扮演的是所有者与使用者的角色；相对于受者来说，其扮演的是与之完全相对立的角色。总之，在单向传播模式中，传播者扮演的是信息内容的"生产者"角色。

而在互动传播当中，主动传播主体，既是信息的传播者，也是信息交流活动的接受者，并主导着整个互动传播的进程。

2. 地位区别

在大众传播中，传播者多是信息生产与传播的专业媒介组织。这些媒

❶ 宋林飞. 西方社会学理论[M]. 南京: 南京大学出版社, 1997.

❷ 邵培仁. 传播学[M]. 修订版. 北京: 高等教育出版社, 2007:104.

介组织包括报社、出版社、广播台、电视台、门户网站和出版发行机构等。作为单向传播模式主导下的传播者往往比受者具有更稳固的权威地位，在媒介资源的把控上具有垄断地位，能够主导话语权，并主要服务于相关利益组织。在互动传播模式当中，主动主体在权威地位和话语权等方面并不一定比被动主体具有更多优势，而在互动过程中，对媒介资源的使用权利上更多地体现了双向对等的地位。

总的来说，相比较传统的传者与受者的划分，互动传播的主动主体主要体现在具有更强烈的传播意愿上，而没有突出强调自身的地位、信息的传受、媒介资源的使用等方面。

（二）互动传播被动主体

与互动传播主动主体相对的则是被动主体。在互动传播当中，之所以将传统受者转变为被动主体，是要强调被动主体的传播主体地位，被动传播主体也具有传受合一的特点。被动主体有别于传统媒介研究当中"受者"的这一角色。

在单向传播模式当中，受众（audience，又称受传者、接受者）就是接受信息的人。其在大众传播当中扮演的角色是信息产品的消费者、传播符号的"译码者"、传播活动的参与者与传播效果的反馈者。虽然强调了其作为传播活动的参与者与反馈者的角色，但在实际的单向传播活动中，这两种角色往往被忽略，而更强调其作为信息产品的消费者和大众传媒的市场。对于大众传播模式来说，这已经是一种普遍的受众观了。很显然，将受众定位为信息产品的消费者忽略了受众在信息传播活动中的能动性。

在互动传播中，"受众"的传播地位及话语权有了显著的提高，受众不仅是信息的接受者，也是信息的传播者。互动传播的被动主体与单向传播的传者的区别主要表现在两个方面。

1. 角色区别

在大众传播模式中，受众是信息产品的消费者和传播符号的"译码者"，这两种角色的定位将受众局限在了传播活动的末端位置。而在互动传播模式中，被动主体既体现了其作为受众的接受者与译码者的角色特点，又强调了其作为传播者与编码者的角色特征。

2. 地位区别

被动主体由传播末端的接受者转变成了传受合一的传播主体。相应地，其具有了传播活动的话语权，对于传播活动的信息流动也具有较强的控制能力。被动主体在媒介资源的使用方面与主动主体具有同等的权利。

在互动传播模式中，传受主体之间的关系主要体现在传播主动主体与被动主体之间的一体化与相互的转换。

首先是传播主动主体与被动主体的一体化。杨保军在《论传播主体与接收主体的关系》中指出："信息时代，网络时代和后网络时代的到来，必然会建立一种新型的传受主体关系——和谐平等的一体化关系。这种一体化的关系，是传受互为主体的一体化关系。比如，在网络上只要愿意，每一个人既可以是传播者，同时也可以是接受者。但事实上却有着本质的不同，是经过分立对应之后的一体化关系，是传播主体与接收主体都有自觉意识基础上的一体化关系。"[1]杨保军提出的这种对于网络时代中传授主体之间的关系在互动传播当中也同样适用。在互动传播中，两者都是作为传播主体的角色出现，这也就很好地体现了两者的一体化特征。不论是面对面的人际互动传播，还是基于网络媒介的互动传播，主动主体，以及被动主体都有作为传播主体角色的特征，传受角色的一体性体现得更为明显。

其次是主动主体与被动主体两者的转换关系。在互动传播中，传播主体、被动主体之间的这种转换关系是其特征。传播的主、被动双方可以随时交换角色，不会存在绝对的传播者和接受者的角色，而是存在着在互动传播过程中传播相对积极的一方与被动的一方。与此同时，互动传播突出并强化了信息传播中被动的一方，使其与传播积极主体有了更多交流与沟通的机会。例如，网络传播者打破了以往信息单向传播的模式，使得传播

[1] 杨保军. 论传播主体与接受主体的关系[J]. 国际新闻界, 2003(6).

主动者与被动者之间的信息交流互动变得更加容易，被动主体的角色地位与话语权在互动传播模式中有了显著提升。

二、不同环境下互动传播主体的角色特性

传播主体在不同的传播环境影响下，其角色特征表象有着明显差异。我们将互动传播的环境分为客观环境和网络环境，具体分析不同情境下传播主体的角色区别。

（一）传统客观环境下互动传播主体的角色特征

所谓客观环境是与"主观环境"相对的，对有效环境或普通周围环境条件，通过物理化学手段所测定的环境概貌。在传播学中，这种客观环境强调的是一种在非媒介环境中的互动传播行为，即面对面的人际传播，以及群体传播行为。在传统客观环境下的互动传播主体的角色特点如下。

1. 角色间的强关系性

在客观环境中，互动传播主、被动主体之间由于受到时间、空间以及媒介技术等因素的局限，传播主、被动主体之间的角色关系多属于强关系性。"强关系"是由美国社会学家格兰诺维特提出来的，他认为个体人际关系网络可以分为强关系网络和弱关系网络两种。强关系网络指的是个人的社会网络同质性较强，人与人的关系紧密，有很强的情感因素维系着人际关系。在传统的客观环境中，互动传播的主体双方多是处于同一自然环境和社会环境中，即使不在同一社会环境当中，传播主体双方也多是基于人际关系基础上的一种互动形式。比如，发生在教室中的师生之间的教学互动过程，学生与老师之间虽然比不上"首属互动"当中母子之间的关系亲密，但是师生之间也是会有一定的情感因素的维持。因为在传统客观环境中，老师与学生是处在同一个媒介环境下，两者对彼此会有一定的认识了解并且容易产生相互的情感关系，也就是产生所谓的师生情。相较网络互动教学中的师生关系，教室中的师生之间的关系则更加偏向于强关系的状态。

2. 受社会角色影响性较强

所谓社会角色指的是与人们的某种社会地位、身份相一致的一整套权利、义务的规范与行为模式，它是人们对具有特定身份的人的行为期望，它构成社会群体或组织的基础。在传统客观环境中，传播主体之间进行互动传播多会受到其社会角色的影响。传播主体的传播行为会受到与其社会地位，身份相一致的权利与义务的规范，互动对象也会对其行为有清晰的诉求与期望。由于互动传播的主体双方多是基于强关系下的互动活动，传播主动主体、被动主体对相互之间的角色认识也较为完整，因此传播主体在进行互动传播行为时的传播内容的选择、媒介使用等都应符合其相应的社会角色规范。如果互动传播的主动主体没有使用符合其社会角色的符号、行为以及媒介，那么就会对被动传播主体造成符号解码的噪声，影响互动传播的效果。例如，一位女教师回到家时，面对孩子时处于母亲的角色，面对丈夫又是妻子的角色。在与孩子或丈夫进行互动时，她就不能够再用上课时那种对待学生的口吻和内容符号了。这个事例说明：传播主体的行为受其在特定环境中的社会角色的影响。

3. 角色后台行为具有隐秘性

所谓的后台行为是由社会学家欧文·戈夫曼（在其著名的"戏剧理论"当中提出来的一个概念。这是戈夫曼在对戏剧表演进行观察的基础上，依据戏剧表演的一些特点，提出的一种社会学理论。他把人的日常交往和生活比拟为戏剧表演，每个人或是个体表演者，或是剧班中的一员，在不同舞台上、特定的场景下按照自己的角色要求来表演。戈夫曼引入戏剧表演中的舞台一词，将人类的表演场也称为舞台，舞台又划分为"前台"和"后台"。

通过对"前台"与"后台"的阐释，我们能够很容易地理解前台行为与后台行为（又称"幕后行为"）。前台行为指的是表演者在舞台上的某种行为，这种行为是表演给观众看的。而后台行为指的是在后台区域的行为，这种行为是不便展现给观众观看的。在后台，表演者可以不必像在前台那样关注自身形象，以及布景的限制，表演者的行为是自然与放松的。

约书亚·梅罗维茨在其《消失的地域：电子媒介对社会行为的影响》一书中认为："任何人在某个环境中的行为可以被分为两大类：'后区'与'前区'。'后区'的行为甚至也被认为是在扮演某种角色，只是不同于前区的正式风格。"❶

　　因此对于客观环境中的互动传播主体角色来说，由于受到某种情景对自身角色行为的约束，其前台行为与后台行为有着很大的不同。戏剧理论的实质就是印象管理，即人们如何在他人心目中塑造一个理想形象的策略。也正是受到自身社会角色的制约，在客观环境当中的互动传播行为更加谨慎，这种强关系性与现实情境使得传播主体更加注意隐藏自己内心的信息。在这种客观环境下的互动传播活动中，传播主体角色会尽量隐藏自己的后台行为，传播主体要尽量去掩饰那些与当下环境和情景的规范不一致的传播行为，并努力表现出一致性。

（二）拟态环境下互动传播主体的角色特征

　　随着媒介技术的发展，传播媒介的交互性特征为互动传播提供了更高效的媒介渠道。不仅为人际的互动传播提供了更多传递和接收信息的渠道，更重要的是这种互动传播突破了时间和空间的束缚，而被进一步扩展到更大范围的人际传播、群体传播和大众传播中去。而作为拟态环境下的互动传播主体角色有着如下不同于客观环境下的主体角色特征。

　　1.角色间的弱关系性

　　大众化与网络化媒体的发展，超越了人际间互动传播的时空界限。而拟态环境下的互动传播使得传播主体角色之间的关系弱化。虽然这种弱化关系并没有绝对性，但却是在大众化、网络化的媒介环境下的互动传播中所普遍存在的一种主体关系。

　　网络化的媒介形态不断发展演变，在提高了主体间的传播效率的同时，也将人们束缚在不同维度的网络世界中，使得人与人之间呈现更多的

---

❶ 约书亚·梅罗维茨.消失的地域:电子媒介对社会行为的影响[M].北京:清华大学出版社,2002.

弱关系性。但是这种基于弱关系基础上的角色互动也促进了信息的广泛流动与传播，使得不同群体间的成员有了更多的交集。因此，网络媒介的发展促成了更大范围的互动传播，而不要局限于客观环境下的人际互动传播，使得跨时空的大众传播互动成为现实。

格兰诺维特曾经给"弱关系的力量"给出了这样的假设："弱关系促成了不同群之间的信息流动。弱关系传播了人们原本不太可能看到的信息。由一个人的弱关系分享的信息此后不太可能被局限于小范围内。"❶基于弱关系的内容分享，会导致某信息被分享的可能性增加近10倍。相比而言，由强关系分享的内容则只会增加6倍。简而言之，弱关系最有可能向好友提供一些他们原本难以获取的信息。

2. 角色的虚拟性

在拟态化媒介环境下，尤其是在网络媒介环境下的互动传播中，传播主体角色的虚拟性是其最为突出的特点。传播主体在网络环境当中所扮演的角色与其在客观环境当中所扮演的角色特征有很大的不同。在网络媒介环境下的主体互动是基于个人ID基础上的行为；换句话说，ID是个体在网络空间进行信息传递的"虚拟身份"，同时也是个体所扮演的"虚拟角色"。

基于拟态环境下的互动传播行为最大的特点，就是传播主被动主体双方被隔离在不同的场景当中，他们进行着身体并不在场的互动行为，传播主体双方凭借的只是经过编码后的符号信息。而作为传播主体角色，其在真实环境当中的身份、地位与角色都无法完全带入到拟态媒介环境下的互动传播当中，因此建立在社会角色基础上的互动行为也就消失了，客观环境中的社会角色规范对传播主体的约束作用也就不再存在。主体角色在拟态环境下，尤其是在网络环境下大多是虚拟存在的，而这种角色的虚拟性造成传播角色行为的隐匿性。

3. 角色行为的隐匿性

在拟态化的媒介环境当中，互动传播主体由于场景的分离以及真实的

---

❶ 书聿. Facebook研究报告全文: 重视社交网络"弱关系" [R]. 新浪科技, 2012.

社会角色与个体脱离，使得传播主体呈现角色的虚拟性，而这也会引发传播角色行为的隐匿性的特点。

在互联网的虚拟状态环境中，人们的行为及网络社会结构会迥然有异于客观社会。在互联网的虚拟平台上，传播主体间的互动往往会忽视其所扮演的社会角色，许多角色特征被隐藏。例如，传播主体的社会地位、职业、年龄甚至性别都会被隐藏或是被重新塑造。基于网络媒介的互动传播，"传播者隐匿了部分或是全部的真实世界的身份，并呈现自己打算的面貌（即重新赋予自己一个社会角色），个人可以借此塑造一个或多或少跟真实世界不同的自我。人们进行着一种非面对面的或者说是一种隔着面具的非常规的人际互动，从而隐匿网络外的特征"。❶只有在虚拟化的网络媒介环境中，这种具有匿名性质的交流才能摆脱社会角色对于传播主体的行为约束。

传播主体角色的出场方式多是以ID符号的方式出现的，个人的社会角色都是隐藏在这个ID符号之后的。也就是说，在网络环境下的互动行为都是带着面具的一种行为，这个面具就是每个个体在网络当中所拥有的ID符号，它以符码的形式代表着个体属性，而在这背后的传播主体行为则有了相对的隐匿性。

4. 角色后台行为的前台化

网络媒介环境带给互动传播的主体角色最重要的也是最大的改变，就是传播角色后台行为的前台化。简单地说，就是将客观现实环境中那些属于后台的行为、不符合场景规范的行为展现出来，转变成前台的行为。有些观点也将此定义为"去角色化"的过程，即强调在网络空间当中的互动传播行为不再有"角色扮演"的概念，也就没有"前台行为"与"后台行为"的区别。"在网络化环境下，由于个体隐遁了其在现实社会生活中的地位、社会属性、身体属性等，而以一种符号代码形式出现，同时也可选择一些自己在现实社会生活中拥有或自己并不拥有的特

❶ 魏晨. 论网络社区的社会角色与行动[J]. 徐州师范大学学报, 2001(2).

性，促成了自我与他人的互动，但无法在网络空间中去运作他在现实社会生活中的社会身份和地位。因此，严格意义上，个体进入网络空间后是去角色的。"❶

在网络互动传播中，传播主体对于自身人格意识及个性结构的认识更加具有独特性。早在20世纪初期，库利就曾经提出了"镜中我"的理论。他认为，人的行为很大程度上取决于对自我的认识，而这种认识主要是通过与他人的社会互动形成的。他人的评价、态度等，是反映自我的一面"镜子"，个人通过这面"镜子"认识和把握自我。因此，人的自我是通过与他人的相互作用形成的。也就是说，个体对于自我的认识并不是直接经验作用于自我本身，而只能从与处于同一社会群体的他人的立场出发，用他人的经验来作用于自我。而在虚拟的网络世界当中，传播主体也是以一种"虚拟自我"的角色存在。

后台行为的前台化正是由于传播角色在网络媒介环境当中行为的隐匿性引起的。由于网络本身隐藏了一些社会道德规范，所以传播主体在传播行为当中更多体现了"自我"的一面，而这里的"自我"更多来源传播主体自身的个性结构及个人意识。魏晨在《论网络社区的社会角色与行动》一文中提出过这样一个现象："在ID的隐匿保护下，与根本不认识的网友共同来体验内心中最隐秘的经验，共同交流自己在真实社会中无法交流的感受与体会，一些原先无法启齿的难言痛苦借助文本语言来倾诉。"❷传播主体将原本是属于后台行为的传播活动表现在前台，将自己在面对面的互动当中无法表达的情感借助虚拟化的媒介环境表达出来。

第二节　互动传播内容要素

内容是整个互动传播过程的核心，内容要素的传递与互动是传播活动

---

❶ 屈勇. 电子网络空间中人际互动的本质:角色与去角色[J]. 社会心理科学, 2009(1).

❷ 魏晨. 论网络社区的社会角色与行动[J]. 徐州师范大学学报, 2001(2).

的主要任务，也是人们之间通过传播而保持相互影响和联系的纽带。

一、内容要素分类

互动活动中的内容要素是由信息与符号所构成的。符号和信息是我们进行互动传播活动的介质。而信息与符号本身也并不是相互独立存在的，而是相互依存的。它们相互作用、相互影响，共同构成了社会互动传播的主要内容。

（一）信息要素

信息是传播活动的内容，是传播的材料。"信息"一词在英文、法文、德文、西班牙文中均是"information"，日文中为"情报"，我国台湾称之为"资讯"，我国古代用的是"消息"。"信息"作为科学术语最早出现在哈特莱（R. V. Hartley）于1928年撰写的《信息传输》一文中。20世纪40年代，"信息"的奠基人香农（C. E. Shannon）给出了信息的明确定义，此后许多研究者从各自的研究领域出发，也给出了不同的定义。

信息论的创始人是美国贝尔电话研究所的数学家香农，他从通信科学理论出发，对"信息"一词作出了定义，提出凡是可以减少不确定性的内容都可以被称为"信息"，并且提出了"信息熵"的定义。香农在进行信息的定量计算的时候，明确地把信息量定义为随机不定性程度的减少。虽然香农对于"信息"的定义仍有一定的局限性，但其为"信息"这个抽象定义的量化提供了基础。

信息科学认为，"广义的信息是物质的一种普通属性，是一种客观存在的物质运动形式。信息既不是物质，也不是能量，其在物质运动过程中所起到的作用是表述所属的物质系统，在同其他任何物质系统相互作用（或联系）的过程中，以质、能波动的形式所呈现的解构、状态和历史。"❶显然这是从生物，以及物理信息领域出发对信息做出的定义。而作为传播学中所研究的信息与科学技术领域的信息定义既有联系又有区别。

---

❶ 郭庆光. 传播学教程（第2版）[M]. 北京: 中国人民大学出版社, 2011:3.

邵培仁的《传播学》一书，对于信息给出了这样的定义："所谓信息，就是指进行存贮、传递和能够被人感知的非实体性的情况和内容。"[1]这一定义表明：传播学所研究的信息，既是一种与人类社会生活密切相关的生产、交往的信息，又是一种社会信息。

信息要素贯穿在整个传播过程当中的各个环节。传播者会对信息进行编码转变成各种符号，之后通过渠道进行信息符号的传播，受众接收到符号后，对符号进行解码，转变成信息后理解，并且发送出自己的反馈信息。信息交换是人们进行传播的主要目的。没有了信息的传播，传播活动就会失去社会意义。"大多数的传播活动之所以发生，正是由于我们的环境发生了改变或是我们自己的需求变了，为了迎合这一新的情况我们要进行信息的传播。"[2]

（二）符号要素

人类是符号的动物，符号则是人类的表征。符号不仅是人类区别于动物的最大标志，也是人类得以不断繁衍生存的基础。人与符号的互动是实现意义的交流和互动。所以，符号是互动传播中必不可少的要素，符号在互动传播中扮演着重要的角色。

1. 符号要素定义

相对信息而言，符号则更加具体化。符号是人们共同约定用来指称一定对象的标志物，它包括以任何形式通过感觉来显示意义的全部现象。符号是人类进行传播的要素，是载送信息的代码，是人类社会约定俗成的一种符码，同时也是人类所独有的表达信息的一种方式。

英国学者特伦斯·霍克斯对符号的定义做出了最为全面的概括。他认为："任何事物只要他独立存在，并和另一事物有联系，而且可以被'解释'，那么他的功能就是符号。"在这个"符号"定义中体现了符号的三个重要特征：一是符号的独立性；二是符号的代表性；三是符号的解

---

[1] 邵培仁. 传播学 (修订版) [M]. 北京: 高等教育出版社, 2007.

[2] 威尔伯·施拉姆. 传播学概论 (第 2 版) [M]. 何道宽, 译. 北京: 中国人民大学出版社, 2010.

释功能。这三个特征是符号作为互动传播要素中最为典型、也是基本的特征。

从符号的构成来看，我们可以将符号看作是符号形式与意义所共同构成的统一体。结构主义语言学家奠基人索绪尔在其《普通语言学教程》一书将符号界定为能指（signifier）和所指（signified）。"所谓能指也叫意符，通常表现为声音或图像，能够引发人们对特定对象事物的概念联想；所指也称为意指，即意符所指代或标书的对象事物的概念（意义）。"[❶]简单来说，"能指"指的是符号的形式，而"所指"则表现了符号的内容。"符号的传播过程是一个指称事物和理念、传达意义的过程。所以，一方面符号是观察者可以理解的，即从符号的表现形式上来说；另一方面，符号又是需要解释的，即从其内容上来说。"[❷]但同时符号的意义与符号本身又是相互区别和独立的。人们通过符号形式的互动传播，最终目的是要达到意义的交流和互动。而传播的内容要素，我们讲的更多的是符号形式的分类及其在互动传播当中的特征。

2. 符号要素分类

（1）信号与象征符：就其符号本身属性来看，其构成是极为丰富的，郭庆光的《传播学教程》一书，将符号区分为信号，以及象征符。在具体论述当中，郭庆光引用了德国学者E.卡希尔和S.K.莱格尔对于信号及象征符二者区别的理论。E.卡希尔认为："信号是具有物理特性的，而象征符则是具有人类的语义性质。"同时S.K.莱格尔认为："信号是对象事物的替代物，而象征符则是对象事物的表象载体。"对于两者的区别，郭庆光也做了进一步的阐释。他认为信号有两种特性："信号与其表示的对象事物之间具有自然的因果性，从这个意义上说，一切自然符号都是信号；信号与其表示的事物之间通常具有一种一对一的固定对应关系。"[❸]

"与信号相比，象征符则具有不同的性质。象征符必须是人工符号，

---

❶ 索绪尔.普通语言学教程[M].张绍杰导读.北京:外语教学与研究出版社,2001.

❷ 孟威.网络互动:意义诠释与规则探讨[M].北京:经济管理出版社,2004.

❸ 林进.传播论[M].东京:有斐阁,2011:36.

是人类社会的创造物；象征符不仅能够代表具体的事物，而且还能够表达观点、思想等抽象的事物；象征符是通过传统，通过学习而继承的；象征符是可以自由创造的，也就是说象征符与指代的事物之间并不需要一一对应的关系。"❶而在互动传播当中，我们所关注的符号更多指的是象征符，因为人类区别于动物信息活动的一个重要的特点就是人类能够使用象征符来传达意义。正是因为作为象征符的符号具有以上的性质，所以其在互动传播当中才会有不同的表现形式及特征。已有学者针对象征符在人际互动中的特性进行了探究。例如，20世纪初的美国社会心理学家G. H.米德，他提出了象征性互动理论（Symbolic Interaction Theory）。象征性互动理论又被称为"符号互动论"或是"意义互动论"。其核心是探讨以象征符为媒介的人与人之间的互动关系。

（2）语言符号与非语言符号：作为人类符号的象征符本身是一个具有庞大体系的概念，也具有极其复杂的分类方式。从互动传播的角度出发，我们可以将其分为两大类，即语言符号和非语言符号。不同的符号形式对于意义的表达与传播具有不同表现力。

作为语言符号，其本身具有很强的灵活性，不仅能够表达任何具体性的事物，还能够表达抽象性虚构的事物及概念、观点。可以说在表达的内容上几乎没有限制性。同时这种语言符号的使用也是在不断发展中，具有巨大的能动性及创造性。人类不断创造出新的词语、新的概念和含义、新的表达方法。语言符号并不是停滞不前的，而是随着人类社会的不断发展而不断更新扩充其新的语意空间。

非语言符号是作为语言符号的一种补充及伴随的状态而存在。与语言符号不同的是，非语言符号在其结构及组成上有其独特之处，相较于语言符号的有序性、层次性的特点，非语言符号的构成则更加复杂。

在构成方面，非语言符号包括"语言符号的伴生符，如声音的高低起伏，语速的快慢，文字符号的大小粗细等，这种非语言符号也被称为副语

---

❶ 郭庆光. 传播学教程 (第2版) [M]. 北京: 中国人民大学出版社, 1994: 14–15.

言。其对于语言符号的表达传递起到了补充的作用。

体态符号（gesture），有人称之为体态语言（body language），如动作、手势、表情、姿态、视线等。它们在形成语境（传播情境）方面起着重要的作用，是物化、活动化、程序化、仪式化的符号。这类非语言符号的构成具有多样性和复杂性，如仪式、习惯、徽章和旗帜、服装、饮食、音乐和舞蹈等都包括其中。与前两种非语言符号不同的是，这种符号的独立性更强，是独立于语言符号存在的符号形式。❶

总的来说，非语言符号具有对于语言符号功能的补充以及延伸作用。作为非语言符号，它是形象化的，能够引起普遍的意义，在意义的表达及对于人们情感的变现方面具有相对共同的意义。与语言符号相比，非语言符号在传递表达方面能够较少地引起人们的歧义。同时这种非语言符号的传递往往具有自发性的特点，常会在人们传播行为的不经意间自发反映出来。

语言符号和非语言符号共同构成了连接传者和受者的符号体系，为人们进行表述、传达信息及思考活动提供了工具。

符号与信息作为互动传播的主要内容，两者有着很大的区别，不能混为一谈。

首先，信息是抽象的，而符号则是相对具体的。信息最为重要的特点就是其抽象性，是一个没有大小、没有重量的非实物的抽象内容。在对信息进行保存，处理与传播时也仅仅需要极其微小的能量与空间。信息本身是无法直接展现给人们的，人们是看不见、又摸不到信息的。而符号相对于信息来说具有一定的具体性，符号是人们能够看到、听到或是能够感受到的一种符码，例如我们能够看到文字、听到音乐、感受到别人的抚摸等。

其次，信息有很强的依附性而符号则有相对的独立性。信息的存在方式往往是要依附在某种物质或是某种媒介当中。不论是信息的储存还是传播的过程都需要依赖。而符号相对于信息来说则具有相对独立性，日本学

---

❶ 郭庆光. 传播学教程 (第2版) [M]. 北京: 中国人民大学出版社, 2001.

者永井成男认为，"只要在事物 X 和事物 Y 之间存在着某种指代或表述关系，'X 能够代表或表述 Y'，那么事物 X 便是事物 Y 的符号，Y 便是 X 指代的事物或表达的意义"。❶这里的 X 事物可以脱离意义或是信息而单独存在，可以不借助媒介让人们感受到。

同时信息表达具有确定性，而符号的表达则具有多样性。在相同的意义空间当中，信息本身具有相对的确定性。例如，传达"有敌人"这样一个信息，这个信息本身是具有确定性的。但是对于这个信息的符号表达方式则具有多样性，如语言符号、烽火、烟火号声和打鼓声都可以传递同一个信息。因此这种信息的符号表达方式具有不确定与多样性。而在不同的意义空间，不同的文化意识领域对于符号的这种表现方式则会更加具有不确定性。

虽然信息与符号两者之间有着不同的定义与特性，但是作为互动传播的主要内容，两者之间又有着很强的联系，相互依托，相互影响。作为信息的互动传播离不开符号的表现，而符号又是信息的载体，信息借助符号从事物当中抽离出来，符号又借助信息赋予自身以意义。邵仁培在《传播学》一书中，对信息与符号之间这种密切的联系给出过清晰的阐释。他认为信息需要以物质（如纸张、胶片）为载体，以符号（如语言文字）来表现。在传播学中，符号是表达特定信息的方式或结构，媒介是传播或负载符号的物质实体，而信息则是指人与人之间通过符号和媒介相互交换的特殊内容。总之，符号是信息的表现形式，是信息的感性袒露；而信息则是符号的表现内容，是符号的特定意义。他们同语言和实现一样，互为表里，密不可分。

二、互动传播内容的要素特征

在不同的传播方式及传播模式下，内容要素往往具有不同的特性。例如，传统大众传播中的信息要素就具有新闻性、愉悦性、知识性、价值

---

❶ 永井成男. 符号学[M]. 东京: 北树出版社, 1989:74.

性、真实性及时效性的特点，这种信息的特点正是由于大众传播的功能需求所造就的。

（一）信息的要素特征

一般信息具有客观性、抽象性、感知性、传递性、存贮性及共享性的特征，而作为互动传播的信息，是传受两者之间相互交流的主体元素，既具有一般信息的特征，又具有其自身的一些特征，具体可归纳为以下五点。

1. 个性化

互动传播中的信息具有个性化的特征，这是由其传播主体所决定的。在互动传播中，信息的编排模式及呈现方式不会再像大众传播中的信息一样具有固定的呈现方式，以及模式，其个性化的特征愈发明显。因为对于互动传播来说，调动起传播主体的兴趣与需求，让其参与到传播过程当中是十分重要的。如果仍然用大众化的信息内容与模式，缺乏个性化的信息，将无法在传播主体之间形成有效互动。个性化的信息内容就像是互动行为的引爆点，缺乏个性的内容信息，整个互动传播的过程将会是很平淡的过程，甚至最后会变为单方向的传播活动。

2. 交互性

信息的交互性指的是信息在传受两者之间的双向传播。信息的交互性是互动传播最为明显的特征，也是其区别于单向传播的特点。在单向传播模式的环节当中，虽然有信息的反馈环节，但这种信息的反馈方式区别于信息的交互性。一方面，这种反馈环节多是在有限的次数当中进行的，而信息的交互性则体现在传受主体之间持续的循环互动过程；另一方面，单向传播的信息反馈多是在一个层面上的，而信息的交互性则体现为信息在传受两者之间不断地进行累积变化。

3. 爆炸性

信息的爆炸性是指在互动传播过程中，信息在不断地生成增长。由于信息的交互性造成了信息在传播主体之间的这种不断累积演进的传播方式，而每一次从主动主体经由媒介渠道传播到被动主体的过程，信息量就会增加一次，而再从被动主体到主动主体时信息又会增加。由于信息的可复制性特征，信息在不断的互动过程中会剧增并且膨胀。

4. 碎片化

信息碎片化是在新媒体时代出现的一个名词。在新媒体环境中，由于人们接触媒介的增多，每天通过手机报、博客、搜索引擎、新闻网站、即时通信等多种方式获取信息。完整的信息被割裂成无数的碎片。同时我们获取信息的时间也由原来大块的固定时间被分割成无数碎片时间，人们的注意力被不断地分散。而这种信息的碎片化间接地决定了信息内容以及信息呈现方式的特点。个性化、互动性更强的信息更能吸引被动主体的注意力。在信息碎片化时代，聚拢这种碎片化的时间，获得被动主体的注意力显得更为重要。

5. 信息熵的增强

信息熵的增强不仅是信息爆炸所造成的后果，也是网络互动传播模式中信息的特征。所谓信息熵是指任何信息都存在冗余，冗余大小与信息中每个符号（数字、字母或单词）的出现概率或者不确定性有关。

而在2014年5月5日，全球移动互联网大会上腾讯手机QQ浏览器首席架构师叶骏提出"移动互联网下，人类正在加速进入信息熵时代"。移动互联网开始进入信息熵时代。在以网络互动传播时代里，信息的爆炸性增长，其信息熵也不断增强。过度的信息量使得传播主体无从下手，而如何提高信息有效性、甄别噪声，即"降熵"，就成了未来信息处理的核心能力。

（二）互动传播符号要素特征

符号互动论又称为"象征互动论"，其创始人是20世纪初的美国社会心理学家G. H. 米德，指的是"人与人之间通过传递象征符和意义而相互作用和相互影响的过程。"❶其核心问题是考察以象征符为代表的符号在互动传播中的作用，它是如何对社会中的个体人及人与人之间的互动产生影响的。符号互动论认为，事物对于社会个体的影响不仅仅是事物本身所包

---

❶ 郭庆光. 传播学教程(第2版) [M]. 北京: 中国人民大学出版社, 2011:42.

含的世俗化的内容与功能，而且还包括事物对于个体的意义，即这个事物相对于社会个体来说的象征性意义。社会个体采取行动时是根据事物的象征性意义来采取行动的。而这种事物的象征性意义是在"社会互动"中产生的，源于个体与他人的互动（这种互动包括语言、文化、制度等），在个体应付他所遇到的事物时，总是会通过自己的解释去运用和修改事物对他的意义。符号互动论阐述了在人类社会互动中符号的作用及意义，从而帮助我们从符号的角度更加深刻地理解人类的互动行为。

1.符号作为互动传播的介质

互动传播的双方通过符号来进行意义的交换，符号是双方互动行为的中介。互动传播的主动者发出符号并对符号赋予某种意义；而受传者接受符号，进行解码，并做出反应。需要注意的是，作为互动传播的主体双方需有共同的意义空间。这也是互动传播的主体双方能够顺利进行意义交换的前提。共同的意义空间含有两层含义：（1）对互动传播所使用的符号表面含义有共同的了解。例如：一个中国人和一个韩国人之间进行互动传播就有一定的困难。虽然他们可以利用肢体符号进行互动，但是由于缺乏对语言及文字等语言符号的共同理解，因此两者在交流与互动当中就很难进行深入有效的互动传播行为。（2）互动传播的双方在文化背景或生活经验上有共同的意义空间及理解。双方对于符号的类比及联想意义有共同的理解。例如我国北方人与南方人在某些符号上的理解就会有很大的分歧与差异。两者虽然同是中国人，使用着相同的符号，对符号的字面意义有着相同的理解。但是由于两者生活的区域有很大的差别，因此所形成的文化以及生活经历也就有着很大的差异。所以两者在进行互动传播过程中也会出现相互的冲突。

当然由于社会的复杂性，每个社会成员的意义空间不可能完全的相同。而在相对共同的意义空间中进行交流并且不断扩大共同的意义空间才是互动传播双方进行互动交流的目的。

2.意义的产生源于互动

人们根据意义来从事行动，而意义的产生来源于社会互动。布鲁默在解释象征性互动时曾提出了象征性互动的三个基本前提：（1）事物本身不存在客观的意义，它是人在社会互动过程中赋予的；（2）人在社会互动过程中，根据自身对事物意义的理解来应对事物；（3）人对事物意义的理解可以随着社会互动的过程而发生改变，不是绝对不变的。而从这三个象征性互动论的前提当中我们可以总结出互动传播对符号意义的重要性——人们是根据事物的意义而采取行动的，而意义的产生来自于社会互动。人们对于符号意义的把握与理解是来自于互动过程。

所谓意义，就是人对自然事物或社会事物的认识，是认为对象事物赋予的含义，是人类以符号形式传递和交流的精神内容。人类传播在现象上表现为符号的交流而实质上则是精神交流，即意义。也就是说符号与意义是有机的统一体，意义不能脱离符号而存在。而意义的产生即精神内容的产生是来自于传播主体双方的互动交流的，也就是说意义，以及符号的产生离不开互动传播的进行。只有在双方不断的交流互动中才能够产生新的意义和符号或是对同一个符号和意义产生共同的理解从而达成共识。

同时由于双方交流与互动是处在一个动态的变化当中的，因此对于符号的理解也是处在变化当中的。所以说符号互动是一个能动的、可变的过程。而社会组织与社会制度也会随着符号互动的变化而变化。

第三节　互动传播的媒介要素

媒介要素是互动传播的中心，是承载信息，以及符号的物质载体。脱离了媒介的信息只有虚拟的意义，而没有了媒介的符号则因没有依附而无法传播，互动传播也就无法进行下去了。

一、互动传播媒介的定义

（一）互动传播媒介的定义

要想对媒介这个定义有一个全面的了解，我们须对"媒介"一词追根溯源。中国"媒介"一词最早见于《旧唐书·张行成传》："观古今用人，必因媒介。"在这里的"媒介"指的是使双方发生关系的人或事物。而"媒介"的"媒"字在中国古代多指"媒人"。如在《诗经》当中的《氓》就有："匪我愆期，子无良媒。"而后来"媒"则衍生成为介于事物与事物或是人与人之间的，使得两者产生因果关系的介质。而"介"字，则是指居于两者之间的中介体或工具，也指在两者或两者以上的人或事物间，从中介入参与其中的活动或组织，表达一种动作状态。

而在英语当中，媒介"media"是"medium"的复数形式，它大约出现于19世纪末20世纪初，指使事物之间发生关系的介质或工具。

20世纪原创媒介理论家马歇尔·麦克卢汉（Marshall Mcluhan）也曾经提出了媒介即万物，万物皆媒介，"媒介即信息"（The medium is the message.）的理论。作为"技术决定论"的代表人物，他强调"媒介即信息"，一个信息媒介工具的出现，会为一个社会带来变革。在他看来，世间万物都是媒介，事物与事物之间也互为媒介。"媒介是人类的延伸"是其最为重要的论断，如石斧是手的延伸，车轮是脚的延伸，书籍是眼的延伸，广播是耳的延伸，衣服是皮肤的延伸等。媒介无时不有，无处不在。

通过古今中外对于"媒介"的定义，我们可以看出：这些关于"媒介"的定义多是广义的，即凡是能使人与人、人与事物或事物与事物之间产生联系或发生关系的物质都是广义的媒介。而互动传播中的媒介定义则是偏向于相对狭义的，主要注重的是传播媒介的定义。概括起来，我们可以将传播媒介归纳成信息传递的载体、渠道、中介物、工具、技术与手段。然而从相对狭义的角度来界定"媒介"会出现一定偏差。对于"媒介"的理解也常与"符号""传播渠道""信息"等概念发生混淆。因此对不同的概念进行区分和明晰对于进一步理解"媒介"的概念是十分必要的。

（二）互动传播中媒介概念区分

1.媒介与媒体的区别

在大众传播当中，人们对于传播媒介与传播媒体的概念是最容易混淆的。目前学界对于传播媒介与媒体的概念也没有一个清晰的区分。传播媒体主要是指运作媒介系统的社会组织，即媒体=媒介系统+社会组织（个人）。相对于媒介的定义，媒体定义更加具体，例如，在面对面的人际传播过程中，我们可以称空气为互动传播的媒介，但是空气绝对不是传播媒体。因为空气是存在于"传播者"与"受传者"之间的媒介物质，但是空气是一种自然形成的介质，不是由社会组织或个人来运作的。

2. 媒介与符号的区别

"传播媒介有别于传播符号。符号是指表达或负载特定信息或意义的代码（如语言、文字、图像等），而媒介是指介于传播者与受传者之间，用以负载、扩大、延伸、传递特定符号的物质实体。作为一种代码或手段，符号反映了人对事物认识的过程和信息表达的逻辑特点，因此往往具有抽象性、有序性、思维性和意识性的特点。作为一种物质实体，媒介反映了物质和能源的本身特点和存在形貌。"❶可以看出，传播媒介与传播符号的最本质区别在于，传播媒介是用来负载和传递传播符号的，而传播符号则是依附着传播媒介而存在着的，二者是相互依附的关系。

二、互动传播媒介的基本特性

与传统单向传播模式相比，互动传播中的传播媒介有其自身的特点，使得其所负载、延伸及传播的信息符号能够双向地流通。

双向性是互动传播媒介最为突出的特点。传播媒介的双向性决定了信息流通的双向性。这里的媒介双向性强调了互动传播中传播媒介来回通路的畅通性。传统大众媒体，如电视、报纸等，只能够做到单向的传播信息，而反过来接受逆向信息的能力就很弱了。例如，通过电视进行传播，受众要想进行反馈沟通与传播只有借助其他的传播媒介。这样的传播方式在及时性与受众的主动性等方面都很差，受众始终处于一个被动接受信息的地位。

---

❶ 邵培仁. 传播学[M]. 修订版. 北京: 高等教育出版社, 2007:199.

三、互动传播中媒介的分类及其特征

（一）口头媒介

口头媒介，也可称为口语媒介，主要用于口头传播。口头传播是指传播者（说话人）通过口腔发声并运用特定的语言和语法结构及各种辅助手段向受传者（听话人）进行的一种信息交流。

虽然信息传播经历了口头传播、文字传播、印刷传播、电子传播以及网络传播等不同的发展阶段。但是口头媒介仍然在人类的信息传播过程中扮演着绝对重要的角色。口头传播仍然是生活中不可或缺的传播方式之一。我们日常接待、新闻发布、演讲、沟通性会议、公务谈判和演说等场合均使用口头传播。即使在进入网络传播时代的今天，口头媒介仍是应用最广泛的和最为简单的互动传播方式，参与互动传播的双方多是面对面进行人际传播。在面对面的口头传播中，人们在一个相对有限的空间当中进行口语的互动传播，同时互动传播双方的肢体动作、表情和着装等因素都是作为口头传播的补充方式存在于面对面的人际传播当中。

在口头互动传播过程中，空气是主要的互动传播媒介，声音凭借着空气进行传播。人的口、肢体、表情，以及衣着等则是作为输出媒介。而人的耳朵、眼睛和四肢（触觉）则是作为输入媒介来接收声音、肢体动作和表情等信息的。

口头媒介有其自身的特点：首先，使用口头媒介是人类的本能之一，无须经过特殊训练；其次口头媒介对信息的传播及反馈及时，双向互动性强。此外，通过口头媒介传递的信息准确率较高，口头媒介能够表达丰富的符号形式，包括语言符号、伴生符、肢体符号等多种形式，因此，信息意义的表达丰富。但口头媒介传播方式也有着明显的弊端，即互动传播双方被局限在一个特定的空间当中。在空间上，由于生理的限制，人类声音传播的范围有限；在时间上口口相传，而长时间之后信息容易失真。

（二）文字媒介

文字媒介是在口头媒介的基础上发展而来的，可以说文字媒介是人类传播发展史上第二座意义重大的里程碑，文字媒介的出现标志着人类进入了一个更高的文明发展阶段。文字媒介的出现弥补了口头传播的时空限制等不足。文字媒介使得异时、异地传播成为了可能，从而大大提高了传播的广度和范围。以往的语言传播，是人与人之间的口耳相传，心记脑存，既不能"通之于万里，推之于百年"，又不能保证信息在传播中不被扭曲、变形、重组和丢失。因此，"文字者，经艺之本，王政之始，前人所以垂后，后人所以识古"。文字媒介的发明及其应用是人类传播史上的一大创举，是人类文明的重要标志。它一方面引导人类由"野蛮时代"迈步进入"文明时代"，另一方面从久远的时间和广阔的空间上实现了对口头传播的真正超越。

同时值得一提的是，作为文字媒介，其真正的互动传播媒介应该是从最早期的石壁、石器、陶器、青铜器到甲骨、竹简和木简，再到后来的纸张等这类负载、传递及延伸文字符号的物质实体。书写材料的不断趋于轻便化使得互动传播双方的时空范围能够得到更大的拓展。例如，在以石壁、石器、陶器和青铜器为主要媒介的文字互动当中，由于媒介本身体积过大、重量很重，因此不宜进行长距离的移动。因此，这些物质实体中的文字虽然在时间维度上得到了延展，但在空间范围内仍然是被局限在一定的范围当中。而到以纸张为主要媒介的文字互动传播时，纸张的便携性使得互动传播能够打破时空的界限。

文字媒介也存在着明显的不足，其最大的缺点就是文字媒介的互动延时性。文字媒介虽然使得互动传播打破了时空界限，但是同时也使得双方产生互动的异步性。相较于口头媒介的同步性而言，文字媒介的同步性则比较差。

（三）印刷媒介

文字媒介出现以后，人类经历了很长一段手抄传播的阶段。但是由于媒介笨重、符号复杂、复制困难和传播垄断等原因，书本知识只掌握在少数人手里，竹简、帛书等书写媒介也只在上流社会流传。因此长期以来文字媒介只是由少数人掌控的技术，并未广泛使用。而在公元7世纪的唐代，中国出现了雕版印刷，公元1045年前后宋代的毕昇发明了胶泥活字印刷术。

可以说中国印刷术的发明不仅给中国，也给欧洲乃至整个世界的文明带来了曙光，使人类社会发生了翻天覆地的巨大变化。而在15世纪40年代，古登堡在中国印刷术的基础上发明的金属活字和印刷机标志着印刷时代的新纪元，这一发明使信息的机械化生产成为可能，从而为大众传播的出现与发展奠定了技术基础。印刷媒介的出现使得信息的传播真正打破了时空的限制，使其在更大范围的快速传播成为可能。

虽然印刷媒介的出现为大众传播做出了巨大的贡献，但是其似乎对互动传播并没有多大的影响力。因为对于印刷媒介的掌握需要较高的技术水平，对于个人来说，掌握印刷技术是一件有很大难度的事情。所以印刷媒介的出现虽然大大扩展了信息传播的范围，提高了信息传播的速度，使得报纸、杂志成为了真正意义上的大众传播媒介。但是这种以报纸、杂志为媒介的大众传播使信息的传播趋向于单向的传播模式，大大削弱了信息反馈通路，受众被动接收信息。也正是在这个时期，大众传播媒介的发展为社会带来了巨大冲击，从而出现了早期的"子弹论"及"皮下注射论"等传播效果理论。

（四）电子媒介

电子媒介指的是20世纪兴起的以广播和电视等为代表的大众媒介。由于无线电的发射与接收以及电视的关键部件都是电子元件，因而被称为电子媒介。广播与电视的出现标志着人类的大众传播由印刷传播为主进入了印刷传播与电子传播并驾齐驱的现代大众传播时代，又因电子媒介能够跨越国与国之间的界限，实现了信息的远距离快速传输，因而其成为人类传播活动新的里程碑。

电子传播时代的主要媒介除了广播和电视两大媒介外，还有电报、电影、电话等以无线电，以及电子技术为依托的媒介。电子传播方式具有以下特点：一是电影、电视是视听复合符号的信息传播，电子媒介对于符号的表现力具有复合性，能够承载声音、文字、图像等多种符号形式，因此电子对于信息的表现力也是较强的。二是电子媒介提供的信息具有直观性，将真实与虚拟的世界呈现在受者面前。不同于印刷媒介，电子媒介多是将信息内容以图像、声音等形式呈现在受者面前，因此更加具有直观性。三是与语言文字、印刷术的发明不同，电子媒介从其诞生的那天起，就属于大众传播媒体，具有世界性与商业化的倾向。

与印刷技术一样，掌握广播、电影及电视技术是一个极其复杂的过程，利用这些电子媒介进行信息传播是一个需要有组织规划、人员配合以及专业化的过程。对于个人来说，无法掌握这类电子技术，因而也就无法利用其进行信息传播与反馈。信息也就只能进行单向的传播，对于互动传播影响并不是很大。

但是电子媒介中的电报和电话媒介则在口头及文字传播基础上促进了互动传播的发展。虽然电报以及电话本身并不是大众传媒，但是它们却为人与人之间的互动传播提供了快速而有效的通信手段，真正地打破了以往口头传播及文字传播中对于空间界限的尴尬，使得在远距离的人们也能够实时同步地进行互动传播。但是，电报和电话最大的缺点是其媒介表现力较差，它们所能够负载和传播的符号只有文字或声音，缺乏其他的符号表现形式。同时基于电报和电话的互动传播也只能够是人际之间的互动传播，而无法实现一对多或多对一的互动传播。

在网络化的大众传播媒介发展中，也正寻求较好的媒介融合的互动方式，借助互联网来搭建起一个与受众能够持续互动的平台，从而来弥补这种大众传播单向性的缺点。

（五）网络媒介

20世纪末，伴随着信息技术的发展，网络也逐渐地加入了大众传播的行列中，如今互联网在政治、经济、文化和社会生活各个领域都已有巨大的影响力，也正是互联网的出现推进了互动传播的发展进程，成为继报纸、广播和电视之后的第四媒介。

"何为网络传播？网络传播有三个基本的特点：全球性、交互性、超文本链接方式。因此，给网络传播下的定义是：以全球海量信息为背景、以海量参与者为对象，参与者同时又是信息接收与发布者，并随时可以对信息作出反馈，它的文本形成与阅读是在各种文本之间随意链接、并以文化程度不同而形成各种意义的超文本中完成的。"❶

网络媒介融合了大众传播（单向）和人际传播（双向）的信息传播特征，在总体上形成了一种散布型网状传播结构。在这种传播结构中，任何一个网结都能够生产、发布信息，所有网结生产、发布的信息都能够以非线性方式流入网络之中。

网络媒介更是一个平台，既是一个信息汇聚的平台，又是一个信息交流互动以及分享的平台。之所以说网络的出现推进了互动传播的发展进程是"因为网络传播最为显著的一个优点就是传授双方的互动性，即在网络传播过程当中，传受双方的角色可以便捷地交替互换：传者可以充当受者而受者也可以充当传者；此时此刻的身份是传者，彼时彼刻又成为了受者。同时人们在网络信息交流系统中发送，传播和接收各种信息往往表现为实时互动操作方式"。❷这一点是网络传播与之前所有大众传播媒介的不同之处，表现为：互动传播成为了实时性的活动，传受双方的互动行为同步性增强。同时网络传播媒介的表现力强也是其一大优势，其负载与传递的符号汇集了文字、图片、视频和音频等多种符号形式，其信息形态的多媒体性使得各种网络媒介的表现力更加丰富。另外，互联网传播媒介还具有容量空间巨大，传播范围全球性以及检索便利性等特点。

---

❶ 转引自：田发伟. 崛起中的中国网络媒体——现代传播评论圆桌会发言摘要[J]. 国际新闻界, 2006(6).

❷ 陈志强. 大众传媒与互动传播[J]. 南昌大学学报(人文社会科学版), 2005(2).

更值得注意的一点是，网络媒介的发展不仅是其自身的互动传播，更带动了传统大众传播媒介的数字化转型。传统的报纸、杂志、广播及电视等大众媒介从对互联网媒介的恐慌排斥到单纯地使用，再到如今不断地融合，可以说网络媒介的发展为大众化互动传播媒介的发展提供了更广阔的空间。

第四节　互动传播的环境与情境要素

社会互动活动是存在于一定的环境当中的，会受到环境与情境的影响与制约，同时互动传播的进行也会反作用于环境与情境之中。世界上不存在绝对孤立、封闭的传播活动。传播活动必然要以某种形式处于一定的环境之中，而一定的环境因素也必然要以某种方式影响并制约着人类的传播活动。环境的作用是以潜移默化的渗透性方式影响着传播活动的。传播主体也是在不同的传播环境以及情境中进行传播活动的，所以说对于环境与情境的分析是我们不能忽视的问题。

一、互动传播环境要素

对于互动传播所处的环境，我们将其分为两部分，即客观环境与拟态环境。从这两方面的环境要素分析，我们能够从传播活动的内部与外部环境出发来观察互动传播活动对于环境的影响，以及环境要素对于互动传播活动的作用与制约。

（一）互动传播的客观环境

1.客观环境的定义

众所周知，人的行为是在特定的自然环境，以及社会环境中进行的，社会活动就是不断调整自身与环境之间关系的过程。客观环境是与主观环境相对应的，是指对有效环境或周围普通环境条件，通过物理化学手段所测定的各种特定的环境概貌。而这里提到的客观环境则是与信息传播活动所产生的信息社会相对的环境，是传播活动所处的外部环境，既包括自然环境也包括人类活动的社会环境。客观环境既是人类认识的对象，传播媒介报道反映的对象，同时也是制约和影响人类互动传播的外部因素。

2. 客观环境分类

（1）自然环境。

环境有自然环境与社会环境之分。自然环境是社会环境的基础，而社会环境又是自然环境的发展。自然环境是环绕人们周围的各种自然因素的总和，如大气、水、植物、动物、土壤、岩石、矿物、太阳辐射等。这些是人类赖以生存的物质基础，通常把这些因素划分为大气圈、水圈、生物圈、土壤圈、岩石圈等五个自然圈。人类是自然的产物，而人类的活动又影响着自然环境。

作为互动传播的自然环境，其最为显著的特点是具有稳定性及客观性。自然环境不会随着传播活动的进行而发生改变。而随着人类社会的不断发展，自然环境对于人类传播行为的影响力逐渐下降。

（2）社会环境。

社会环境主要受到政治因素、经济因素、信息因素和技术因素等四个方面的影响。

一是政治因素。传播学的研究向来与政治环境有着极其密切的联系，特别是在政治传播领域中，传播与政治呈现出一种相辅相成的互动关系。一方面大众传播具有政治社会化的功能，是公民实现其政治化功能的基本方式；另一方面在政治传播过程当中，政府必定要对传播过程进行监督与控制以巩固其自身的地位。随着新媒介在政治传播中的不断应用与实践，互动传播也在政治传播当中扮演着日益重要的作用。

二是经济因素。马克思在其《资本论》一书中曾多次提到过"经济基础决定上层建筑，而上层建筑又会反作用于经济基础"。经济因素的变化也决定着互动传播的发展。互动传播的发展面临着媒体集团、资本运作、媒介产业化经营、媒介市场化等新的经济环境。所以媒介经济市场的变化也促进了互动传播的发展。首先，由于媒体市场化运作后，各媒体处在激烈的竞争中。在媒介产品严重同质化的今天，各个媒体都不断寻求跨媒体之间的合作与资源的整合。其次，随着市场经济的发展，各品牌商都在寻求更加精确的用户信息与反馈，以提高他们从产品生产到销售推广等每个市场环境的精准性。所以广告主需要的是能够与消费者保持长期深入的互动联系，这也就间接促进了互动传播的发展。

三是信息因素。互动传播的过程使得信息大量涌现。在当今的信息时代里，信息无疑是最为宝贵的资源，信息数据是各行各业最为看重的资源。行业的发展离不开信息的流动。在人们的社会活动中所产生的信息需要传播渠道进行流通，这种流通并不是单向流动，而是在传者和受者之间的互动，因而能够产生更大的社会价值。

四是技术因素。进入21世纪以来，技术因素对于传播媒介的影响无疑是巨大而显著的。媒介技术的发展为互动传播提供了更加强大的技术支持：新媒体技术的发展使得以往只能够发生在小范围的人际互动传播能够扩展到更广的范围，从而打破了空间距离对人际互动传播的影响，同时增强了互动传播的表现力，图片、视频及音频都可以作为信息传播的表现方式。同时媒介技术的发展也为传统的大众媒介，即"旧媒介"带来了新的生机，新旧媒体平台之间的技术融合与支持增强了传统大众传播媒体的互动性。

（二）互动传播的拟态环境

1. 拟态环境的定义

拟态环境（pseudo-environment）是传播学与新闻学的重要概念。是美国著名政论家李普曼于20世纪20年代在其《公众舆论》一书中提出来的。在李普曼看来，拟态环境是由传播媒体所营造出来的，在人与客观物质环境当中的"信息环境"。所谓拟态环境，就是我们所说的由大众传播活动形成的信息环境，是大众传播媒介通过对新闻和信息的选择、加工和报道，重新加以结构化以后向人们所提示的环境，其所提示的环境并不能简单地等同于客观环境本身，而是环境的再现，或叫做信息环境。

"拟态环境"是大众媒体所映照出来的新闻环境。而这里的"拟态环境"并不是客观世界的"镜子式"的仿照,而是与现实客观世界具有一定区别的,与现实环境存在着一定的偏差。但"拟态环境"与客观环境也并不是绝对的完全的割裂。它是以客观环境为蓝本的,与客观环境有着密切的联系。"这一理论的核心在于人们所接受的拟态环境虽然是模拟的并非是绝对真实的,但是他们所做出的行为反应却是绝对真实的、现实的。可以说'拟态环境'是现代信息社会人们了解和认知世界,并由此调整自身行为以适应环境的重要依据。"❶

但是随着互联网技术的不断发展,人们对信息的获取渠道从传统大众媒介转向新媒介,而新媒介的互动性,传播的网络性与非线性,以及受众的分众化与碎片化都使得"拟态环境"的建构不再像以往那样容易。正是由于新媒体在编码、传播机制及信息渠道等方面不同于传统媒介,其所营造的"拟态环境"有着其自身鲜明的特点。

2. 拟态环境的特征

(1) 媒体"议程设置"功能的弱化。

"议程设置"功能作为一种理论假说,最早见于美国传播学家麦库姆斯和唐纳德·肖于1972年在《舆论季刊》上发表的一篇论文,题目是《大众传播的议程设置功能》。该理论认为大众传播往往不能决定人们对某一事件或意见的具体看法,但可以通过提供信息和安排相关的议题来有效地左右人们关注哪些事实和意见及他们谈论的先后顺序。大众传播可能无法影响人们怎么想,却可以影响人们去想什么。议程设置是大众传播媒介影响社会的重要方式。"议程设置"理论是在李普曼的"拟态环境"理论的基础上提出来的,它清楚地阐释了媒介信息是如何影响公众从而搭建起"拟态环境"的。

在单向传播模式中,信息的流向相对简单并且单一,都是从"传播者"流向"受传者"的过程。所以作为传播者的大众传媒组织就拥有了对

---

❶ 陈航. 新媒体与"拟态环境"[J]. 南京政治学院学报, 2010(6).

于新闻信息的掌握权与话语权，因此也就拥有了传播环境建构功能。在这样的关系格局当中，媒介的角色更像是"探照灯"。在黑暗中，灯照到哪里受众的关注点就集中到哪里。

而在互动传播时代，传统大众传媒集团掌控话语权并向受众"灌输"的模式已经发生了改变。在互动传播中，每个人都可以是信息的掌控者，因此信息传播就转化成了多点互动传播的模式，传统媒体对于信息流向及流量的掌控也就不那么容易了。所以媒体对于公众议程的设置很难有效地影响到受众自身议程的设置。信息的多渠道传播与整合使得媒体"议程设置"功能弱化，媒介"拟态环境"的建构变得困难。

（2）弱把关环境。

"把关人"理论是由美国社会心理学家、传播学"四大先驱"之一的卢因率先提出的。他在《群体生活的渠道》一书中首先提出"把关"（gate keeping）一词。他指出："信息总是沿着含有门区的某些渠道流动，在那里或是根据公正无私的规定，或是根据'守门人'的个人意见，对信息或商品是否被允许进入渠道或继续在渠道里流动做出决定。"❶"把关人"的角色在"拟态环境"的建构中也起着极其重要的作用。在传统媒介组织中，对于信息的控制是通过每个层级的"把关人"角色来控制和完成的，"把关人"在传统媒体中处于决定媒介内容的支配地位，是"拟态环境"构建的最后一个决定者。

而随着以互联网为基础的互动传播模式的形成，"把关人"的角色也就相对弱化了。网络是一种"去中心化的"新型互动媒介。在这种互动传播模式中，没有一个固定的传播者的角色，每个人都可以是信息的传播者。信息的传播模式是从四面八方汇聚而来的，因此每个传播者都可以是自己传播信息内容的把关者。昔日传播媒体当中的"把关人"失去了信息传播中的特权，"把关人"这一传统角色在逐渐弱化。而这种角色的弱化也就使得"拟态环境"构建的把控性降低。

---

❶ 卢因. 群体生活的渠道[M]. 北京: 中国传媒大学出版社, 2002.

（3）拟态环境环境化的加速。

"拟态环境环境化"的概念是由日本学者藤竹晓在1968年提出的，在其《现代大众传播理论》一书当中，藤竹晓指出"大众传播提示的虽然是'拟态环境'，与客观环境有很大差异，但由于现代社会中人们在很大程度上是根据大众媒介的信息来判断和采取环境适应行动的，这些行动的结果作用于现实环境，便使得现实环境越来越带有了'拟态环境'的特点，以至于人们很难在两者之间做出明确的区分。"[1]简单地说，"拟态环境环境化"就是一个"拟态环境"反作用于客观现实环境的过程。媒体为人们所构建的"拟态环境"中的语言、价值、观念等因素都会被人们反过来应用到客观的相似环境中，对现实环境产生影响。

"然而在传统媒体时代，报纸、广播，以及电视所营造的'拟态环境'虽然已经到达了令人们依存而不能自拔的程度，但是它们无论怎样营造极其逼真的拟态环境，受众也只能被动性地接收，这是一种难以逾越的鸿沟。"[2]也就是说，在传统的单向大众传播时代里，受众仅仅是被动地生活在大众媒体所营造出来的"拟态环境"当中的，而在互联网媒介的互动传播时代，人们处在一个受众主动参与、实时反馈的"拟态环境"当中，这加速了拟态环境的环境化，网络媒介下的互动传播时代构建的是一个"虚拟现实系统"，从而加速了媒介世界对于现实世界的侵袭。

二、互动传播中的情境要素

作为互动传播所处的境况因素，情境对于互动传播也起着重要作用。情境与环境之间既存在着联系，又相互区别。

首先，影响范围不同。传播情境是对于特定的传播行为所产生的影响，不同互动传播活动会产生不同的传播情境，传者和受者对于情境的不同解读也会影响互动传播行为。而环境对于多数传播活动的影响是相同的。在一定时期及范围中，所进行的传播行为往往都会受到相同的客观环

---

[1] 藤竹晓. 现代大众传播理论[M]. 东京: 日本放送出版社, 1968:5–15.

[2] 陈航. 新媒体与"拟态环境"[J]. 南京政治学院学报, 2010(6).

境，以及信息环境的影响。因此，传播情境具有定向性与目的性，其所覆盖的范围仅为特定的传播活动，而环境则覆盖并影响着多数的互动传播行为及活动，环境对于传播活动的作用是具有非定向性的，即没有固定不变的目标对象，也没有明确的目的性和针对性。

其次，传播情境相较于环境来说其结构性、系统性更强。美国传播学家乔舒亚·梅洛维茨提出的"媒介情境论"认为，传播情境就是信息系统，构成信息系统的是"谁处在著名地点、什么类型的行为可被谁观察到"。传播情境是对于各种环境因素系统化、结构化后的结果。传者可以对于传播情境进行影响，而受者也可以对于传播情境进行意义的解读。

最后，传播情境对于传播活动的影响具有直接性，而环境的影响则是间接的和潜移默化的。由于传播情境具有定向性的特征，这也就使得传播情境对于互动传播活动能够产生直接性的影响能力，表现为一种较为明显的、突进的和聚合性的方式。互动在何时何地、有无他人在场、作为传者使用何种传播符号等这些因素都会直接影响到互动传播活动的进行。相反环境对传播活动的作用则是一种潜在的、渐进的和渗透性的。例如，社会环境，以及拟态环境往往都是在潜移默化当中对互动传播活动产生影响，不会在某次的传播活动中集中体现出来。

（一）传播情境的定义

对于传播情境的定义并没有统一、明确的概念。但不同的学者对于情境也都给出了各自不同的定义。郭庆光在《传播学教程》一书中，将传播情境等同于语境。他认为：所谓语境，在传播学中叫做传播情境，传播情境指的是对特定的传播行为直接或间接产生影响的外部事物、条件或因素的总称。而传播情境又可以从广义和狭义上进行区分。广义的传播情境指的是传播行为的参与人所处的群体、组织、制度、规范、语言、文化等较大的环境。而狭义上的传播情境则指的是具体的传播活动（如两人对话）

进行的场景，如什么时间、什么地点、有无他人在场等。❶从这个概念上来看，对传播情境产生影响的是非语言符号；对不同非语言符号的使用能够形成不同的语境即传播情境。

而作为传播情境即信息系统。梅洛维茨是从媒介的角度出发来观察不同情境形成的特征，尤其关注电子媒介对传播情境的建构。每一种独特的行为需要一种独特的情境，并且情境是动态的和可变的。

从本质上来看，两位学者对传播情境的定义在本质上具有统一性，即都认为传播情境是对特定的传播活动而言的，并对传播活动产生直接或间接的影响。

总的来说，所谓传播情境指的是个人解读后的环境因素。面对一定的客观环境，传播主体会有不同的解读，通过不同的个人解读形成情境因素，因此情境因素具有主观性，从而影响个人的传播行为。

（二）互动传播情境分类及特征

我们将互动传播的情境因素分为两种不同的情况，即社会情境和媒介情境。

1. 社会情境

所谓社会情境是指互动传播主体在现实环境下的互动活动所形成的情境。如面对面的人际互动传播中的情境。社会情景具有以下三类特征。

（1）情境的分离性导致传播行为的分离。

社会情境下的互动传播是在现实情境中的传播行为。由于受到媒介因素的限制，这种面对面的人际互动传播往往被限制在一定的地理空间中，成为处在一个较为封闭的私人空间中进行的互动行为。梅洛维茨在"媒介情境理论"中强调：每一种独特的行为需要一种独特的情境。不同情境的分离使不同行为的分离成为可能。简单地说，由于互动传播所进行的具体场景环境不同、参与者社会角色的不同而构成了不同的传播情境，而不同的传播情境又会直接影响到互动传播双方所采用的传播行为，包括语言符

---

❶ 郭庆光. 传播学教程 (第2版) [M]. 北京: 中国人民大学出版社, 2011.

号以及非语言符号的使用、互动信息内容等不同。

（2）具有明显的前后台行为界限。

在社会情境当中，不同互动传播方式导致传播情境的分离，从而引起的传播行为分离，即不同传播情境能够引发主体不同的前后台行为。前台行为与后台行为是戈夫曼的"戏剧理论"，认为社会和人生是一个大舞台，社会成员作为这个大舞台上的表演者都十分关心自己如何在众多的观众（即参与互动的他人）面前塑造能被人接受的形象。分析了人际交流中"场所"不同、"话语"不同、所表达的情感亦不同的表面现象。一个人在与他人进行互动传播行为时，由于环境因素的不同，这就使得参与者对于环境因素的解读不同，在特定的情境解读下使前台行为与其后台行为产生一定区别。前台行为是展现给观众（互动传播对象）看的，而后台行为则是自己进行准备的过程，具有隐藏性。互动传播的参与者会根据前台情境的不断变化而调整自己的前台行为。

（3）语境对情境的构造。

"语境"这一概念最早是由波兰人类学家B. Malinowski于1923年提出来的。所谓语境即言语环境，它包括语言因素，也包括非语言因素。"语言性语境指的是交际过程中某一话语结构表达某种特定意义时所依赖的各种表现为言辞的上下文，它既包括书面语中的上下文，也包括口语中的前言后语。而非语言性语境指的是交流过程中某一话语结构表达某种特定意义时所依赖的各种主客观因素，包括时间、地点、场合、话题，交际者的身份、地位、心理背景、文化背景、交际目的、交际方式、交际内容所涉及的对象，以及各种与话语结构同时出现的非语言符号（如姿势、手势）等。"❶

郭庆光的相关理论将语境等同于传播学当中的传播情境，语境对于情境的构造起到了重要作用。首先，语境形成特定的语言环境，规范、书面化的语境可以塑造出严肃、规范化的传播情境，而随意化的语言性语境则

---

❶ 刘晓树. 浅析语用翻译理论在英汉翻译实践中的应用[J]. 中国电力教育, 2010(33).

塑造的是轻松的传播情境。其次，语境的形成可以减少传播情境当中的歧义，尤其是在面对面的人际传播当中，对于非语言性语境的使用可以对语言符号的使用起到补充的作用，从而丰富信息传播的意义，起到减少歧义的作用。

2. 媒介情境

所谓媒介情境指的是媒介环境主导下的情境。随着具有强大互动性的网络媒介的逐步介入，人们之间的互动传播情境也随之发生了巨大变化。信息不但在自然环境中流通，也通过媒介传播。运用媒介所造成的信息环境如同地点场所一样，都促成了一定的信息流通形式。而媒介所营造的情境，即信息系统主要有以下三个特征。

（1）媒介情境的融合性。

媒介介入之前的互动传播活动往往是在相对封闭的、私密的情境当中进行的，互动的情境具有各自的独立性。而在媒介环境中，各自独立的媒介情境融合到了一起。梅洛维茨的媒介情境论主张：电子媒介的出现促使了原来不同的情境的合并。强调电子媒介的出现使得受众群体的合并，原先的情境并入到公众情境当中。同样在媒介环境中，原先私下的互动传播行为被放到了相对公开的平台当中进行互动，通过公开的网络媒介平台，人们可以随时加入与他人的互动传播当中，媒介网络的开放性使得媒介情境具有融合性。

（2）媒介情境虚拟性。

在互联网的新媒体环境当中，传播主体双方所处的传播情境是具有虚拟性的。这是由网络媒介技术本身所决定的。由于网络媒介本身就具有虚拟性，因此传播主体在网络媒介当中所进行传播的媒介情境也就同样具有虚拟性的特点。表现在两个方面：首先，其传播场景具有虚拟性。互联网是一个虚拟的网络空间环境，因此互动传播行为发生的地点并不是物理上的地理位置，没有准确的经纬度以及海拔。在新媒体环境下的互动传播是在一种虚拟媒介情境中进行的。其次，传播主体具有虚拟性。在互联网中进行互动传播的主体并不是以具体的个人存在而是以虚拟的ID存在。

（3）前后台的界限突破。

戈夫曼的"戏剧理论"将情境区分为前台和后台两个区域。在单向传播模式中，传播者和受传者严格遵循这个理论，前台是一种制度化的社会存在，传播者在前台的表演是理想化、社会化的前台行为，而后台则是与表演情境相隔离的情境。媒介情境中的前后台情境随着传播主体角色身份的虚拟化而变得界限模糊，对于传播主体行为的社会化规范约束也相应减弱。

第五节　互动传播的反馈要素

反馈指的是信息具有从受者流向传者的趋势，是受者相对能动性的体现。不论单向传播还是互动传播都具有反馈环节。然而在单向传播模式中的反馈环节与互动传播中的反馈环节是有一定区别的。

一、反馈的定义

（一）反馈来源

双向传播模式的提出是受到了维纳"滤波理论"和香农"数学模式"的影响的。美国麻省理工学院的罗伯特·维纳（R. Wiener）的《控制论》一书首次论述了当信号被噪声干扰时的信号处理问题，从而形成了信息控制模式：施控者—控制信息—受控者—反控信息—施控者。这个模式首次提出了信息具有双向性的特性，提出了"控制"与"反馈"的概念。该模式只适用于电子通信模式，而并不适用于人类的社会传播，但却引发了有关人类社会传播反馈环境的相关探讨。

之后施拉姆和奥古斯得分别在此基础上提出了传播的循环模式以及互动模式。尤其是施拉姆提出的大众传播过程模式，既充分表明大众传播的特点，又揭示出了构成传播过程的双方之间存在着传达与反馈的关系。这个模式在一定程度上解释了社会传播过程的相互连接性和交织性，已经初步具有了系统模式的特点。而德弗勒则在香农—韦弗模式的基础上明确地提出了互动过程模式。这个模式克服了单向直线传播的缺点，明确补充了反馈的要素、环节和渠道，从而使传播过程更符合人类互动传播的特点。

传播互动或环型模式的结构呈现了信息交流的复杂性和真实性，较系统地展现了传播的主要过程，并显示出信源获得反馈的途径。这种反馈使信源有可能不断改进传播方式以更有效地适应信源，从而增加双方意义之间的一致或同型的可能性。反馈这个要素正是在探索传播模式的过程中被提出来并不断得到完善的。

（二）反馈定义

反馈（feedback）最早是一个科学技术的概念，产生于无线电工程技术，后来成为研究生物、社会和生产技术等领域的自动调节现象的重要原理。一般来讲，控制论中的反馈概念，指将系统地输出返回到输入端并以某种方式改变输入，进而影响系统功能的过程，即将输出量通过恰当的检测装置返回到输入端并与输入量进行比较的过程。

之后传播学学者将"反馈"概念应用到传播学当中。传播学中的反馈指的是在传播过程中受者对所接收到的信息做出的反应，"是从受传者处送回给传播者的少量意见信息的过程"。❶反馈行为是受传者能动性的表现。

通过"反馈"的传播学定义，我们可以总结出反馈的两个特点：（1）从反馈的信息上来看，信息为少量的、有限的，同时反馈信息具有意见性特征；（2）从反馈的空间上来看，反馈是处于传播的后一个阶段，与信息传播呈现上下承接的关系。

二、反馈分类

（一）简单反馈与复杂反馈

简单反馈多发生于人际传播及团体传播当中。这种反馈形式在受传者

---

❶ 邵培仁. 传播学（修订版）[M]. 北京: 高等教育出版社, 2007:304.

和传播者之间没有"中间人"的干扰,反馈行为直接发生在传播者和受传者之间。而复杂反馈则多存在于大众传播及跨国传播中,复杂反馈在传播者与受传者之间往往存在大量的"中间人"角色(如守门人、评论家、意见领袖等),这些中间人的角色也会产生反馈信息。因此这种反馈形式是多层级、多层次的反馈,具有信息周转慢,传递线路长的特点。

(二)正反馈与负反馈

正反馈与负反馈的概念也是来自于信息通信领域。在传播学中,正反馈也可以称为积极反馈,指的是受传者对传播者的传播结果给予了肯定的评价,这种正反馈可以有效提高传播者的传播积极性及传播水平,使传播与接收之间产生一种良性循环。但是如果传播者一开始传播的信息内容就是不良信息或虚假信息,一旦得到了积极反馈,就会助长这种不良虚假信息的传播从而造成恶性循环。而负反馈又称为消极反馈,这种消极反馈指的是传播者在信息传播之后从传播者那里得到的是一种否定的、批评性的意见。这种负反馈会引发消极的作用,从而可对传播者的传播行为产生消极的抑制作用,同时也可对传播者的传播行为起到参考及矫正的作用。

对于传播者来说,信息的反馈首先是检验传播效果的方式,传播的信息是否到达了受众,是否产生了影响,产生了怎样的影响等这些都需要通过反馈渠道才能够获得。因此,反馈行为是检验传播行为最为权威,可靠的标尺。其次,受者信息的反馈行为是传播者改进与优化传播活动的依据。传播者通过受众的信息反馈,能够了解到受众对于传播活动的需求,对于传播内容、传播方式及传播行为有哪些期待。据此传播者能够对传播活动做出进一步的优化与改进。最后受者信息的反馈也会激发传播者的对于传播活动的积极性,在传播行为得到积极反馈时,会激发他们开展进一步的传播行为。

在单向线性传播模式中,受众的主动性被忽略,受传者被看作是被动接受信息的角色,尤其是"魔弹论"等传播效果的研究更是完全忽略了受众对于传播的能动性。反馈是受众对信息传播能动性的一种体现,强调了受众在传播活动中并不仅仅是作为信息的单向的接受者，受传者也可以通过自身的传播行为来进行信息的反馈。

（三）及时反馈与延时反馈

从反馈的同步性上可将反馈分为及时反馈与延时反馈两类。所谓及时反馈指的是受传者在接收到信息后对于信息做出的及时反应。这种反馈在传播过程结束时或在传播过程当中都可以发生。由于及时反馈与信息传播过程之间时间间隔较短，受者能够在第一时间对传播活动进行评价和反应，因此反馈信息的准确率较高，反馈行为受到噪声的干扰也较小。而延迟反馈则指的是反馈行为发生在传播活动结束后相当一段时间后，这种反馈形式多发生在以报纸、杂志、书籍及电视为主的传统媒介的大众传播活动当中，受者由于缺乏有效反馈渠道而无法对传播活动做出及时反馈。因此，延迟反馈更容易受到噪声的干扰，另外延迟反馈避免了反馈对于传播过程的干扰与打断，保证了传播活动的完整性。

三、互动传播的反馈特性

互动传播行为与单纯的反馈行为之间是存在着一定的区别的。我们不能将简单的反馈行为看成是互动传播，因为互动传播更加强调受者主体作为传播者的传播活动，传播主体双方都具有较强的自主性。在互动传播当中，受传者的行为角色更像是传播者角色而不是作为受众的反馈行为。而与此相比，反馈行为则是受传者所独有的行为。我们可以从与传统单向传播中的反馈对比中探索互动传播的反馈元素特性。

（一）直接性

在反馈环节中，传播者和受传者之间就是具有间接性的联系，两者之间存在着诸如记者、编辑、把关人、评论员等角色，这样使得受传者的反馈行为具有延迟性。而在互动传播活动中，媒介渠道的双向性使得主体双方保持及时的沟通与交流，相应的反馈环节中的延迟因素也被排除，互动传播活动能够及时地直接地呈现反馈信息。

（二）无限性

有限性与无限性是互动传播中反馈行为的最根本特征。在大众传播中，受众的反馈行为是具有有限性的，这种反馈行为可能仅仅限于一次或两次，并不能长期深度地维持。而在互动传播中，反馈行为则是一种深度的、具有无限性的行为。传播者与受众之间能够在持续的互动传播中，无限性地维持反馈活动，同时这种反馈行为处于累积递进的态势中。

（三）主动性

从受传者的角度来说，反馈行为虽然是受传者在传播活动当中能动性的一种表现，但是在现实的大众传播活动中，受众的这种反馈行为有时表现为被动的反馈。如对于收视率的调查，一些电视节目为了能够引起受众的关注所进行的有奖竞猜或是有奖热线活动等。在这种反馈行为中，受传者多是被动地进行信息反馈或是出于某种利益诱导的反馈行为。同时，在一些传播活动当中，反馈行为以一种无意识状态出现，接收到某种信息后，受者会本能做出某种行为、表情或是动作。这时的行为是一种本能的反馈行为而不能看作是与传者的互动行为。

在互动传播中，受者的身份变成了传受合一的主体，他不仅需要通过一致的媒介渠道与"传者"进行互动，而且也希望能够通过反馈渠道将自己的信息主动地传递给"传者"，以使传者能够更加全面地理解受者的意图，受者的角色转变促使了反馈具有主动性。

第六节　噪声

噪声因素时时刻刻存在于我们的传播活动中，并对传播活动产生干扰，甚至中断传播活动。在互动传播中，噪声的成因、影响因素及危害等都与单向传播模式有一定区别。我们可以从传统噪声的概念定义出发来探讨互动传播中噪声因素的相关特性。

一、噪声的基本概念

（一）噪声的定义

噪声是指在一定环境中不应该有的声音。物理学、生理学及通信学中都对"噪声"做出过定义。在物理学中，噪声指的是发声体在做无规律震动时所发出的声音，这样的声音听起来音高、音强变化混乱，声音不和谐；在生理学中，噪声是指妨碍人们正常休息、学习和工作的声音，以及对人们要听的声音产生干扰的声音。从这个意义上来说，噪声的来源很多，如街道上的汽车声、安静的图书馆里的说话声、建筑工地的机器声，以及邻居电视机过大的声音都是噪声。而在通信学中，信息论的创始人香农曾经就从工程技术的角度出发，第一次在信息传播过程当中导入了"噪声"的概念，即由于技术故障或是技术不完善所造成的干扰并使得发出信号与接收信号之间出现了信息失真的情况。噪声概念的引入表明了传播过程内外的障碍因素和对信息的干扰。

通过对不同学科的"噪声"概念的比较，我们可以总结出传播学中关于"噪声"概念的界定。从广义上来说，噪声指的是人为和由于技术等因素的原因所造成的信息失真的情况。而狭义的"噪声"的概念指的是噪声信息，"即人为所造成的虚假信息、不良信息和有害信息等，以及那些为法律、道德、规范所不容的、为广大受众所唾弃的信息"。❶

噪声因素是传播活动中客观存在，且不能够被忽视的问题。在互动传播中亦是如此，噪声的干扰对于互动传播的传播模式及效果都会产生很大的影响。因此，弄清楚互动传播当中噪声的形成原因、噪声的特点及危害，对于噪声的治理,以及预防都有着至关重要的作用。

（二）噪声的分类

陈思浩在其论文《网络传播中的噪声问题研究》中，对网络噪声进行

---

❶ 约翰费斯克. 传播文化研究词典 (第2版) [M]. 北京: 新华出版社, 2005.

了分类，将网络噪声分为绝对噪声与相对噪声，技术性噪声与非技术性噪声。虽然这两种噪声分类的前提是网络环境下，但是在网络化、大众化的媒介环境的互动传播活动中，这种对噪声的分类依旧具有普适性。

1. 绝对噪声与相对噪声

绝对噪声与相对噪声之间最大的区别是针对人群有差别。绝对噪声指的是不论在任何情况针对任何人来说都是噪声的信息。虚假信息、不良信息及有害信息等"噪声"不论是对受者对信息的解读来说，还是对传播效果来说，都具有干扰作用。对于这类"绝对噪声"，我们得采取抵制与监督行为。相对噪声是针对一部分人来说，在特定情况、特定时间下，针对特定的人群来说是"噪声"，而对于另一部分人来说则不是噪声的信息。相对噪声的概念更像是多余的信息，即由于某个信息对于某个特定受众来说并不需要，所以这个信息对于他进行信息接收及互动传播的活动来说就是"相对噪声"。

陈思洁在其论文《网络传播中的噪声问题研究》中还提出了"噪声比"的概念。信息学当中的噪声比＝需要信息／多余信息。其中噪声比与多余信息呈反比关系。❶

在互动传播过程中，信息在传播者与受传者之间流动，信息量在成倍地增长，同时媒介渠道信息传播速度的提高和存储量加大，这些因素都造成了信息量以惊人的速度迅速膨胀。受者个体的有限需求面对巨大的信息量，势必出现大量的相对噪声。虽然相对噪声的信息大多表现为无害性的信息，但是在互动传播中，这种大量的相对噪声的出现也会对信息的互动、传播的效果产生巨大的影响。

2. 技术噪声与非技术噪声

在传播学模式中，最早导入"噪声"这个概念的香农和韦弗，正是从技术层面发现"噪声"这个概念的。香农—韦弗数学模式中的噪声正是由于信源在信道中传播受到干扰而产生的。

---

❶ 陈思洁. 网络传播中的噪音问题研究[D]. 电子科技大学, 2008.

这种技术性噪声主要体现在，如在利用电话进行互动传播时，由于技术的原因造成电话的中断、杂音及无信号等情况。这类技术噪声的解决主要依靠传播技术的不断改进与完善，才能保证这类噪声的弱化。

非技术噪声指的是人为性质的噪声，如绝对噪声及相对噪声都属于非技术性噪声。非技术性噪声的构成更加复杂，对于传播活动及效果的危害性更大，因而对这类非技术性噪声的预防和治理也就显得尤为重要。

二、互动传播中噪声的特点

（一）危害性

在传播活动中，所有噪声的首要特点就是其危害性。对于互动传播活动的危害性首先体现为对信息传播效果的干扰。对真正有效信息的传播来说，大量噪声信息的出现对传播有着巨大的干扰，这在网络化媒介环境的互动传播活动中表现得尤为明显。互动传播的主体在海量的信息数据当中寻找自己真正需要的有用信息，在这个过程中不少传播主体会放弃寻找有用信息或是接收到了大量的无用信息。那么，真正有用的信息就没有有效地传递到传播主体那里。其次是对于正常传播秩序的扰乱。不论是虚假信息还是色情淫秽信息，对正常的传播秩序都是具有很强的危害性的，那些未经证实的传闻、流言、诽谤、虚假及错误信息的传播，或给相关主体造成名誉上的损害，或造成社会的恐慌，而在这种普遍不安及紧张情绪的影响下极易导致群体不良行为的产生。

（二）必然性

由于媒介技术发展的有限性，这种互动传播中的噪声是不可避免的。互动传播行为都是发生在一定的社会环境当中的，因此必然会受到一定环境的影响与干扰，有传播行为的地方就会有噪声的干扰。

（三）双向性

噪声双向性的特点是互动传播活动中所特有的。在互动传播中，噪声存在于所有的传播因素及传播环节当中。因此噪声不仅会对传者的传播行为产生影响，同时也会对受者的信息反馈过程产生干扰性影响。

三、互动传播中噪声产生的原因

在互动传播过程中，导致出现噪声的因素有很多，包括社会环境的因素、媒介技术因素及互动传播模式本身的因素等。因此我们将互动传播过程中有关噪声的形成、产生影响的因素总体分为两方面，即外部因素和内部因素。所谓外部因素，是互动传播活动中外部的因素，是整个互动传播活动所处的社会环境，外部因素的影响也会导致外部噪声对整个活动的影响。而内部因素则是我们从互动传播模式过程本身出发，去观察噪声的产生过程。内部因素是互动传播过程中噪声产生的根本原因，是指由于互动传播模式本身的特性而引起的传播噪声。

（一）外部因素

1. 政治因素

这里的政治因素主要强调的是信息传播监督机制的不完善，尤其是在网络化媒介环境主导的今天，政府网络监管的力度仍需提升。正是因为媒介市场化后，政府监管力度的不完善才造成了大量虚假信息和色情淫秽信息的泛滥。对于信息传播安全来说，政府的法律法规是最为重要的一道保障，也是最后一道保障。尤其是在保证网络信息的安全性方面显得尤为重要。在这方面我们国家法律法规建立和实施得较晚，因此我们可以借鉴美国的信息网络安全方面的法律体系，不仅要对网络传播的信息安全性进行监督，更要严厉打击网络犯罪，保证网络信息传播的安全性。完善网络立法，加大对网络及信息犯罪的打击查处力度，使法律法规的一般预防功能得到充分的发挥。

2. 经济因素

媒介的市场化使得不同媒介集团之间的竞争逐渐激烈，因此出于逐利心理，媒介机构在传播内容的选择方面，会更加倾向于选择符合广大受众口味的因素，这也就容易导致传播内容的低俗化和更加娱乐化。一些媒体为了能够博得大众的注意力，甚至会去故意捏造虚假信息。虚假报道看似不会给社会造成很大的影响，但是涉及重大事件及问题的虚假报道，以及广告的虚假宣传都会给受众乃至整个社会造成严重的威胁与危害。

由于媒介日益逐利化，在信息互动传播中，尤其是在网络互动传播中，色情淫秽信息的传播也是噪声的一个最具危害性的组成部分。这些色情信息主要通过包括色情视频、图片、音频、小说、游戏和超链接等进行传播。这些色情信息的互动传播所造成的危害远远大于传统的单向传播模式。色情信息的自动传播严重污染了信息传播环境，甚至这种在网络等虚拟环境的色情信息的传播正在逐渐地蔓延到现实生活当中，这不仅严重污染了信息传播环境，还影响到正常的生产生活秩序。

（二）内部原因

1. 互动传播特性

互动传播的最大特性就是其具有互动性。传播者在发布一个信息后，受传者能够迅速作出反应，给予反馈行为。在互动传播中，信息的发布和传播不再依赖于某一方，而是来自每个传受主体，信息是在双方互动交流中产生，因此这也就间接地增加了噪声来源的渠道。在单向传播中，噪声多是在信息由传者向受者传递的这条通路上产生的。而在互动传播中，噪声则会产生在传者与受者互动的每个环节上，因此就造成了噪声信息来源的多样化及构成的复杂性。

2. 网络环境的特性

互动传播所借助的媒介多是网络媒介，网络环境包含了互动传播的媒介，但也是噪声成长的"温床"。首先，网络具有信息传播与存储的海量性特点，在这些信息中存在着大量虚假、色情及其他有害信息，这些信息的传播也占用着传播的渠道，混淆着受众的试听。其次，网络是虚拟的，传播主体在网络中使用的是网名或是昵称。这是一种虚拟身份，在这种虚拟身份下进行网络互动传播活动，使人能够产生安全感及无拘束感。网络媒介的虚拟性为噪声的产生提供了"保护伞"。噪声信息的散布者在网络匿名性的保护下就会更加肆无忌惮地制造和传播噪声。

3. "把关人"角色缺失

"把关人"又称为"守门人",是由美国社会心理学家、传播学"四大先驱"之一的卢因率先提出的,他在《群体生活的渠道》(1947)一文中,首先提出"把关"(gatekeeping)一词。在传播学中,"把关人"是一种普遍存在的现象。"把关人"可以是个人,也可以是集体。在传播者与受众之间,"把关人"起着决定继续或中止信息传递的作用。从整个社会的角度来看,传播媒介是社会信息流通的"把关人";从传媒内部来看,不同的媒介具有不同的"把关人";从报纸、广播、电视等传统大众媒介来看,在新闻信息的提供、采集、写作、编辑和报道的各个环节中都存在着许多的"把关人",其中编辑对新闻信息的取舍是最重要的。

在传统的单向传播模式中,"把关人"的角色是必不可少的。面对流向大众的信息,"把关人"对信息传播的作用是既抑制又疏导。抑制是对于一些不符合标准的新闻信息进行禁止,疏导是对于符合标准的信息进行传播。"把关人"对于信息的筛选主要来自于两方面的因素:一是规定,即受到相关法律法规对于信息传播的规定,以及其所在媒介组织对信息筛选的组织规定。二是个人因素,"把关人"的"把关"标准一部分也来自于自身原有的经验、看法,以及兴趣等因素和预存立场,同时也会受到周围环境的影响,如同僚、受众及上级的看法与反馈等,所以说"把关人"的"把关"行为在一定程度上反映了其所在媒介组织的信息传播特征与特色。

"把关人"的存在一定程度上确保了信息传播的规范性,减少了在信息传播当中存在的绝对噪声的影响。因为只有符合群体规范或"把关人"的价值标准的信息内容才能进入传播的渠道,这也就使得那些虚假信息、色情信息以及垃圾信息被拒之门外,从而保证了传播环境的"整洁性"。

而在互动传播当中,"把关人"的角色则被弱化了。传统媒体的信息控制通过各个层级的"把关人"来完成,"把关人"在传统媒体中处于决定媒介内容的支配地位,而在网络化的互动传播模式中,"去中心化"的

"新型互动媒介"使得传者与受者之间的地位差别缩小了，网络传播中并不存在着一个固定的传播者的概念，信息的传播方向不再是固定的从一点流向另一点的方式，互动传播使昔日的"把关人"失去了信息传播中的特权，"把关人"这一传统角色在逐渐弱化。传统受者在互动传播中拥有了更多的主动权，即自己可以控制以何种方式获得信息，还可以随时就自己接收到的信息做出反馈。

在遏制互动传播噪声方面，我们应该更加有的放矢，针对这些产生噪声的源头进行整治。首先，政府在把控网络噪声方面要做到占领信息"制高点"，控制信息通道，从而控制网络噪声。其次，应强化技术方面的作用。互联网媒介是互动传播的主要媒介，因此在遏制互动传播中的噪声问题时，网络技术对噪声信息的拦截也就显得格外重要。最后，要强化"把关人"的作用。由于缺少把关，互动传播中噪声信息随处可见，因此更应该建立一种多层次的把关制度，从互动传播的每个环节因素出发建立"把关人"。同时更应该提升受者的信息过滤把关意识，加强对于受者的正面引导，从而遏制不良信息的传播，营造良好的互动传播环境。

第三章　互动传播的机制

在上一章中我们探讨了互动传播的组成因素，而在本章我们则主要探讨这些因素是怎样运行的，以便我们能更好地了解在互动传播当中，各个环节因素的联系，以及整个互动传播活动的运作动力。

第一节　互动传播的传者动因

要想了解整个互动传播过程的运行机制，就应首先从信息出发的原点进行探究，即互动传播的主动主体。

一、互动传播传者的角色转变

在互动传播模式中，传者角色相较于传统的单向传播模式发生了很大的转变。在传统的大众传播中，传者是传播活动的绝对主导者，对于传播活动拥有话语权。在互动传播模式中，"传者"在角色上具有传、受双重身份，其互动的话语权与主导性也与"受者"共享。传者与受者的区别是"传者"具有较强的互动主动性，对互动传播活动的进行更为积极。

从传统的单向传播到互动传播模式，随着传播环境与媒介技术的发展，传播者的角色发生了转变。

（一）从传播者到平等的交谈者

互动传播模式中的传者角色最大的转变，就是从高高在上的传播者变为了平等的交谈者。以往的传者角色是信息传播的发起者，控制着信息传播的内容、流量及流向，强调对于信息的把控能力。而交谈者角色则使传者走下了神坛，关注受者、注重反馈信息的收集。传者不再是强势的信息传输者，而要融入"受者"角色，与受者进行平等的互动交流。这才是在互动传播中作为传播者应有的角色定位，即交谈者。

（二）从信息的主导者到引导者

在传统的大众传播中，传播者多是扮演信息传播的主导者角色，对于信息的话语权及信息内容、流量和流向有着绝对的控制力。正如议程设置理论中所提到的，大众传播媒介虽不能控制受者怎么想，但是可以控制他们想什么。在传统的单向传播模式中，传播者对信源及传播媒介有着绝对的控制力，大众传播媒介组织把控着大量的信息资源及媒介技术资源，传、受主体之间地位差异悬殊，因此在传播活动中传者的主导性就显而易见了。

而在互动传播中，传播者的各种传播优势被逐步削弱。尤其是随着新媒体的发展，集中的话语权被分散到各个传播主体手中。"以受众为本位"的传播理念正在逐步形成。"以受众为本位"就是以普通的受众为大众传播的活动中心，以受众为传播的出发点和最终归宿，既从受众的需求出发，又以受众需求的满足为终点。因此在互动传播当中，传者角色更像是引导者角色，对于受者的传播行为进行引导。

（三）传者从单一化到多元化

在单向传播模式中，传播者多是指具有一定专业性、自主性，以及集体性的信息发布者。传者角色多是代表一定的传播部门、传播组织、政党和阶级进行新闻传播活动的，同时他们都经过了一定的专业性训练，如新闻传播人员，都拥有一定的专业知识和专门技能，经过新闻传播教育的特殊训练。教师也只有经过教师资格认证后才能够上岗进行知识传播行为。同时作为传者也拥有明确的责任与义务。

在互动传播中，传者角色的组成也由单一化向多元化转变。进行传播行为的传者不再局限于专业性的传播工作者。尤其随着新媒体的不断发展，个人对于媒介的操作能力提升，受者逐渐成为互动传播中的传者。发达的媒介环境弱化了对于传者的专业性要求，传者也由专业的传播机构延伸到普通受者。

二、互动传播传者的互动动因

作为社会活动的一部分，传者的传播行为也必然是为了满足其自身的某种需求而进行的交换活动。因此动机对于传者来说是其产生传播行为的动力来源。动机在心理学上一般被认为涉及行为的发端、方向、强度和持续性。动机是激励和维持人的行动，并将行动导向某一目标，以满足个体某种需要的内部动因。对于动机的形成主要分为以下两个方面。

一是内因，即个体的内在需求，有机体内部的不平衡状态，表现为有机体对内外环境的一种稳定的要求并成为有机体活动的源泉。简单来说，就是有机体由于个体内部的不平衡状态而产生的对于物质性及非物质性的需要，而这种需要又会驱使有机体产生具体的行为，即"体内失衡—匮乏状态—需求—驱力—行为"的周期性反复的过程。

内因是动机所产生的根本原因与驱动力，其更加倾向于个人生理上的动机需求。由个体需求所引起的动力也是许多学者最先关注与研究的领域。如生物进化论的创始人达尔文（C. Daywin）最早提出了本能理论，这也是最早出现的动力理论。达尔文本能理论的基本观点是，人的行为主要是受人体内在的生物模式驱动，不受理性支配。同时麦克杜格尔提出的动机本能理论则认为：人类的所有行为都是以本能为基础的；本能是人类一切思想和行为的基本源泉和动力；本能具有能量、行为和目标指向三种成分；个人或民族的性格和意志也是由本能逐渐发展而形成的。然而本能论过分强调先天和生物因素，忽略了后天的学习和理性因素，即忽视了外因作为动机的组成部分。

二是外因，即诱因，能够激起有机体的定向行为，并能满足某种需要的外部条件或刺激物。动机是由需要与诱因共同组成的。因此，动机的强度或力量既取决于需要的性质，也取决于诱因力量的大小。

简单地说，内因需要决定了动机的性质，而外部诱因则决定了动机的具体方向，强调了外部条件因素的刺激。如马斯洛将个人的需求划分为五个等级，从基础性需求到较高需求分别为生理的需要、安全的需要、情感和归属的需要、尊重的需要，以及自我实现与超越的需要。这些需要都是天生的、与生俱来的，它们构成不同的等级，并成为激励和指引个体行为的力量；需要的层次越低，它的力量越强，潜力也越大。随着需要层次的上升，需要的力量相应减弱。结合心理学的动机与社会学的报酬概念，我们从以下五个方面来分析互动传播中传者的互动动因。

（一）自我认知

传者的自我认知是一种传者的内在需求，是动机的内因。由美国社会学家查尔斯·霍顿·库利在1909年出版的《社会组织》一书中提出：人的行为很大程度上取决于对自我的认识，而这种认识主要是通过与他人的社会互动形成的。他人对自己的评价、态度等是反映自我的一面"镜子"，个人通过这面"镜子"认识和把握自己。简单地说，传者进行互动传播行为，尤其是人际传播行为，其动机之一就是希望获得自我认知。作为传播者，在与他人进行互动传播活动时，能够获得他人对于自己的评价与认知，这种认知与评价有利于个人对于"镜中我"的清晰认识，从而对其自身的行为方式及社会化进程产生影响。

自我认知的需求在传者的互动传播活动当中并不是显性动机，在传播活动中，传者并不是主要为形成自我认知而进行互动传播的。然而自我认知的动机的确存在于传者的需求当中，是伴随着其他的动机而满足的。

（二）利益动机

在社会交换理论当中，霍斯曼沿用了经济学的术语，尤其是其中的代价和报酬两个概念，已经成为社会交换理论的核心范畴。报酬又称奖励，是指能够满足个体某种需要的对象。他将社会行为视为一种至少在两人之间发生的，以付出代价获得报酬为目标的交换活动。这里的"报酬"概念是一种外在的诱因。个体正是受到了报酬的刺激才会进行某种互动行为。

而美国社会学家彼得·布劳则在此基础上进一步讨论了社会交换的基

本心理原则。他认为，社会的微观结构源于个体期待社会报酬而发生的交换，个体之所以相互交往是因为他们在相互交往中通过交换满足了彼此的需要，而这些需要的满足就是"报酬"。而利益动机则是"报酬"最为基本的体现形式，是一种外在性的动机，是在社会互动关系之外取得的报酬。

人的社会行为多是趋利的，互动传播活动中的传者行为也不例外。这种趋利性主要是指由于受到金钱或物质的刺激而从事的互动传播行为。这是传播者进行互动行为最为基础的动机需求，也是商业互动传播活动最主要的目的。如在互动营销领域中的体验式互动、广告互动、品牌互动等，都是希望通过与受者的互动达到利益动机的满足。

（三）获得赞同

在社会群体当中，每个人都有自我呈现的需要。欧文·戈夫曼在其戏剧理论中提出了"自我呈现理论"。戈夫曼对自我呈现理论作了较为系统的阐述。他认为，每个人都有向他人表演自己的愿望，每个人总试图在社会情境中保持适当的印象，期望得到肯定的评价。个人进行自我呈现的目的就是获得他人的认可与赞同。当个体处于某种群体组织当中时，由于个体传播渠道的畅通性，作为传者寻求在群体当中的存在感及差异性的需求也就更加强烈。

所谓赞同是指互动传播的一方对另一方观点、价值、看法的认可，是受者接收信息后意化过程的结果之一。赞同动机同样来自于布劳的社会交换理论，赞同是权力合法化、权力转化为权威的路径之一。拥有权力者与被使用权力的成员之间存在冲突，只有合法的权力才能获得心甘情愿的服从，转化成权威。❶因此来自下级对于上级的赞同是上级获得权威的方式之一。

在互动传播中，传者趋向于受到受传者对于自己传播行为的赞同。如总统候选人的演讲活动、教师的教学行为、广告主的互动营销或政府的舆

❶ 宋林飞. 西方社会学理论[M]. 南京: 南京大学出版社, 1997.

论宣传等，他们最初的动机就是进行自我呈现，能够吸引足够受众的注意力，最终获得赞同。所以获得赞同是互动传播活动的基础动机。受传者对于传者的传播行为的认同有利于互动传播的进一步进行。

传者试图获得受者的赞同。首先，从"戏剧理论"角度来看，其的实质是人们如何在他人心目中塑造一个理想形象的策略，传者会对自身行为进行管理，表演者要掩饰那些与社会公认的价值、规范、标准不一致的行动，而努力表现出一致，呈现出使他人产生错觉的表演、神秘化表演和补救表演。❶其次，从传播学策略上来看，传者会对传播内容及传播媒介进行一定选择，使传播信息能够尽量迎合受者的需求、符合受者的信息接收习惯，例如互动传播使用的媒介、所处的环境及所营造的传播情境等因素，这些因素都会影响到受者对于传者和传播活动的赞同程度。

（四）赢得尊重

根据马斯洛的需要层次论，人们在生理需要、安全需要得到满足后，对于自尊，以及自我实现的需要就会更加强烈。"社会上所有的人都有一种对于他们稳定的、牢固不变的、通常较高的评价的需要或欲望，有一种对于自尊、自重和来自他人的尊重的需要或欲望。这种需要可以分为两类：第一，对于实力、成就、优势、胜任、面对世界时的自信、独立和自由等欲望。第二，对于名誉或威信（来自他人对自己尊敬或尊重）的欲望"。而对于地位、声望、荣誉、支配、公认、注意、重要性、高贵或赞赏等欲望的满足，将"导致一种自信的感情，使人觉得自己在这个世界上有价值、有力量、有能力、有位置、有用处和必不可少"。❷这种自信一部分来自个体心理的强大，而另一部分则是来自外界的尊重。因此在互动传播行为当中，获得尊重也是传者的行为动机之一。

出于获得尊重动机的传者的行为其本身也是具有尊重性的。尊重是一种相互的行为，只有传者的传播行为及使用的符号才具有尊重性，他才能

---

❶ 宋林飞. 西方社会学理论[M]. 南京: 南京大学出版社, 1997.

❷ 马斯洛. 动机与人格[M]. 许金声, 等译. 北京: 华夏出版社, 1987.

够得到别人的尊重。这种传播行为多是建立在相互尊重的前提之下的。同时有些以获得尊重为动机的互动行为被固定下来，从而形成了互动仪式。"互动仪式"这个概念是由戈尔曼所提出来的，后来由柯林斯予以发展，指的是具有一定象征意义的程序化的活动。这类活动对于群体生活和团结来说具有重要意义。例如，中国人祖先进行祭拜的活动，人们见面的仪式化的互动行为都是满足尊重动机的行为，能加强各自的角色认同。

（五）获取服从

服从指的是个体在社会要求、群体规范或他人意志的压力下，被迫产生的符合他人或规范要求的行为。个体服从有两种：一是在群体规范影响下的服从；二是对权威人物命令的服从。

在传统单向传播模式当中，受者很容易服从于某一群体规范或权威人物。首先，由于单向传播，尤其是在传统的大众传播模式中，传播媒介的掌控者垄断着媒体资源。其次，传播渠道的垄断使得传播者和受传者之间的地位悬殊，传播者拥有绝对话语权。而受传者则处于被动的信息接收地位，受传者在传播活动中缺乏话语权，更容易产生行为转让，服从于拥有话语权的传播者。最后，单向传播的服从效果依赖于封闭的传播环境。因此，大众传播的传播者是通过相对封闭的拟态环境来获取受者的服从行为的。

在互动传播中，传播行为中的服从动机被弱化了许多。首先，在互动传播中，媒体具有双向互动的特征，为受者的信息互动提供了对等通畅的媒介渠道。其次，受者主体意识与地位的提升、受众话语权与"用脚投票"能力的增强，使受者不再是沉默的大多数，他们对于信息的传播多是选择反馈而非服从。再次，受者更加倾向于选择能够凸显主体话语权的网络媒介，这就使得传统大众媒介的强势地位逐渐弱化。同时社会发展呈螺旋式的上升，新权威的出现必然会导致旧权威的传统大众传播地位的弱化，而去中心化的媒介环境会驱使传播中话语权的转移。最后，媒介渠道在信息传播方式上的平等性，不同的媒介都有同样的传播权力，受众接受信息的渠道更加丰富，信息来源也就更加多元化，打破了传统大众媒介对于信息环境建构的垄断。总之，媒介的去中心化、受者主体意识的增强以及传播渠道的增强，都使得传播主体之间的差距逐渐缩小，因此受者不会轻易对传者产生服从。

在互动传播活动中，传者能否使受者服从于自己的权威取决于传者能否与受者之间形成相对平等的互动交流，其传播行为能够满足受者的某种报酬需求，使受者产生认同并服从，这种服从是基于受者主动的理性行为，而不是强迫的行为。以上五种动机在不同程度上作用于传者，同时传者的互动动机具有复合性。

第二节　互动传播的符号编码

在互动传播过程中，信息的流通的起始环节就是信息的编码。这是一个将传者信息符号化的过程，是连接抽象意义与具体符号的纽带。

一、符号编码的定义

所谓编码是指位于传播者一端的，将信息转化为便于媒介载送或受众接受的具体符号或代码❶。从这个定义中我们可以看出，信息的编码过程主要有两个目的。

首先，便于信息的载送。信息本身是抽象存在于传者的头脑之中，没有符号编码的过程，信息和意义仅仅是停留在传者脑中的非实体存在，处于一个静止状态，甚至无法进行人内传播，我们进行信息编码的过程就是从抽象到具象，从精神内容到物质内容的过程。将抽象意义、信息转变为具体的象征符或信号等形式，便于媒介的负载与传递。

其次，便于受者对于信息的理解。这就涉及符号的译码问题，传播者的编码过程就是将自己头脑中的抽象精神内容借助符号在对方的头脑中也

---

❶ 邵仁培.传播学[M].修订版.北京:高等教育出版社,2007.

制造一份副本的行为。❶

　　另外，传播者在对符号信息进行编码的过程中，会将自己的目的、动机凝结在符号的表现中。由于传播者的传播动机及需要不同，使传播者在对于信息进行符号化与结构化过程中会采取不同的编码策略。利用不同的符号形式及组合方式来更加优化自己的传播信息，从而满足互动传播的动机实现。

　　总的来说，编码是使信息与意义凝结在符号当中的过程，符号最重要的作用就是在于它能够揭示意义，是社会对象化的意义载体。通过符号传达意义的过程，人们根据经验不断地创造、运用符号，拓展意义的空间。而意义又物化为符号，通过传播作用于人，为人们深刻的认知与交流提供了条件。❷

二、符号编码的过程

　　在传播过程中，符号只是传播文本当中最小的单位。❸因此传播者进行编码的过程并不是简单地将信息进行符号化的过程，还会涉及符号的有机组合、文本化，以及将文本媒介化的过程。

　　第一阶段是信息符号化。具体信息的符号化过程是整个编码过程最为基础的环节。传者通过符号化的过程对自己头脑中的信息进行单个的定义，信息符号化是一个将能指（形式）转化为所指（意义）的过程。符号化的结果产生的是单个字符，其本身虽有特定的意义，是对象事物之表象的载体，但其所能代表的表象的意义是具有局限性的。单纯的字符无法完全清晰地表达特定的抽象信息。正如索绪尔所说的，单字的含义并不是来自自然界的物体，而是来自语言的整个沟通系统❹。也就是说，单个字符无法表达完整信息，符号对于信息意义的表现是来自一个稳定不变的语言

❶ 邵仁培.传播学[M].修订版.北京:高等教育出版社,2007.
❷ 孟威.网络互动:意义诠释与规则探讨[M].北京:经济管理出版社,2004.
❸ 邵仁培.传播学[M].修订版.北京:高等教育出版社,2007.
❹ 秦琍琍等.口语传播[M].上海:复旦大学出版社,2011.

系统，因此字义不是独立存在的，也不是自主的，它们完全依赖于这个符号系统。

第二阶段是符号结构化。符号化的单个字符通常需要进行再次的编码过程，也就是将单个字符进行组合、结构化的过程。单个字符不具备特定的意义及信息，只有将各种不同的符号通过一定的语法结构进行有序的排列组合，才能形成完整的表述。而不同表述的有机组合再形成文本。德里达（Jacques Derrida）指出，我们必须用其他的文字或符号来解释一个字，如此字义不断衍生。其打破了语言符号本身的稳定性，强调符号背后意义的展现是在相互解释作用中形成的，因此这种相互的解释也就离不开符号的结构化，将单个字符以不同形式结构化，也就形成了不同的表述，从而形成了不同的文本编码过程。

最后是文本策略化。在互动传播中，传者基于不同的传播动机进行传播行为，为了达到特定的传播目的，传播者在信息编码过程中会对文本进行策略化编码。所谓文本策略化是对整个编码过程的优化及目的化的过程。将符号文本赋予一定的动机，能够进一步帮助传播者达到传播目的。

在信息的编码过程中，从抽象信息的单个符号化，再到符号结构化形成表述，以及最后的策略化表述，整个过程是一个信息具象过程。在编码中，较低的质态消失了，而较高的质态者产生和发展了。[1]也就是说，信息编码的过程是一个质的上升过程，然而符号的编码过程也同时伴随着信息的失去，以及新的意义的产生与延展。

由于人类对于符号系统掌控的有限性，传者头脑中的信息并不能够准确地用相应的符号进行编码，这种不能以明确的符号形式表达出来的意义是不清晰的意义，只是一个模糊的想法或意义胚芽。因此在信息编码过程中，当抽象信息转化成为具体的单个符号时，便会丧失一部分信息，而单个符号的结构化形成表述依旧会丧失一部分意义信息，将这些表述有机组合最终形成完整的文本已经是经过高度凝炼后的结果，也就会丧失更多的信息。但

---

[1] 邵仁培. 传播学[M]. 修订版. 北京: 高等教育出版社, 2007.

同时信息编码的过程也会伴随着新的信息意义的产生与延展。字符的编码需要不同符号之间相互解释，在这个相互作用当中会产生新的信息及意义。

三、影响编码的因素

传播者如何对信息进行编码、选择怎样的符号、符号之间如何进行排列组合等这些问题都会受到多种因素的影响。因此我们可以从传播者自身、传播的渠道、传播的情境及传播对象这四个角度出发来探寻信息符号编码的影响因素。

（一）符号权力因素

作为符号的生产者、传播者，对符号的运用会受到其身份、地位、社会角色等个人客观因素的影响。不同传者对于不同符号的使用往往体现出了符号背后所隐含的他的社会地位、社会背景以及经历。在互动传播中，总会存在着某种力量支配着双方进行互动活动，而这种力量就是"符号权力"（symbolic power），又被称为"象征性权利"，是布尔迪厄在对语言、文化的生产场域进行研究的过程中提出的概念。他认为，在一系列的社会文化生活中，尤其是在文化再生产的过程中，传播者始终不能脱离其所生活的环境，不可能脱离其历史、现状和未来。传播者虽然作为传播行为的主体，但其对于符号的应用都要考虑其自身所生存的环境和实际的社会关系。

正如莱鑫《符号社会状态——符号权力与符号社会意识形态》一文所提到的那样，语言符号的真正权力来源并不是语言符号本身，也不是来自于发言者自身的力量，而是来自于语言施动者的社会背景和社会关系。"词语的权力只不过是发言人获得的权利而已，他的发言——即其话语的内容以及与其不可分割的讲话的方式——只不过是一种声明，除其他内容外，他声明的是关于赋予他的授权保证。"[●]在互动传播中，传播者（即这里提到的发言人、发言者）的符号选择背后显示出来的是支撑其说话权利

---

❶ 荣鑫.符号社会状态——符号权力与符号社会意识形态[D]. 北京: 首都师范大学, 2007.

的社会力量和关系，这种隐形的权力也就是符号权力。

传播者对符号的选择是受到符号权力的作用的，这种符号权力体现了符号在生产和接收上的权力等级关系，"符号系统"既作为知识的工具，负载意义的实体，同时也是支配的手段。

布尔迪厄将这个社会活动当作是一个符号交换活动，一种主要是通过语言作为中介而进行的社会互动网络。传播者通过使用语言符号和与之相匹配的预期、表情、肢体动作，在一定的传播情境当中与受传者形成对于符号权力的一种碰撞与较量。整个社会就是一种通过语言而进行符号交换的市场，养育的是互动主体之间进行的符号权力相互碰撞，争夺的市场，是传播者作为其表达意义、现实权力和施展其现实的和可能的社会力量的市场。

（二）传播渠道因素

传播者在对信息进行符号编码的过程中会受到传播渠道因素的影响。不同的传播媒介对于符号负载的特点具有差异性。例如口头传播渠道，其媒介特点是对非语言符号的表现力较强，如体态符号、副语言等；电子传播渠道对符号的表现力很强，所能承载的符号也具有多样性及多元化的特点。而印刷媒介对符号的表现力则相对较弱，由于印刷类媒介对于文字符号的表现有着统一的规范，同时纸质媒介多是承载着文字符号，而对于其他形式的符号则表现力较弱。

在对信息进行符号编码的过程中，传播者往往要考虑其符号所要负载的媒介渠道的形式，依据不同的媒介渠道进行信息的编码活动。如果负载符号的是口头媒介，那么在编码过程中对于非语言符号的使用就显得更加重要。通过体态符号、副语言等符号的使用使信息的传播达到最佳的效果。而如果负载符号的是印刷媒介，那么在对信息进行符号编码的过程中，对信息进行语言符号化及结构化的过程就显得更为重要。

（三）传播情境因素

传播情境也影响着信息的符号编码。世界知名的符号学家、苏联结构主义符号学的代表人物之一的巴赫金（Mikhail Bakhtin）曾经提出，语言要达到其意义，必须放置于活生生的话语中，而意义是来自言说者与听者之间的对话关系，因此沟通的情境相对重要；否则，话语可能被断章取义而失去了其真意，只成为一堆无生命的单词。[1]巴赫金在这里强调的是语言意义与其传播情境之间的关系，并且指出了沟通情境与沟通者的位置和重要性。传播者在进行信息的编码过程中，也要对其所处的情境进行解读，将其编码的符号与所处的情境相结合，从而形成完整的编码过程。

脱离传播情境的符号便会失去其本身的意义。换言之，符号的意义不仅取决于符号本身，而且取决于符号所处的传播情境。同时由于不同的传播者对于传播情境往往有着不同的解读，这也就使得传播者依据自己对于传播情境的解读进行信息编码后的符号也会形成特定的传播情境。符号就是在这种传播情境的配合下作用于受者，并且让受者进行符号的解码过程的。

（四）传播受者因素

之前我们曾提到了传播者在进行编码行为时，受到符号权力的制约。然而符号权力的形成与运作当然也离不开受者对符号权力的认同。也就是说，作为符号权力得到充分实现的前提是符号资本的占有者或者支配者，其支配地位要得到被支配者的认可与支持。[2]这种符号权力只有在受者（这里强调的是符号的被支配者）对于支配者力量的认可与服从的基础上才能够真正起作用，即在信息进行符号编码过程当中要受到的来自受传者的制约因素。

因此，在互动传播中，传播者在进行编码的过程中需要考虑受者因素。例如，其传播的对象是谁、传播对象的信息接收方式及习惯、受教育程度、所处群体等一系列受者因素，都会对传播者的信息编码活动产生影响。

---

[1] 秦琍琍. 口语传播[M]. 上海: 复旦大学出版社, 2011.

[2] 荣鑫. 符号社会状态——符号权利与符号社会意识形态[D]. 北京: 首都师范大学, 2007.

第三节　互动传播的环境影响

世界上不存在绝对孤立、封闭的传播活动，对于互动传播来说也是如此。环境的作用是以一种悄然无声、潜移默化渗透性的方式对传播活动产生着影响。传播主体也会对不同的传播环境及情境进行解读。对环境的分析能够帮助我们更好地认识到互动传播的外部传播因素。

一、互动传播的客观环境影响

邵仁培在《传播学》一书中，对客观环境提出了"大环境"及"小环境"的概念。从空间上看，二者是处于笼罩和被笼罩的关系，二者既相互交叉、重合，又相互区别、分离。如果将互动传播活动比作一个圆心的话，那么小环境则处于距圆心较近的范围，而大环境则处于距圆心较远的位置。从整体上看，大环境与小环境是围绕着互动传播活动这个圆心向外无限扩散的环境圈。大环境与小环境对传播活动所起作用的大小，在一定程度上取决于两者距互动传播活动这个"圆心"的半径。

（一）互动传播的客观大环境

大环境指的是与传播活动有关的各种状况和条件分布在较大的空间或领域。❶它位于整个传播活动的外围领域，距传播活动中心较远。因此，大环境对互动传播活动的作用及影响力是间接的、隐形的，是一种潜移默化的影响力。在一定程度上，大环境具有稳定性。我们可以将互动传播活动的大环境分为两类，即自然环境与社会环境。

1. 自然环境

大环境中的自然环境强调的是传播活动所处的自然地理环境。它是人类赖以生存和发展的各种自然条件的综合，是一种客观存在的、可感、可见、可触碰到的环境。例如，地理位置、自然景观、气候、地质地貌、植

---

❶ 邵仁培. 传播学[M]. 修订版. 北京: 高等教育出版社, 2007.

被等因素。

自然环境具有很强的稳定性，为互动传播活动提供客观存在的环境与资源，为人们提供物质基础及活动空间。不同的自然环境也会对不同的互动传播活动产生影响。例如，在我国的东北地区，早期地广人稀，户与户之间相隔较远，人际间交流的语音分贝要远高于南方小镇的轻声细语。这是由于不同的地理环境的制约所产生的独特的互动方式及符号的编码方式。

互动传播的自然环境最为显著的特点是具有稳定性与客观性。自然环境不会随着传播活动的进行而发生改变，而是随着人类社会的不断发展，自然环境对人类传播行为的影响力呈逐渐下降的趋势。

2. 社会环境

社会环境是指在自然环境的基础上，人类通过长期有意识的社会劳动，加工和改造了自然物质、创造了物质生产体系、积累并建立起物质文化等所形成的环境体系。社会环境一方面是人类精神文明和物质文明发展的标志，另一方面它又随着人类文明的演进而不断地丰富和发展，所以也有人把社会环境称为文化—社会环境。

社会环境是与自然环境相对的一个环境概念，同时也是从自然环境当中发展出来的，是在自然环境基础上形成的具有人类特性的环境概念。与自然环境不同，社会环境多是由信息构成，是软性的、抽象的、看不见、摸不到的。但社会环境却时时刻刻影响着人们的传播行为，其对传播活动的影响具有间接性和总体性。构成社会环境的因素是多元且复杂的，从对互动传播活动影响的角度，我们可以将其分为政治因素、经济因素、技术因素和信息因素。

社会环境因素在影响互动传播活动的同时，也会受到传播活动的影响。尤其是随着人类传播活动的日益发展，信息逐渐成为与物质、能源同等重要的资源。传播活动使得整个社会的政治、经济、文化等因素都是以信息资源为核心而发展的，信息社会逐渐成为了社会环境的发展方向。

（二）互动传播的客观小环境

小环境则指的是紧贴传播活动周围的那些与之关系密切的因素和条件。与大环境不同，小环境对于互动传播活动的影响具有直接性与显著性的特点，其释放出来的能力较大，直接作用于互动传播活动，且传播主体双方都能够感受到小环境对于传播行为的影响，因此传播主体双方往往对传播活动的小环境有着较高的要求，甚至为了达到某种特定的传播效果与目标，对小环境进行主动的干预。

1. 物理环境

在小环境中，物理环境与自然环境的概念具有相似性。它们同为具体可感的环境，是由物质构成的。其不同之处在于，自然环境对传播活动的影响具有间接性，而物理环境由于是一种人工环境，因而对互动传播活动的进行具有直接性特点。同时物理环境对不同传播活动的进行具有针对性，多数互动传播活动也都是在特定的人为物理空间中进行的。传播主体为了达到更好的传播效果往往会对物理环境进行人为的设置与干预。

例如，心理治疗师为了能够更好地与患者之间进行互动沟通，往往会对物理环境（心理治疗室）进行布置，如纯白色家居、透明的窗纱、舒适的沙发、舒缓的音乐、心理治疗师与患者之间的距离等。这种物理环境的设置会给患者一种舒适的、平静的心态，有利于心理医生与患者展开进一步的沟通互动。

总之，互动传播所处的特定的物理环境，对于人们进行传播行为时的心态、态度、观点等因素有着形成与巩固的作用，能够协助传播活动的深入进行。

2. 群体环境

所谓群体指的是具有特定的共同目标和共同属性，存在着互动关系的复数个体集合。传播主体在社会活动中必然归属于一定的群体。群体是连接个人与社会的桥梁与纽带。而群体环境指的是存在于传播活动中的传播主体所处的群体生态系统。传播主体所处的群体环境往往会对其传播活动产生直接性的影响，主要包括群体规范、群体意识及群体情感等三个方面。

群体规范指的是群体中的成员在群体活动中必须遵守的规范，其以制度化的形式对群体成员的行为起指导性作用，同时协调成员的活动，保证了群体的统一性。群体规范往往对于成员之间的互动行为产生制约作用，保证了群体内互动传播的统一性。在不同群体的成员进行互动传播时，其所处群体的群体规范同样会对其行为产生影响。

群体意识是指参加群体的成员所共有的意识。群体意识是在群体信息传播和互动过程中形成的。群体意识是群体活动的产物。成员之间的互动行为越频繁、信息量越大时，这种群体意识就越为明显，成员对群体的归属感也就越强。群体情感，指的是群体中各成员对其所处群体的感情，产生"我们"的感情。相对于群体规范来说，群体情感是群体对个人的一种软性的制约和影响。

总的来说，个人所处的群体环境会直接影响其互动传播的行为，对传播主体之间的传播活动起到引导作用。

二、互动传播的拟态环境影响

拟态环境是人类进入大众传播时代的一个重要的理论发现，相对于传统的单向传播方式，网络媒介环境下的互动传播为这一理论的发展拓展了新的研究方向。对于互动传播模式中拟态环境的运行机制我们可从传者与受者两方面角度来探究。

（一）传者的拟态环境构造

拟态环境又被称为信息环境，是传播活动所产生的信息所构成的环境。传播者对于拟态环境的构造具有主导性作用。拟态环境并不是对客观现实环境的镜子式的再现，而是经过加工选择后重新展现的结构化的环境。因此传者对于拟态环境的构造过程就是对现实客观环境的临摹过程，同时也会伴有对现实的歪曲。

1. 对现实的临摹

传者对现实客观环境的临摹过程可分为绝对临摹和相对临摹两类。

（1）绝对临摹。

对现实环境的绝对临摹是假定传播者在互动传播活动中，不会受到来自外界的任何噪声的干扰，是对于现实环境绝对忠诚、真实的反应，是一种理想状态下的拟态环境构造。然而在人与环境的互动关系模式当中，这种对客观环境绝对真实性的构造是不可能的。随着人类社会的发展，特别是大工业生产和全球贸易的发展，整个世界变为一个巨大的市场，人类的环境不但越来越巨大化，而且越来越复杂。因此，人们对于客观环境的认识往往得通过大型媒介系统才能把握。而媒介系统对客观环境的反应也必然是片面化和抽象化的，信息的容量也是相对有限的。同时由于媒介组织的趋利性，对客观环境的反应也必然会是趋利性的。

对现实客观环境的绝对临摹往往是被限定在特定时间及特定范围当中的，人们对环境的认识和把握应该是建立在"第一手信息"的基础上的，这就要求互动活动是在相对简单的信息环境进行。然而在现代信息社会中，这种单纯的环境是不存在的。人类自身能力和技术的不断进步，为拟态环境对现实环境的绝对临摹提供了更大的可能性。

（2）相对临摹。

对于现实环境的相对临摹又被称为超现实的临摹，是一种在现代信息环境中具有可操控性，对于客观环境的一种相对现实性的构建。大众传播中的传播者，往往通过把关人的信息选择、操控进行议程设置，以此来构建信息环境、影响受众舆论、控制受者信息接收。在此模式下形成信息环境形成的是对于客观环境的相对性临摹。

在互动传播模式中，由于把关人角色的弱化甚至缺失，缺乏对传播行为的把控，因此大众媒介通过操纵议程设置的手段来实现拟态环境的建构能力也就被弱化。传播主体对于信息环境的构建更加具有主观意志性。在互动传播中，对于拟态环境的构造往往是在传者与受者互动过程中形成的，因此由于受者的参与使得传者对于拟态环境的构建更加具有可信性。

2. 对现实的歪曲

传者在对现实客观环境的临摹过程中会出现对于现实环境错误的建构。从传者角度来看，其产生的根源有：一是主观故意，传者出于自身利益而对客观环境故意进行歪曲报道传播；二是主观局限，传者由于自身素养能力的局限，造成对相似环境把控的不准确，也容易营造一个与现实环境背离的拟态环境；三是技术性失误，由于客观条件的限制，如传播技术的局限、技术噪声的出现所造成的对现实环境的歪曲反应。❶

在网络互动传播中，由于缺乏信息传播的"把关人"角色，传播者对于拟态环境的建构更加具有自主性，传播者出于金钱利益动机，会对拟态环境的建构加以歪曲。同时由于传播受者的参与性使得这种对于现实环境的歪曲建构得到放大，并随着传播主体的互动而得到更严重的扭曲，使得拟态环境更加偏离现实客观环境。

（二）受者的拟态环境互动

1. 对拟态环境的接受

受者对拟态环境的接受过程也是对信息的选择和理解的过程，其所依赖的是自身对于某种信息的预存立场及检验能力。

受者的预存立场。当传播者所构建的拟态环境符合受者的某种预存立场时，受者对这种拟态环境的信任度就高。但当传者构造的拟态环境与受者预存立场相违背时，受者对拟态环境就会出现解读的偏差。当出现这种解读的偏差时，受者则更加倾向于自己的预存立场。

受者的检验能力。对直接经验范围内的拟态环境，受者会依据现实环境进行自我检验；对间接经验范畴的拟态环境，受者会依据间接知识来加以检验。在互动传播中，受者通过互动及反馈，增加了信息的验证渠道，提高了对拟态环境的辨识能力。因此，由于受者对传者的拟态环境的判断不同，对于拟态环境的理解也就会有所不同。

❶ 姚化成. 拟态环境及其网络大众传播的建构与控制[D]. 大连: 大连理工大学, 2006.

2. 对拟态环境的反馈

在互动传播中，面对传播者所建构的拟态环境，受者对信息不是被动接受，而是主动反馈，这种主动的反馈主要作用于客观环境及拟态环境的再建构方面。

作用于客观环境，强调的是拟态环境的环境化，李普曼曾指出："我们必须特别注意到一个共同的因素，就是在个人与他的环境之间插入了一个拟态环境，他的行为是对拟态环境的反应。但是，正是因为这种反应是实际的行为，所以他的结果并不作用于刺激引发了行为的拟态环境，而是作用于行为实际发生的现实环境。"❶这一点就是日本传播学者藤竹晓之后提出的"信息环境的环境化"。其强调了受者在受到拟态环境的刺激后反作用于现实环境的过程，体现了受者对于现实环境的能动性。

对拟态环境的再建构，则是在互动传播中，受者对拟态环境的能动反应。由于互动传播媒介渠道的双向互动性，主体双方都有对于信息进行加工传播的机会与权力。一条信息经过主体之间的传播互动，每个人都会基于自身的传播动机对信息进行加工，而每次信息的加工过程都是对真实环境的临摹过程，也就是对信息环境的再建构。

第四节　互动传播的媒介渠道

作为负载信息与符号的物质实体，媒介在互动传播中起到了联接传播主体双方的桥梁和纽带的作用。媒介本身所具有的特性，影响了互动传播的方式；不同媒介所形成的媒介情境，影响了互动传播的效果；媒介之间的议程设置影响到大众舆论的倾向。对于媒介互动机制的研究是整个互动传播机制研究当中最为重要的环节。

---

❶ 郭庆光. 传播学教程 (第2版) [M]. 北京: 中国人民大学出版社, 2011.

一、互动传播的媒介功能

（一）口头媒介的功能

美国传播学家哈特曾将有史以来的传播媒介分为三类：示现的媒介系统、再现的媒介系统，以及机械媒介系统❶。其中示现的媒介系统是指人们面对面传递信息的媒介。传递的符号是由人类的口语，以及包括表情、动作、神态等非语言符号组成。而执行传播功能的媒介系统则是人体的感官系统。

口头传播与大众传播最大的差异在于互动性。口头传播的互动性较强，在进行口头传播时必然存在互动与反馈。而口头传播的这种互动性特征，正是由口头媒介的互动功能所赋予的。在口头媒介中，人体的感官系统作为传播活动的媒介系统，使传播主体被限制于一定的地理范围当中，两者之间能够在第一时间感知到对方的信息传播活动，并迅速做出反馈，从而缩短了信息传播及反馈的距离，体现了口头传播的互动性。

在使用口头媒介进行传播互动时，动用的媒介系统不仅仅是我们的口和耳朵。我们的视觉、触觉甚至是嗅觉都起到了不容忽视的作用。这就使得我们在进行面对面的互动时，关注点并不仅局限于对方说了什么，更会关注互动对象的服装、举止、动作及谈话时所涉及的情境环境。换言之，我们的口和耳朵执行的是口语语言的传播互动，而我们的视觉、触觉以及嗅觉则执行的是非语言的传播互动。

综上所述，口头媒介系统不仅涉及语言文字的传播，而且还涉及非语言的传播。在这种面对面的口头传播中必然会牵涉互动双方的感觉、情绪、情感等方面的因素。有时口头媒介对于非语言传播的作用会高于对语言传播的作用。

（二）传统媒介的功能

在大众传播活动中，传统媒介扮演了重要的角色。从传播组织上来

---

❶ 陈翔. 论媒介系统与身体之关系——基于 A. 哈特的"媒介系统论"[J]. 西南民族大学学报(人文社会科学版), 2012(9).

看，传统媒介指的是复制、传递信息的机械和组织团体及其出版物和影视广播节目，具有专业化及制度化特征，信息的生产具有盈利性、规模性和产业化特点。而从媒介角度来看，传统媒介主要是指报纸、杂志、广播、电视等这些传播媒介，具有传播信息速度快、范围广、影响大等特点。大众传播媒介具有宣传功能、新闻传播功能、舆论监督功能、实用功能和文化积累功能等五种功能。

相比较口头媒介，传统媒介的组织性、专业性及目的性更强。传统大众媒介的操控者往往是具有高度组织化、专业化的群体，因此他们能够掌握更为先进的传播技术和产业化的传播手段。传统媒介时代，大众传播尽管从理论上具有社会传播的互动性，但实际上这种互动性是极少见的，其效果控制的研究，也主要以单向式传播运作模式为出发点。❶

传统媒介对于信息的传播有其自身的话语权，具有媒介优势。而大众媒介在获得话语权的同时，受众的话语权在大众媒介当中则被忽略，使得信息单向传播。大众社会理论认为，受众具有很强的抑制性及无组织性，面对庞大的、专业化的大众媒介组织，受者的力量是薄弱的、被动的，是一群虽然规模庞大，却缺乏秩序的、松散的、容易受到大众媒介暗示并控制的群体，对于专业化的媒介系统缺乏掌控力。

受众面对大众媒介时的力量薄弱并不代表其在大众传播中是被动的存在。受众对于大众媒介系统虽然没有控制能力，却有很强的选择能力。在大众传播中，受众对于媒介的选择，以及媒介信息的理解具有选择性。而受众的这种选择性对大众媒介的功能是一种制约的作用。在大众媒介实施宣传、新闻传播、舆论监督、实用和文化积累等功能时，不得不注重受众的选择与需要。

（三）网络媒介的功能

网络媒介的特点表现为以下几个方面：媒介的介入与使用门槛较低；互动双方的交流便捷；信息表现形式具有多样性；媒介使用的个性化。这

❶ 刘志宣. 大众媒体互动式传播效果控制论[J]. 中州学刊, 2007(2).

使得网络媒介的传播方式更加多样，涉及了人际传播、组织传播、群体传播、大众传播，以及跨国传播。

网络媒介更是囊括了口头媒介，以及传统媒介的主要功能特点，如沟通交流功能、宣传功能、新闻传播功能、舆论监督功能、文化积累功能等。网络媒介不仅打破了人际互动的时间与空间的限制，而且也增强了大众信息传播的互动性。

网络媒介的低门槛及双向互动性，使得其舆论传播的功能更为突出。网络媒介成为了网络舆论产生与扩散的温床。网络媒介也促进了媒介融合的趋势。在网络时代，传统媒体受到巨大的冲击，这使得传统大众媒体不得不寻找新的出路。传统大众媒体最大的优势是资源集中，内容储备多，执行性强，具有较强的媒介权威。然而传统媒介间都是彼此隔绝的，网络媒介不但给传统媒介的发展带来挑战，同时也带来了机遇。

二、互动传播的媒介情境

梅罗维茨在媒介情境论中提到，每一种独特的行为需要一种独特的情境，并且情境是动态的和可变的，而大众媒介的运用混淆了不同情境的界限，将那些只适合某些人观看的演出原封不动地搬给了整个社会来观看。他强调了电子媒介对传播情境的影响与作用。在电子媒介，尤其是电视媒介的影响下，以往的传播情境发生了改变。不同的媒介会营造出不同的传播情境，而这些独特的传播情境又会对传播行为产生影响。

（一）互动传播的口语媒介情境

口语媒介是人类互动传播活动的基础性媒介系统。当我们借助口语系统进行互动时，我们的关注点不仅局限于互动的语言本身，而且还包括互动对象的言谈与所涉及的情境。在互动时，必然伴随着对于情境脉络和彼此所扮演的社会角色的所有想象和认知，因此口语媒介的传播并非是单向与线性的信息传递过程，而是有意图地涉及符号使用及情境的全方位交互过程。口语媒介主要涉及的是符号对于传播情境的塑造及受者对传播情境的解读。在互动传播活动中，符号不仅是负载、延伸、传递信息的工具，同时也会对于传播情境的塑造起到作用。

首先是语言符号对传播情境的塑造作用。由于传播者的社会地位、角色的不同，他们拥有不同的符号权利。在不同场景下对于语言符号的不同使用则会塑造不同的传播情境。例如，在专业性较强的论坛交流大会上，所有与会的人员都会使用专业性较强的语言符号。在这个过程中，语言符号不仅是为了传递信息，更多的是作为一种个人身份的象征。与会的传播者使用专业性较强的语言符号也提高了会议的专业性以及学术性，营造出一种高端学术的传播情境。在面对面的互动传播活动中，人们通常利用专业性、规范性及书面性的语言来传递严肃的传播情境。而在网络媒介环境中，人们的互动活动也会借助独特的语言符号来营造出相对自由、开放的传播情境。

其次是非语言符号对传播情境的塑造作用。相对于文字符号的规范性、抽象性的特点，非语言符号对于传播情境的塑造作用更加凸显。我们可依据非语言符号的分类来分析其对于传播情境的塑造过程。

（1）语言符号的伴生符：当传播者说话的语调较高，声音较大而语速较慢时，那么其营造出的就是一个相对正式的传播情境。而当传播者语速较快时，他营造出的则是一种紧张、亢奋的传播情境。当传播者的语调较低，声音变小时，给受者带来的则是一种神秘、好奇的感觉。同样当符号以文字形式出现时，文字的颜色、大小、粗细、整齐程度都会营造出不同的传播情境。在网络媒介环境中，字体已经具有了一定的规范性，并保持一定的整齐程度。当用红字进行传播时，会给人一种紧张或是强调某种信息的传播情境。由此可见，作为语言符号的伴生符在塑造传播情境时，能对文字符号起到一种补充的作用。

（2）体态符号：这种非文字符号对于人际传播环境的塑造更加有效。例如，在上级与下级谈话的时候，上级的微笑、礼貌性的触摸行为、手势等，都会营造出相对放松、舒适的情境；相反，上级严肃的表情、手指着下级说话的行为，则传递出一种紧张的传播情境。

（3）物化、活动化、程式化、仪式化的符号：这类符号相较于以上两种非语言符号形式，更加具有独立性，能够相对独立地营造出某种传播情境。

符号对于传播情境的塑造是多方位的，从语言文字到表情动作，再到传播主体之间的距离及服装等符号因素，都会影响传播情境的塑造。尤其是在互动传播中，所有传播活动的参与者对于传播情境的塑造都具有主动性，而每个人又都受制于共同塑造的传播情境。

有了情境的塑造必然离不开情境的解读，情境是解读后的环境因素，是环境因素的社会化解读。例如花前月下，从客观环境的角度来看，就是在月亮下、鲜花旁边；而从情境角度看，这是一种情意绵绵的浪漫氛围，而且是解读客观环境后的一种情境。人们会人为地对周围的事物进行解读和理解，从而形成情境，制造一种面对面互动交流的气氛，这种解读活动对互动传播产生辅助或制约的作用。一般意义上的环境因素只有转化为情境才会对个人的心理产生影响，不论是传者还是受者都会依照自己对于情境的解读而进行传播行为。

（二）互动传播的传统媒介情境

在口语传播中，传播主体双方的互动交流多是面对面的，这就使得口语传播的情境具有个人化与私密性的特点。而大众传播媒介的介入则使得私密性互动的情境融入到了大众媒介情境当中。

在大众媒介情境中，传播主体面对的不再是具有差异化独立性的传播场景。大众媒介面对着广大受者，其传播信息通常是被接触媒介的所有人所共享，因此他们拥有了共同的意义空间、相同的媒介情境。

面对共同的媒介情境，受众会对其进行解读进而形成自己的理解及观点。不同观点意见的结合形成了社会中相当数量的人对于一个特定话题所表达的个人观点、态度和信念的集合体，即舆论。

（三）互动传播的网络媒介情境

随着媒介技术的发展，网络媒介逐渐成为人们信息交流与汇聚的平台。网络媒介的最大优势就是双向互动性、传播速度快、实效性强，打破了传播主体之间互动传播的时空限制，拉近了两者之间的传播距离，实现了信息处理及应用的高效化。同时随着网络媒介的逐渐普及，网络媒介逐渐成为了一个大众化的平台，受众更加倾向于利用网络媒介进行信息收集与传播。从网络媒介技术来看，网络媒介的多媒体、超文本链接等网络技术促进了信息的自由发布和交流。依照梅罗维茨的媒介情境论，网络媒介的发展必然会形成新的场景，这种新信息的场景会导致人们新的行为的出现。

首先，网络媒介的出现使得不同的场景进一步融合，情境界限进一步消失。网络媒介的双向互动性及高效性，使得信息能够打破时间和空间的限制，在第一时间使信息传播到个人，使得一部分人在网络上活跃起来，开始讨论，发表自己的观点。同时网络媒介的出现也为人际间及群体间的互动传播提供了新场景。网络媒介情境中的人际互动不再基于一定的现实社会关系，使得相互不认识的个人能够保持长期的互动关系。同时还把具有共同志趣的人聚集在一起，主体很容易融入某个情境当中。总的来说，网络媒介所建构的新情境使得社交更具有自由性和随意性。

其次，网络媒介情境具有虚拟性。网络媒介情境的虚拟性是由网络媒介自身技术所决定的。网络是信息传输、接收、共享的虚拟平台，把各个点、面、体的信息联系到一起，从而实现这些资源的共享。在网络环境中的主体是以虚拟的ID代码形式存在的，从而隐藏了个人的社会角色及地位。

最后，网络媒介的出现使得现实场景出现了有界性。网络媒介是一个公民化的媒介，同时也是对于个体占有性很强的媒介。个体在利用网络媒介时，就会完全投入到其中，网络媒介的强互动性使得其占据了个人的大部分精力。在个人与网络形成互动时，就会很自然地忽略周围的情境，因此使得现实环境中的情境产生了有界性。在同一个情境中的主体则处在不同的传播情境当中，即主体将更多的精力放在了网络上，而忽视了现实互动。

三、互动传播的议程设置

(一) 议程设置理论概要

"议程设置"理论认为大众传播具有一种为公众设置"议事日程"的功能，传媒的新闻报道和信息传达活动以赋予各种"议题"不同程度的显著性的方式，影响着人们对周围世界的"大事"及其重要性程度的判断。议程设置理论关注的是大众传播中的传播效果及影响，主要有以下特点。

(1) 议程设置理论是对于受众认知效果的研究，而不是对于受众态度的探讨。它所考察的是大众传播媒介在影响受众"想什么"而不是"怎么想"的方式及作用；大众媒介是怎样进行议题的设置从而影响到受众对于信息的关注程度的。

(2) 议程设置理论考察的是整体性的、长期的、系列的、宏观的及综合性的大众传播现象。

(3) 其暗示了大众传播媒介对于拟态环境的建构这样一种媒介观。可以说，议程设置理论是对李普曼的"拟态环境"理论的一种补充，强调了大众媒介是如何对信息进行选择、加工并且结构化的。

议程设置理论揭示了大众传媒在人们认识环境过程中所起到的作用，打破了传播效果论当中的"有限效果论"，进一步强调了大众传媒在传播过程中对人们信息接触背后的控制作用，为人们认识传播与社会提供了一个新的角度。

(二) 议程设置理论的作用机制

随着对议程设置理论的深入研究与应用，"议程设置"对于公众的社会影响被不断地印证，媒介的议程设置的机制也趋于清晰。从以往学者的研究成果来看，媒介议程设置的机制主要有以下三种。

(1) "知觉模式"。又称作"0/1"效果，其主要内容是：认为传播媒介对某个"议题"是否报道影响到了受众对于这个"议题"的知觉。也就是说，在大众传播中，媒介议程起到了对公众议程的把关作用，媒介决定了公众对于某个新闻信息的接触与认知。

（2）"显著性模式"。又称为"0/1/2"效果，其主要内容是传播媒介通过对于某个"议题"的强调，而影响公众对于某个议题的关注程度。如果传播媒介集中对于少数的新闻事件进行关注报道，则会影响到公众对这个事件的关注程度。

（3）"优先顺序模式"。又称为"0/1/2……N"，指的是大众媒介将一系列议题按一定顺序进行排序，而大众媒介优先关注、重点报道的"议题"同样会影响到公众对于议题的关注程度。

大众传媒主要是通过以上三种机制对议题进行设置。从"知觉"到"重视"再到"优先顺序"的排列，传媒对于公众的议程设置的效果是积累的过程。

（三）议程设置与互动传播

"议程设置功能"理论只强调了传播媒介"设置"或形成社会议题的一面，并没有涉及反应社会议题的一面。媒介议程设置理论关注的是现实信息的报道对于受众关注点的影响，而忽略了受者的主动性，没有关注到受众的公众议题对于媒介议题的影响。

随着网络互动传播的发展，传播主体间的互动性更强，受众的传播地位与话语权日渐提高。众多的网民可以对于自己感兴趣的话题进行自主的、主动的传播；对于自己的关注议题进行设置；可以忽略传统媒体的议程设置，成为议程设置的主体。

互动传播是开放性的、去中心化、去权威性的传播方式。受众的参与性增强，对于信息的接触已不再限于单向传播模式。人们对于信息的接触量增大，对于议题的讨论与交流机会也随之增多，因此大众议题越来越成为人们讨论与关注的焦点。在这种情况下，媒介所设置的议题在公众议题中的份量正逐渐弱化，对公众议题的主导性也在减弱。

1.互动传播的议题分类

（1）媒介议题：媒介议题指的是由于大众传播对于新闻事件关注与

报道程度不同，而设置出的媒介议题，是对于现实当中各种议题的有目的的取舍选择的活动。传播媒介根据自己的价值观和报道方针，从现实环境中"选择"出他们认为重要的部分进行加工整理，赋予一定的结构秩序，然后以"报道事实"的方式提供给受众。媒介组织通过选择是否报道某个"议题"；是否对于某个"议题"进行突出报道；对一系列"议题"按照一定的优先顺序给予不同程度的报道等方式对于媒介议程进行管控。

（2）公众议题：公众议题是与媒介议题相对的概念，指的是作为公众对于某些现实中的议题的关注程度，是社会公共事务在大众当中的反应。公众的"议题"也可分为不同类型：如"个人议题"，即个人认为重要的问题；"谈话议题"，即在与别人交谈、议论之际受到重视的问题；"公共议题"，即在自己的感觉中认为社会上多数人都重视的问题。这三种议题的含义和作用虽各不相同，但在传播过程中又有融合为一的可能性。❶

2.媒介与公众议程互动

议程设置理论认为，大众传播媒介有为公众设置"议事日程"的作用，强调的是媒介议题对于公众议题的影响。而在互动传播中，公众议题的影响力日益凸显，公众议题对媒介议题的反作用机制使得公众议题可以上升为媒介议题。

个人传播的兴起是互联网发展最显著的一个结果，公众议题的兴起又是网络个人传播发展的结果。公众议题突起于媒介议题之外，既体现了社会的进步，也暗藏着互联网的解构力量，并对传统新闻媒介实现其社会功能带来了不容忽视的影响。❷

网络互动传播的特点不仅促使了公众议题的兴起，同时也推进了公众议题上升为媒介议题的过程，而这个过程主要包括三个主要阶段。

（1）个人议题及谈话议题的出现与传播。

随着大量自媒体及社交媒体的出现，大量最初属于私下的个人议题与

---

❶ 郭庆光.传播学教程 (第2版) [M]. 北京: 中国人民大学出版社, 2011.

❷ 郑智斌，刘莎. 公众议题的兴起——网络传播与传统新闻传播互动论[J]. 南昌大学学报(人文社会科学版), 2001(3).

个人之间讨论、交谈的谈话议题被逐渐搬到网络平台上。个人往往会将其自己关注的议题放到自媒体及社交媒体上进行探讨和讨论，这样就使得以往个人私下的议题逐渐成为小范围的议题。而随着某个议题的关注度越来越高，更多的人参与到这个问题的讨论中，这种小范围的议题就会成为更大范围的公众议题。对于某个问题的讨论也会从原先的某个媒介平台上转移到别的平台中进行互动传播，因此这个阶段过程是：私下议题—小范围议题—大范围公众议题。

（2）公众议题的形成，以及"意见领袖"的形成。

随着大范围的公众议题的形成，受众对于某个议题的讨论已经进入白热化阶段。人们可能围绕这个公众议题进行了一段时间的讨论，并且搜集了多方面的资料来支持本方观点；或是将某个议题进行了更广范围的传播。这时往往会在广大受众当中产生"意见领袖"。相较于一般公众，"意见领袖"有着更加权威的话语权与影响力。"意见领袖"的加入使得公众议题的讨论更加激烈，议题的"轰动效应"也就越高，就会吸引更多的受众参与到公众议题的讨论当中。公众议题就是在这个过程中被不断地扩充，增强其自身的影响力。

（3）媒介议题的关注与形成阶段。

当公众议题发展到一定阶段，即关于某一议题的讨论形成了明显的正反方或是对于某一议题形成了鲜明的舆论倾向，这时媒介议程会对公众议程形成关注度，大众传播媒体会对公众议程进行进一步观察、采访及报道工作。有的大众媒介也会参与到公众议题的讨论中，甚至会对公众关注的某些议程进行专题性质的报道。

3. 媒介与媒介议程互动

在特定的时间内，不同媒介系统对于某一新闻事件的关注具有统一性，对事件报道的角度也有着相似之处。这也就意味着各种媒介系统间同样存在着"意见领袖媒体"。从总体上来看，是可信度比较高的媒体为可信度比较低的媒体设置议程，这种现象称为"媒体间议程设置"效果。●

● 张卫玲. "网络红人"现象传播中的多重互动[D]. 济南: 山东师范大学, 2012.

其强调的是媒介组织之间的议程互动，即是谁决定了大多数媒体的议程，同时议程又是如何在不同媒介之间进行相互流动的。

媒介间议程互动的前提是议程互动的媒介双方具有异质性特点。这种异质性或表现为不同等级的报纸，如大报与小报之间的差异性；或表现为不同介质的媒体，如报纸、杂志和电视等之间的差异性。❶而随着网络媒体的发展，这种新型媒体与传统媒体之间的异质性更加明显。以网络媒体为代表的新媒体与传统媒体之间的议程互动更值得我们的关注。

（1）议程从新媒体到传统媒体的流动。

法学教师王怡在接受《凤凰周刊》的电话采访时曾说过："互联网把一个问题炒热了，这对那些市场化媒体来说也是一个诱惑和压力，他们肯定要跟进，也不得不跟进。"我们可以由此看出，以互联网媒介为代表的新媒体的议程对于传统媒体议程设置的重要性。

网络媒体传播多是受者对于自己观点、意见和建议的表达，在网络媒体中更加活跃的是公众议题。而当网络媒体上的讨论形成一定的议程规模时，传统媒体会随之加入对议程进行进一步的关注与报道。从"虐猫女""网络红人"到"我爸是李刚""玉林狗肉节"等一系列的事件都是议题从网络流向传统媒体的代表性事件。

一般网络媒体对于整个事件的关注快于传统媒体，公众能够对于某个事件快速形成讨论的议题，并对整个事件形成关注的热点。但是值得我们注意的是，公众议题的谈论多是一种舆论上的声讨。而传统媒体的介入则为整个议题的形成提供了更加深入、有层次的探讨与报道，传统媒体对于事件发出的声音更加理性，在整个事件的后期会起到对于议题的引领作用，这时的议题控制权又掌控在了传统媒体手中，这也显示着传统媒体与新媒体之间议程设置的互动性特征。

（2）议程从传统媒体到新媒体的流动。

议程从传统媒体向新媒体的流动，即传统媒体率先报道某种焦点性新

---

❶ 董天策. 传统媒体与网络媒体的议程互动[J]. 西南民族大学学报 (人文社会科学版), 2006 (7).

闻事件或事态，而这种报道引起人们在网络媒体上的讨论，从而形成公众议程，最终形成媒体舆论与网络舆论的共振。而网络媒体对于传统媒体上的议程转移主要是以转载方式为主，通过转载传统报纸、电视媒体上的事件而引起受众的讨论，形成新的公众议题。这种新形成的公众议题往往能够推动媒介议题的进一步探讨。近几年来发生的"小月月案""大兴摔童案""孙志刚案""校车安全案"等都是由传统主流媒体的媒介议程引入到网络舆论的公众议程。

议程在传统媒体与新媒体之间呈现出双向互动、互为补充的作用。网络媒体强调的是受众对于某种事件信息的关注与讨论，对于议程的设置主要是扩大事件的影响性。对于传统媒体由于自身原因而无法报道的现实问题，网络媒介的议程能够起到补充讨论的作用；同时传统媒介的议程设置则起到了对于事件本身更加深入的报道，呈现出事件的本质信息，从而为公众的探讨提供更多议题。

四、互动传播的噪声

在互动传播中噪声无处不在，对整个传播活动产生干扰作用，是我们不应忽视的问题。我们将噪声分为技术性噪声与非技术性噪声两种形式。由媒介技术本身所造成的信息传播噪声被称为"技术性噪声"。如网络媒介出现的断网、网络传输速度慢；电话的中断、杂音；电视无信号等情况都属于技术性的媒介噪声。然而更多的噪声是非技术性噪声，即基于个人因素所造成的噪声，这种非技术性噪声对信息传播活动的危害性更大。不同的传播媒介会产生不同特质的噪声。

（一）口语媒介传播的噪声

口语传播多应用于面对面的人际传播，而相较于大众传播、组织传播等方式来说，人际传播是一种非制度化的传播模式。口语传播也容易受到多种因素的干扰，使得信息在传播过程中产生噪声。

首先，从传播媒介来看，口语传播的媒介系统是人类的感官系统。在传播过程中，由于受到感官系统的限制，口语传播被限制在一定的时空环境中，超出一定时空环境则会产生信息传播的噪声。

其次，从传播信息来看，口语传播的信息意义更为丰富。在传播过程中，信息接收的灵活性使得互动传播信息的全面性要优于其他传播方式，但在信息的解读过程中更容易产生歧义而形成噪声。

（二）大众媒介传播的噪声

大众媒体的组织性及专业性使得大众传播方式的制度化更强。信息在传播前往往要经过制度化的把关环节。大众媒介的单向传播方式减少了噪声信息的来源，然而在整个"信息流"中，信息并不由大众媒体直接流向个体受众，往往是经过了组织传播、群体传播和人际传播等多种传播形态的综合影响。所谓"众口铄金，积毁销骨"，人们不会只凭借大众媒介的信息进行判断，更会听取周围人的意见和观点。尤其是面对某种突发性的危机事件，受众更容易对大众传播的信息产生集合式的传播行为，从而对大众传播的信息产生误读，导致流言及谣言的产生。

传统大众对于信息反映的滞后性也是噪声产生的原因。虽然我国的大众媒体对重点信息、重大事件的报道严格把关，因此在源头上减少了信息的噪声，但正是由于这种严格的把关过程使得媒介无法对危机事件及流言、噪声进行及时纠正。因此常常限制了媒体对危机事件做出及时、正当的报道，造成正规传播渠道不畅或功能减弱。在这样的情况下，流言蜚语一类的非常态信息就非常活跃，舆论噪声、杂音便甚嚣尘上，混淆视听，甚至造成严重的混乱后果。❶

（三）网络媒介传播的噪声

网络媒介环境的公开性和自由化为噪声的传播提供了更为畅通的多元化渠道。网络新媒体的出现赋予传播者更多的言论自由，使社会公共话语空间不断拓展，充分体现了我国社会民主化程度的提高。另外，传播渠道

---

❶ 周震矾. 如何应对网络舆论噪音[J]. 传媒, 2012(7).

的多样化也为噪声的传播提供了便利。尤其是网络媒介的匿名性、开放性特征使得网络媒介中的信息呈现出了理性与非理性共存、思辨与喧哗混杂的复杂性和难控性。

网络噪声的表现形式不仅只是谣言与流言，还包括信息传播过程中一切阻碍有用信息传播的其他形式的信息。在网络媒介环境中，互动传播的持续使得信息空前膨胀，在激增的信息面前，信息内容来源的无限性使得受者面对的信息噪声越来越多，制造了更多的"相对噪声"源，令人不堪其烦。

第五节　互动传播的符号译码

译码是与编码行为相对应的，是位于受传者一端的传播行为。译码行为的主体是受传者，对象则是符号。译码过程是传者信息作用于受者认知层面、态度层面及行为层面的前提，是受传者进行传播行为的首要工作。

一、符号译码的定义

译码行为又称为解码行为，指的是将收到的符号或代码还原为传播者所传达的原初的那种信息或意义。信息在流通过程中是以符号为载体形式传播意义的，符号的译码环节起到了至关重要的作用。如果符号没有办法还原，信息就失去了本来的意义，传播就会中断。如果符号被错误译码，那么信息则会偏离原有意义，造成意义的模糊及曲解，阻碍传播活动的进行，并对传播活动产生负面影响。

既然译码行为的发起者是受传者，那么对于译码行为的研究就应该是对受者接收符号行为的研究，应基于社会文化语境来研究受众接受行为的理论背景。由于信息接收者的社会特征、知识背景不同，因此他们在接收信息时必定会有各自不同的解读。

二、符号译码的分类

最早提出编码与解码的是当代文化研究之父、英国社会学教授斯图亚特·霍尔，他创立的"编码／解码模式"将话语、符号、权力、社会关系等引入媒介研究，标志着英国媒介文化研究开启了建立在结构主义和符号学概念基础上的媒介理论新纪元。

在编码／解码模式的研究中，霍尔提出三个"假想的立场"来描述话语的各种解码过程。通过这三个"假想的立场"得出了三种受者解码的行为。即投合性译码、协调性译码和背离性译码。

（一）投合性译码

第一种假设立场是主导—霸权（preferred reading / dominate reading / hegemonic reading）立场❶。在这种假想立场下，传者的理想传播方式是"完全清晰的传播"，即受者能够完全解码传者的符号，受众在主导符码的范围内进行解码，其对信息解读的方式和过程完全符合于编码时刻所设定的预期。

在这种假想立场中产生的解码方式被称为投合性译码，也称为偏好解读，即受者能够全部解码，理解传者所要传达的意义，使得传者的信息意义在受者的头脑中完全进行复制，从而达到相同意义的交流。

然而这种投合性译码往往是基于媒体的暗箱操作，传者要想达到符号的完全解码，需要通过职业化的符号操作，通过策略化的编码过程，结合合适的场合、情境等因素以达到投合性译码。受众的这三种解读模式互相关联，彼此对照。

在互动传播中，投合性译码方式则很难达到。受者信息获取渠道的多样化及多元化，使得其很容易受到来自多方的信息干扰，单个媒体无法对受者完全主导。受者在进行符号解码时往往受到来自自身及外界等多方因素的制约和干扰。

❶ Stuart Hall. Encoding and Decoding in the Television Discourse[M]. Univ.B'ham.,Centre for Contemp.Cult. 1973.

（二）协调性译码

第二种假设立场是协商式（negotiated or corporate）立场。在这种协调式立场中的解码行为包含着相容，以及相互对抗两种因素的混合。在此基础上产生的译码形式为协调性译码，即受者的译码部分符合传播者的本意或部分背离其本意，但不过分。受者在符号解读过程中，在宏观上符合传者的信息，但在一个更有限的情境的（定位的）层面上，受者则有自己的解码方式，具有背离性的解读。在此情况下，传者的信息能够大致传达到受者一方，受者对于信息的解读不会产生大的曲解及偏差。从整体的传播过程来看，不会产生制约或中断。

（三）背离性译码

第三种假设立场是抵制式或对抗式（counter-hegemonic）立场。霍尔认为，虽然主流的意识形态规定了受者解码的方式，对受者的解码行为具有引导性作用，但并非所有的受者都会主动选择这种处于优先地位的译码方式。

由于传播者只负责符号的编码过程，在信息编码完成后，便开始进入了流通环节，一旦符号文本进入流通环节后，则完全脱离了传者的控制。同时由于受到个人及社会因素的影响，受者会倾向于以满足自身需求的方式来进行符号的解读，使其以不同的姿态来对待同一个媒体文本。因此在此基础上，受者对符号的解读往往是背离性译码，即受者所得到的意义与传播者的本意截然相反。

三、影响译码的因素

虽然传者理想的译码方式是传播者使之符号化的信息被原原本本地传给接受者。而在现实的传播活动中，尤其是在互动传播中很难做到，主要因为受者并不是在真空环境中进行译码，其译码过程会受到多种因素的影响。

（一）受者因素

受者自身的影响因素可分为受者的个人属性因素和受者的社会属性两个方面，这两个方面影响因素是凝结在受者自身不可分割的因素。

首先，受者的译码会受到个人因素的影响，如受者的受教育程度、与传者的共同意义空间等因素。个人因素往往会影响到受者在符号译码过程中的能力。个人由于译码能力的不同使得最终的符号译码相对信息的理解不同。而受者的译码能力与符号译码的程度并不一定成正比。受者译码能力高，并不代表受者对于传者的符号编码能够做到完全解码。很强的解码能力可能造成过度译码，同样没有达到投合性译码。

其次，受者的译码会受到社会因素的影响，如受者所处的群体关系、群体规范以及群体意识、受者的主观态度等因素。受者的社会属性会影响到受者译码的意愿。当传者与受者具有共同的文化背景、受到相同的群体规范的制约影响时，受者对于符号译码的意愿就会更加强烈，主动性会更强，因而对符号译码的准确性就会更高。

（二）符号因素

索绪尔指出，符号是由能指和所指构成的体系，而在符号的所指和能指之间并不存在必然稳定的联系，两者之间的联系是具有随意性的。这就意味着符号的形式及符号意义之间的联系是一种约定俗成的关系，容易造成符号意义的模糊性和多义性。同一个符号形式能够表达多种意义与信息，而同样的意义也可以用不同的符号形式表示出来。受者在进行符号解码过程中会受到符号本身因素的影响，造成传播者编码与受者解码在信息理解上的差异化。

（三）媒介因素

媒介是负载、延伸与传递符号的物质实体。由于媒介的技术原因，不同媒介对符号形式的传达具有一定的限制，如报纸、杂志等媒介，只能够传递文字及图像符号，这也就限制了符号的表现力，对受者的译码活动具有一定干扰性。媒介的呈现特点与诉求目标决定了媒介所传递的符号的特性。如电视媒介负载多种符号形式，且符号表现力较强。但是电视媒介的休闲诉求特点导致其并不适合作为文字符号的传播媒介。

（四）环境因素

由于符号在传播过程中总是处在一定的社会环境及传播情境中，因此符号的译码过程会受到其所处社会环境与传播情境的影响。例如，"囧"字的本义为"光明"的意思，而从2008年开始在中文地区的网络社群间，"囧"却成为一种流行的表情符号，被赋予"郁闷、悲伤、无奈"之意。由此可见，随着传播环境的变化，符号的意义也会随之发生了变化。

第六节　互动传播的受者接收

霍尔认为，编码和译码的过程同样遵循马克思主义所描述的生产、流通、使用、再生产四个环节。在互动传播中，信息的流通方式也遵循着这四个环节，信息的使用与再生产，即第三个和第四个环节是同时发生的。这两个环节在整个互动传播过程中起到了至关重要的作用：一方面是对于信息的消费过程；另一方面又是再传播过程的保证，为受者的传播行为提供动力。而"使用"与"再生产"的主体角色是受者，受者的接收与反馈行为不仅影响了传播的效果，更影响了受者互动的积极性。本节将主要讨论互动传播模式中的受者角色转变，以及受者在信息期待、接收、反馈过程中的机制问题。

一、互动传播受者的角色转变

比较传统的大众传播而言，不论是角色功能、媒介资源使用，还是互动传播的积极性等方面，互动传播的受者角色都有很大不同。

（一）受者向传者角色转变

受者主体地位的回归主要体现在互动传播中，受者对信息传播话语权的把控、传播媒介的主导及传播方式等方面的主体权利。受者在传播内容、渠道，以及方式的控制权增强了受者角色的主动性与能动性。在互动传播中，受者可以自由选择、发布信息，成为自己的"把关人"。这时的受者角色逐渐具有了传者角色功能，以传者为中心的单向传播模式被改变，受者的积极主动性得以释放。

（二）受者角色地位的转变

在传统单向传播模式中，受者角色并不占有主体地位，无法与传者角色形成对等关系。受者实现的自主性和自由度都没有得到充分的赋予和尊重。在这种情况下，受者角色一直处于一种被动从属的地位，而在互动传播中，传受主体地位在角色功能、媒介使用、动因实现等方面都具有明显的双向对等性。信息中心的分散，媒介权利被卸下，媒介产品不再是稀缺资源，传播的渠道不再单一，媒介放低身段回归到正常的对话状态，媒介让主体地位归于受者，受者参与到信息的生产和流通之中，两者不再泾渭分明而是呈现出充分互动融合之态。

二、互动传播受者的互动期望

在互动传播活动中，受者既是传者互动的对象，又是具有主动传播意愿的主体。因此互动传播中的受者期望应具有传统意义上的传者与受者的双重角色期望。

（一）互动传播受者期望的定义

所谓期望，指的是对人或事物的未来有所等待和希望。传播活动的期望可分为传者期望与受者期望。传者期望是针对传播活动的效果评估而言的，即在传播活动进行前，传者往往会对传播后的传播效果进行一定的评估活动。传者的期望过程是一种显性的、结构化、过程化的方式。而受者对于传播活动的期望则是一种隐性的心理过程，具有一定的主观因素。受者在传播活动前都会对此次的传播行为抱有预期的期望，包括对于传者、传播媒介、传播信息，以及传播接受效果等多方位的预期，受者会根据这种预期来决定是否进行传播行为及采取什么样的互动传播活动。而互动传播中的受者期望的内涵应包含以上两种期望的界定范围。受者的主观期望对传播活动的影响主要有以下两点。

（1）影响受者参与传播活动的程度。当受者对传播活动有较高期望时，那么其参与传播活动的程度就会较高，对于传播过程的卷入度就较大；态度就更积极。但当传播活动未能满足其预期，即受者认为自身的传播行为的付出没有获得应有的反馈时，则会对传播活动产生失望感。

（2）影响受者的反馈行为。在互动传播中，高期待性使得受者的动机更为明显，会更加积极主动地参与到反馈活动中，受者的反馈行为会受到自身期待的支配。

（二）互动传播受者期望的形成

互动传播中受者期望的形成受到受者的角色期待、既有态度、现实需求和传者的典型印象等四个因素的影响。

1. 受者的角色期待

从社会活动的角度来看，受者是属于不同群体的社会成员，具有不同的社会背景，受不同社会群体属性及规范的制约。受者个体的观念、决策以及期望等主观态度都会受到其所处群体的影响。群体的行为选择、价值观等因素都会潜移默化地影响受者的观念形成。

在社会中的受众并不是单纯的个体，其往往拥有特定的社会角色。所谓社会角色指的是与人们的某种社会地位、身份相一致的一整套权利、义务的规范与行为模式。它是人们对具有特定身份的人的行为期望，是其所处的群体当中的成员所赋予的，而受者的期望也受到其社会角色的影响。

2. 受者的既有态度

所谓受者的既有态度指的是受者在进行传播活动前已有的对于某种观点的态度和主张。受到群体的态度影响，受者在信息接收之前就已经拥有了自己的态度和观点。在一定程度上，这种既有态度就是受者对于传播活动的期待。拉扎斯菲尔德提出了选择性接触假说，强调的是受众对于大众媒介的信息选择是依据其既有的立场和态度。受众的期望在很大程度上也是依赖其既有的态度与主张，对于符合或接近其态度的传播活动，受众会抱以更大的期望；反之，则产生排斥的心理。

3. 受者的现实需求

受者的现实需求是对其期望影响最大的直接因素。当受者的现实需求越迫切时，其对传播活动的动力与期待也就越大。而受者的现实需求受个人特性和社会条件等这方面的影响。首先，个人特性指的是受者内在的需求动因，是从需求的个人心理根源来看的。与传者角色一样，受者在信息接收过程中同样会受到心理需求的影响。其次，社会条件指的是外界对于受者需求的刺激，是从需求的社会根源来看的。从社会交换的原则来看，受者的现实需求越强烈，其进行社会交换的意愿也就越强烈，参与社会互动的积极性也就越高。

4. 传者的典型印象

根据受众"使用满足理论"的研究，人们的媒介接触行为会产生满足与否两种媒介影响。这两种媒介影响都会对人们既有媒介印象进行修正，作为典型性印象保留下来，成为受者的媒介接触经验，而人们对于信息的接触往往是受到媒介既有的典型印象的影响。

同样对于受者的期望来说，传者，以及媒介接触会产生普遍的典型印象，这种典型印象会在受者记忆中保存下来，并会影响到受者的期待值。受者在传播活动前会从头脑中调出曾经与传者，以及媒介的接触经验。如果这种典型印象是正面积极的经验和印象，那么受者对于传播活动的期望值就会比较大；反之，则会对受者的期望产生消极影响。

三、互动传播传者的接受过程

在互动传播模式中，受者的信息接收过程与单向传播模式有着很大的不同，整个信息接收活动有其自身独特的特点。对此我们可通过分析受众对于广告信息的接收心理与行为来帮助理解。

广告活动是一种劝服性的传播活动，因此对于广告传播活动的研究就更加注重受众接收及心理变化的研究。随着网络数字技术的发展，用户接触广告信息、用户与品牌商家的信息互动及用户间的信息互动方式发生了巨大改变，DCCI通过技术手段对用户的长期连续性实时监测发现，用户行为消费模式，正在转变为 SICAS 模式。SICAS 即品牌—用户互相感知（sense）、产生兴趣—形成互动（interest & interactive）、用户与品牌—商家建立连接—交互沟通（connect & communication）、行动—产生购买（action）、体验—分享（share）共五个阶段。SICAS 模式是一个全景模型，是用户行为、消费轨迹在这样一个生态里的多维互动过程，而非单向递进过程。❶

同样在互动传播活动中，受者的接收行为，以及接收心理动机的研究也可以借鉴这种受众接受的特点。考量不同互动传播类型下的受者接受过程，我们可将受者行为机制分为三个阶段，即注意（知晓）过程，意化（态度）转变过程及行动（反馈与互动）过程。

（一）注意过程

著名的诺贝尔奖获得者赫伯特·西蒙在对当今经济发展趋势进行预测时指出："随着信息的发展，有价值的不是信息，而是注意力。"所谓"注意"指的是社会成员（受者）获得有关自身所处的环境及其变化的信息。注意的过程是受者对于感觉信息进行初步加工的复杂而又能动的过程，是一个解释感觉信息从而产生异议的过程。简单来说，对信息的注意过程就是一个信息初步送达的过程。对信息的注意是一个认知性行为，同时伴随

---

❶ 参见:《DCCI消费行为模型引发热议，营销生态向SICAS迁徙》，作者:TechWeb.com.cn, 时间: 2011-09-15, 来源: BNET商业英才网。

着心理活动的变化。在这一过程中，受者对信息的注意既会受到外界刺激和诱因的影响，同时也会受到内部经验、已有知识、情绪及内在需求动机、愿望等因素的影响。知晓中贯穿着感觉、注意、思维及推理以至情绪、意志等心理活动。❶

1. 注意形式的分类

从信息认知行为的不同方面，可对注意进行不同维度的分类。例如，从"注意"的功能角度可将注意分为选择性注意、集中性注意及分配性注意；从"注意"行为所动用的器官角度可分为显性注意和隐形注意。而在互动传播当中，从受者对于信息注意过程的主动性程度方面，注意（知晓）可分为有意注意和无意注意两种类别。

（1）有意注意。

有意注意也叫随意注意，它是指有预定目的，需要做一定努力的注意。有意注意是有明确目的性的，需要受者对信息做出一定努力的、有意识的寻找及发现的过程，体现了受者对于信息传播活动的能动性。具体体现为互动传播主体的一方，在信息传播过程中对信息进行自觉的、有目的、有意识的注意。例如，当你对某个领域比较感兴趣时，你就会主动通过向专业人士询问、看书及上网等方式主动收集相关信息，来满足自己的需求。

有意注意过程最大的特点，就是具有很强的目的性，以及排他性。由于受者本身获取信息的需求强烈，所以这种信息注意过程也就有很强目的性，同时对于其他无关信息的排他性也都很强。受者的这种有意注意的目的性越强，对于其他信息的排他性也就越强，而受到噪声干扰的可能性也就越弱。

（2）无意注意。

无意注意也称为不随意注意，是指事先没有预定的目的，也不需要做意志努力的注意。与有意注意恰好相反，无意注意过程中的受者处于一种

❶ 魏超. 网络广告[M]. 石家庄: 河北人民出版社, 2000.

被动注意信息的状态。在无意注意过程中，受者对信息的搜索注意没有明确的目的性、自觉性和有意识性，或者受者对信息搜索的目的性不在于最终注意到的信息。受者对信息的无意注意最终也会引发进一步的态度转变以及产生具体的反馈行为。

引起无意注意的原因主要包括刺激物的特点和人本身的状态，尤其是刺激物的特点起到了重要作用。在互动传播中，信息本身能否引起受者的注意，是否能够被受者正确理解并且引发受者进一步的传播行为，信息内容本身具有很大的决定性作用，尤其是在媒介传播形式同质化严重的今天，"内容为王"的理论依旧很重要，优秀的信息内容往往能够引起受者主动的互动行为。

2. 互动传播中影响注意过程的因素

卡兹曾提出制约和影响大众传播效果的四种中介因素，包括选择性接触机制、媒介本身的特性、信息内容与受众性质。同样在互动传播模式中，相关因素依旧影响和制约着受者的信息注意与接触行为。

（1）选择性注意：选择性注意是选择性接触机制的第一个阶段，选择性注意指的是在外界诸多刺激中仅仅注意到某些刺激或刺激的某些方面，而忽略了其他刺激。选择性注意既是影响人们注意力的因素，同时也是人们受到某些因素影响而产生的注意效果。在这个机制的存在下，由于受到个人既有态度与立场倾向、信息内容本身及噪声强弱等因素的影响，人们对信息的注意力是不完全的，多是选择性地关注某些内容，而对另一些媒介或内容产生有意或无意的回避，进而影响到互动传播的效果。

（2）受者本身性质：指的是受众的既有态度和立场、其所处的群体关系以及社会角色等因素。这些因素会直接影响到受者对某次传播活动的预期期望。当受者在互动传播活动前，对此次传播活动有较高的期望值时，那么受者对信息的注意力就会较高，从而产生主动注意力。但当传播活动的态度倾向与受者的既有态度立场等因素不相符时，受者对传播活动的期望值也会随之减小，这时受者的注意力会产生负值，即有意回避某些信息。

值得一提的是，受者的有意回避与没有注意到信息具是有很大区别的。受者对互动传播行为的有意回避，体现出受者对传播行为的抵制与反抗。而受者没有注意到信息则是指信息的刺激强度不足，或是信息与受者关系不够密切，因此不足以引起受者的注意力。相较于没有注意到信息，受者对信息与传播活动的有意回避更加体现了受者对传播活动注意的反作用。

（3）刺激物的强度：外界的刺激物强度主要指的是互动传播中媒介本身的特性以及信息的内容因素。传者对媒介渠道的不同选择，使得其对信息传递的效果不同，互动性强度也不同，受者对于媒介的接触可能性有所差异。这些因素直接影响到媒介所承载的信息能否传递到受者以及传递的效果。

影响信息的刺激强度的因素，主要包括信息的符号化、结构化及策略化方式。其语言和表达的技巧和方法不同会令人产生不同的理解与心理反应，从而影响受者对于传播活动的注意力。同时信息内容本身与受者的关联度同样影响受者的注意力，对于那些与自己切身利益关系密切的信息内容，受者的注意力会较高。

（4）噪声因素：既然有促进因素的影响，那么必然也会有干扰性因素的影响。尤其是在网络媒介环境下的互动传播，这种传播信息量的增加本身就是干扰受者注意某一信息的最大噪声。"信息社会"这一名词表达了社会的进步与发达，但同时也证明了现代社会中大众所面对的是铺天盖地、无孔不入的信息。信息量的增加与受者的注意力是成反比的，尤其是网络媒介具有信息海量化的特点，信息量增加必然会分散受者注意力，导致受者注意力的下降。

（二）意化过程

1. 意化过程定义

意化过程指的是受者在注意（知晓）的基础上对于信息的进一步解读，是了解从而产生态度转变的过程。这个阶段是受者对传播信息的解读及理解的阶段，是受者对信息的内在消化过程。虽然意化过程被剥离出来成为受者进行信息接收机制的一个环节，但从客观上来讲，受者对信息的意化过程离不开注意（知晓）的过程。受者接触什么样的信息直接决定意化过程的进行，两者之间有着密不可分的联系。

从本质上看，意化的过程就是受者态度形成或者态度改变的过程。态度的形成是指人对某些事物从不曾有的态度到出现某种态度，而态度的改变是指人在对事物已有态度的基础上发生一定的变化。态度改变又分为两种状态，一种是加强或减弱以往的态度，对已有的某种观点、态度产生强化或弱化的效果，即方向不变而仅仅改变原有的态度的强度。另一种态度的改变指的是受者的态度。因为信息传播的原因发生了某种质的变化，强调的是与原有态度方向上发生的变化。如对某事的态度由反对变为赞同，对某人由喜爱变为厌恶等。通常所谓的态度改变更多是指后者，即方向性的转变。

2. 意化过程模式

霍夫兰对人们的态度模式进行了研究，提出了"说服性传播效果"，也称为"传播的说服效果"。即研究受者的态度是如何沿着传播者的说服意图发生改变的。最早霍夫兰是通过实验心理学的方法调查美国军队利用电影来教育士兵、鼓舞士气的效果。在霍夫兰去世后，传播学者通过不断努力，揭示了影响受者态度发生改变的各种制约及影响因素。

首先，在霍夫兰看来，任何态度的改变都是在一个人的原有态度与外部存在着一些不同于此的看法（或态度）发生差异造成的。从互动传播的角度来看，受者之所以发生意化活动是因为受者的原有态度与传播活动中的态度、观点存在差异。这种差异既包括态度相反，同时也包括态度方向一致，但强度不同的情况。这种差异会产生压力，引起内心冲突或认知不协调、不一致。因此为了减少这种差异，受者会选择将传者信息进行意化过程，最终引起态度的变化。

其次，这种意化过程也有不同的情况。当传者的态度与受者的态度基本保持一致时，这种意化过程较为简单，受者会强化原有的观点、态度，对传播活动采取接收的态度。但当传者态度与受者态度相背离时，受者可能采取的方法和态度有两种：一种方法是接受外来影响，改变自己原有的态度；另一种方式是否定或抵制外部影响，以维持原有态度，这种方法又包括贬损信源、歪曲信息、掩盖拒绝这三种方式。霍夫兰的说服理论更多地关注了传播主体两者之间态度、观点不一致时，受者的态度是如何发生变化的，其态度的变化会受到哪些因素的影响。

在互动传播模式中，受者对信息的意化过程是在不断与传者的互动过程中进行的。在单向传播模式中，由于传播渠道的单向性，受者的意化过程是一个内在过程，加之缺乏双向互动渠道，对于具有不同态度的信息，受者采取的是被动接收或是躲避及拒绝信息的接收。但在互动传播模式中，由于互动传播渠道的畅通性、灵活性，受者对于不同观点的信息会进行互动反馈，表达自己的观点与态度，信息意化的过程会变得更加主动、灵活。

3. 影响意化过程的因素

受者对于某种信息的意化过程主要受到来自外在与受者自身内在两方面因素的影响。

从外部因素来看，信息来源、信息本身及互动传播的情境因素都会对受者的意化过程产生影响。

首先，从信源因素来看，信息来源的可信性、专业性都影响到受者的意化程度。传者被人们所信赖的程度即可信性，对信息被意化的程度有显著的影响。同一信息内容由几个具有不同可信性的人来发出，则高可信性者比低可信性者具有更大的说服力。可信性通常包括专长性和可靠性两个方面。同时传者的专业性也决定着受者的意化程度，尤其是涉及专业性的信息传播活动时，专业性强的传播者更容易被受者所接收，产生态度的转变。在互动传播中，传播与受者之间的互动关系、频率等因素也影响受者对信息的意化程度。传者如果能够与受者保持长期的持续的互动关系，则对受者的态度转变影响更大。这也就说明了在大众传播中，为什么会出现"两级传播"。传播流在流向受众之前会先经过"意见领袖"的传播，"意见领袖"往往是受众的影响者，这主要是因为对于受者来说，"意见领袖"的可信性大于大众媒体，同时"意见领袖"长期与受者保持持续互动关系，因此对于受者的意化程度较高。

其次，是信息本身的作用。例如信息本身的新颖性、重复性能够刺激受者的某种需求。由于人们一般对陈旧的观点往往充耳不闻，所以观点的新颖性在沟通中总是一个有效的策略。但是新颖性的信息内容也会造成人们的排斥心理，尤其是与受者观点相悖时，就需要传者与受者之间的长时间互动，保证信息刺激的持续性，增加对新颖性信息的熟悉感，从而提高受者的意化程度。为了能够刺激受者的某种需求，广告中采取最具代表性的策略是"恐惧性诉求"。这是传者为了使受者达到对信息的深度意化，产生态度一致性的改变，而经常采取的一种方式，即用某种恐怖性、威胁性的语言或图片来使受者感受到威胁，从而产生态度上的一致性转变。但当受者产生了某种防御机制后，就会拒绝相信这种危险，因而产生很小的改变。尤其是在网络互动传播中，受者信息来源的多元化，使受者对于这类恐怖性诉求的意化程度更小。

最后是互动传播的情境因素。情境因素对于受者的意化程度会起到强化、警告及分心的作用。因此受者对于传播情境的解读会对意化过程产生促进作用，或分散受众注意力，从而影响传播效果。

而从内部因素来看，受者本身的因素也会影响信息的意化过程。

由于受教育程度、文化修养、社会阅历、社会职业、经济地位甚至是性别、年龄、地域等因素的不同，客观上决定了受者在信息接收过程中对于信息及符号的不同理解。例如，对于受过较高教育，具有一定文化修养及社会阅历的人来说，他们对信息具有较高期待性，因此他们对符号的解读及信息的理解就会比较深刻。此外，不同性别的受者在对信息解读意化的过程也会具有很强的差异性。

同时作为客观因素，其对受者的主观因素也有着影响力。受者个体的客观性差异决定了他们在进行互动传播活动时，对于信息接收与解读等持有不同的预期、态度、动因、心境及潜意识心理状态。

四、互动传播传者的互动反馈

从广告学角度来看，受众在获知广告信息并产生了相应的情感体验后，就会在头脑中形成对广告产品或品牌的某种影响，而这种影响有可能驱动受众产生相应的购买行为，实现广告信息传播的最终目的。而对于互动传播来说，信息传播的目的是能够引起受众的反馈或再传播的行为。受者在注意到某些信息并进行相应的符号解码与信息解读过程后形成自己的观点和态度，从而中止或进一步进行传播活动。在互动传播过程中，受者参与传播活动的行为主要有两种，即反馈行为与互动行为，两者之间在性质、运行机制以及动机因素等方面是不同的。

（一）受者的反馈行为

在之前的章节中我们详细阐述了反馈与互动的区别。反馈是一种对所接受到的信息较为被动的、有限的、少量的、暂时性的行为机制，是对传者的观点、态度等信息的一种反应模式。受者的反馈行为是依据传者的传播行为、信息所进行的，因此仍然可以看作是传者传播行为的附属行为。更重要的是，在信息传播中反馈有时是一种无意识的行为，这种反馈是以受者的非语言符号表现出来的，例如受者对于传者的某些信息表示反对或是态度相反时，受者可能会无意识地皱眉头或是表情严肃，而没有以语言符号的形式表现出来，这是出于受者本能的反馈行为，没有达到与传者的互动。在单向传播模式中，也存在受者的反馈行为，这种行为可能以各种隐性的方式表现出来，如传统大众传播中电视的收视率、报纸销量等方式都是受者对于传播行为的无意识的反馈，因此受者的反馈行为并不是互动传播所要真正达到的传播方式。

首先，反馈行为是传播当中不可缺少的一个环节。不管是在人际传播、组织传播、群体传播还是大众传播方式下都会存在反馈机制。反馈行为过程是建立在对于传者的信息接收、信息意化的基础上所形成的受者行为，因此受者的反馈行为是对传者传播行为的跟随、响应过程。从反馈行为的过程来看，反馈行为与整个传播行为是在同一条线上的单线的行为过程。

其次，传播活动的反馈是一种倾向于传者的行为。反馈行为对于传者的传播活动具有一定的积极性作用，如有助于传播者对于传播效果的验证，传者能够通过受者的反馈行为最为直接、有效地检测到传播效果；有助于传者对于传播活动的调整，传者在接收到受者的反馈信息后，能够根据受者的反馈信息对传播活动进行下一步的展开以及调整；能够调动传者的传播积极性，以及热情，尤其是受者的积极反馈行为往往能够对传者的传播活动产生积极的促进作用。总的来说，受者的反馈行为是对传播活动的一种态度的反馈与意见的提出。对于传播者来说，反馈行为是传播活动的最为直接有效及权威的参考依据。受者的反馈行为最终目的是帮助传者进行传播活动的评价与改进。

最后，在传播活动中，虽然受者是反馈行为的主体、反馈行为的发出者，但是由于有些反馈行为是隐性因素，所以传者对受者反馈行为的发掘与寻求就更为重要。传者要主动引导、听取、尊重受者的反馈信息，同时对于受者隐性的反馈行为具有洞察力，能够充分发掘受者的反馈信息。

（二）受者的互动行为

相较于受者的反馈行为，受者的互动则更需要受者的主动性，是一种完全调动受者主动性的传播活动。受者的互动行为是一种显性的、主动性强的、无限的一种行为，是一种主动的传播活动。在整个互动传播过程当中，受者对于信息内容的注意过程、意化过程及行动（互动）过程并不是相互独立的，而是彼此密切联系的。受者对于信息内容的选择及理解、解释都会最终影响到受者的互动行为。互动行为的发生也不是一定发生在受者对于信息的意化过程结束后，而是存在于整个互动传播活动当中的任一环节，对信息的传播具有延展性。此外，受者的互动并不一定是具有特定目标的，也可以是一种分散式的、网状的互动方式，是传播主体之间、受者之间的互动行为。

在信息互动的环节中，受者角色也发生了相应的转变，其角色转变为传播者角色，因此其目的性会更强。更重要的是，在互动行为中受者的行为动机及需求也逐渐向传者动机及需求转变。例如，传者的自我认知、利益动机、获得赞同、赢得尊重、获取服从等动机需求同样也会作用于受者的互动行为。

　　总的来说，受者的反馈与互动行为并不是绝对分开的。两者虽然在性质、运行机制及动机等因素方面具有差异性，但受者的反馈与互动行为会同时发生在一个传播活动当中，传者的信息传播会同时引起受者的反馈与互动行为。

第四章　互动传播类型

互动传播活动虽然是传播主体间的相互作用，但是从各要素对于"受者"角色的互动作用而言，互动传播可以细分为关系互动、符号互动、媒介互动、情境互动以及议程互动等五种类型。

第一节　关系互动传播

一、关系互动的内涵

（一）关系的定义

"关系"一词在不同的领域有不同的释义，看似简单的两个字却在学科的交叉综合下演绎出了无尽的定义，这些定义如同"关系"一词本身一样不可捉摸。其中我们最容易理解的定义就是，关系是事物之间相互作用、相互影响的状态，引申到数学、哲学、社会学领域，则又衍生出各具特色的解释。

传播学是研究人类一切传播行为和传播过程发生、发展规律的社会科学。可以说传播本身就是研究人和社会关系的学问，因此在传播学中我们可以将关系定义为发生在传播主体之间的一切社会交往。传播主体可以是个人、也可以是组织，关系的载体即为我们要传达的信息，主体之间复杂多样的信息交换过程共同构成了关系的产生和发展。

（二）关系的分类

1. 人际关系

根据关系主体特性的不同，我们将关系分为人际关系和公共关系两大类，将所有以人为主体的关系统称为"人际关系"。根据形成方式，我们将人际关系细化为血缘关系、地缘关系、业缘关系及互联网时代异军突起的趣缘关系。

（1）血缘关系。

血缘关系是由婚姻或生育而产生的人际关系。血缘关系在实际生活过程中又被细分为直系血缘关系和旁系血缘关系，用以区分关系的亲疏远近。它是与生俱来的，具有客观性，是人类最基本的关系。血缘关系是我们中华民族牢实无间的凝聚力的渊源。古往今来，人类在社会互动活动中血缘关系的影响无处不在，血缘关系是所有关系中最强的关系，在社会互动中牢固地占据着统治地位。

（2）地缘关系。

地缘关系是指以地理位置为联结纽带，由于在一定的地理范围内共同生活、活动和交往而产生的人际关系。一般来说，人与人之间的地缘关系主要有同乡关系、邻里关系。落叶归根、思乡愁绪等都是地缘关系的反映。现代社会以国家为主体的地缘关系也成为全球焦点问题。国家之间的地缘关系概括起来主要分为：地缘政治、地缘经济、地缘文明三大关系。

地缘关系是以关系发生的客观地理位置为划分依据的。相比较而言，血缘关系是人类与生俱来、不可改变的，而地缘关系则依托于以土地为基础的农业经济的发展而产生的，随着人口的流动而变化和发展。在互动中，地缘关系的关系强度弱于血缘关系，但也是人们日常社会中为实现目的所追寻的有价值的关系。

（3）业缘关系。

业缘关系是人们由职业或行业的活动需要而结成的人际关系。如行业内部的领导与被领导关系、上下级关系和同事、同级关系，行业外部的彼此合作关系、伙伴关系、竞争关系、制约关系等。业缘关系同样是人类社会不断发展和进步的产物，随着农工商业的发展，人们不再局限于面朝黄土背朝天的农耕生活，而是开始进入更为广泛的社会分工时代。伴随着社会分工、行业衍生的是各领域内的频繁沟通和交往，业缘关系开始在人际间的互动活动中发挥着越来越重要的作用。在现代社会，人们一进入社会就开始进入各种圈层：同学关系、同事关系、同行关系，人与人之间的交往更多地是依赖在长期的社会生活中形成的各类业缘关系。

（4）趣缘关系。

趣缘关系是因人们的兴趣、志趣相同而结成的一种人际关系。它伴随着互联网技术及个人电脑的普及而备受瞩目，目前已经成为主要的网络人际关系。趣缘关系具有广泛性、多样性和平等性，其结构比较分散，是人际关系中的弱关系，一般随个人兴趣的变化而发生或消亡。

随着现代社会科技的发展与进步，社会个体的独立能力越来越强。无论是血缘关系还是地缘关系都在逐步地淡化，以自我为中心的意识越发强烈，而以自我为中心的归属感则来源于认同自己所属的群体，趣缘关系互动在互联网时代成为了社会互动的重要形态。

2. 公共关系

公共关系是一个组织运用各种传播手段，在组织与社会公众之间建立相互了解和依赖的关系，并通过双向的信息交流，在社会公众中树立起良好的形象与声誉，以取得理解、支持的合作，从而有利于促进组织自身目标的实现。

从定义上来看，公共关系是组织和社会公众之间的关系。公共关系作为现代组织管理的独立职能，其管理对象是信息、关系、舆论和形象等无形资产，其管理目标是调整组织与公众之间的关系，从而优化组织的生存环境，提升组织无形资产的价值，使组织的整体资产增值。

关于公共关系的理论种类繁多，有传播说、管理职能说、特定关系说、特征综合说、经营艺术说等。任何组织都处于一定的公共关系状态之中，因此任何一个观点都只反映了公共关系某一方面的含义或特征，在具体应用过程中，我们应根据具体情况具体分析。

（三）关系与互动

关于关系互动，目前学界并没有准确的定义，本书中主要偏重的是互动传播中的关系互动。关系互动主要包含三大要素：关系、互动、传播。由此我们可以简要地给关系互动下一个界定，关系互动（relation interaction）就是各类主体之间借由不同的关联所产生的相互作用而进行的传播行为。相互作用的关系可能是亲情、友情、志同道合的兴趣等心理因素的信息和行为交流，也可能是组织之间行为动作的交流。

传播活动的核心目标是社会主体之间的互动活动。社会主体为了满足自身需求而进行的互动活动是基于关系的互动活动。社会互动是人们发生联系的形式，它反映人与人、群体与群体之间的互动关系，构成了人类全部的社会生活和复杂的社会现象，因此关系和互动构成了人类社会生活的根源和要素。

社会活动的出发点是基于关系的互动，目标是让受者转变或者强化态度，最终达成互动传播获取报酬的终极目标。报酬包括依从、尊敬、社会赞同和金钱。在种种前提下，基于关系的互动，往往可以带来更大的报酬。

社会互动的本质是社会交换，人们在社会交换中普遍追求以最小代价获得最大的报酬，这就使得关系成为其中最关键的筹码，关系的亲疏远近直接决定了主体为了实现目标报酬付出的代价大小。强关系主体之间的互动付出少甚至几乎无付出就可以获得高额报酬，如基于血缘关系的古代的世袭制、封妻荫子等，足见关系在社会交换中的决策地位。反之，弱关系主体之间如需实现目标收益就需要付出更多。关系的差别越大，付出和收益比的差距越大。关系互动就是为了使自己更有益而改变主体间的关系，通过获取最优化的社会主体间的关系地位来实现价值和收益。

在关系互动中又存在互动传播、主动和被动传播者，主动互动传播往往对收益更在意，对关系的改变更重视。在现代企业营销推广中，企业对于建立品牌忠诚度和维护品牌形象的维护都具有积极的主动性，因而企业公共关系的应用也最为广泛。

二、关系互动的分类与特点

（一）关系互动的分类

1. 人际关系互动

互动传播最早的形式就是基于人际关系的互动。人际关系互动从传播的初始状态就已经开始，根据内容和环境来划分人际关系有不同的形式。以内容为划分依据，我们大体上可以分为竞争互动关系和合作互动关系。社会心理学家莫顿·多伊奇（M. Deutsch，1973年）提出了一种解释竞争与合作的理论——目标手段相互依赖理论。该理论认为，个体行为的目标或手段与他人行为目标与手段间如存在相关依赖关系，那么他们之间就会产生相互作用。当不同个体的目标与手段之间存在积极的、肯定性关系时，即只有与自己有关的他人采取某种手段实现目标时，个体的目标和手段才能实现，他们之间是合作关系，比如足球队球员的关系。当不同个体的目标手段存在消极或否定性的依赖关系时，即只有与自己有关的他人不能达到目标或实现手段时，自己的目标和手段才能实现，那么他们之间是竞争关系，比如拳击一类的竞技体育比赛。

根据关系互动所处的环境，我们可以将其分为线下人际互动和线上人际互动。早期人际互动主要是基于血缘关系和地缘关系。随着社会分工的扩展和科技的进步，业缘关系慢慢发挥着越来越大的作用，互动内容从最初的手势、表情等肢体语言，再到图像、文字，在这些阶段，线下人际互动是最主要的形式。而在电话、电报、互联网等新媒体出现后，线下的互动方式转移到线上来，打破了人际互动的时空限制，进而使得人和人之间的关系更为紧密。现代社会人际互动主要是线上线下互动的集合体，两者紧密联系、互增互补，使得人际互动无处不在、无时不在。

2. 公共关系互动

传统公共关系以媒介作为传播渠道，采取信息推送访式传达给大众和环境。多对多的传播模式增加了公共关系互动的难度，每一条信息的发出都会产生难以预估的反馈，信息传播过程中的噪声因素较之人际传播更为复杂。

以企业公共关系为例，主要的互动形式体现在日常公关（新闻、广告、公众账号管理等）、大型活动（新闻发布会、客户答谢会、产品推介会、周年庆典等）。此外还有一些创意营销方式的导入（创意造型、事件营销、概念炒作等）。这些也是现在为大众所熟知的一些互动形式。

公共关系的另一个大块就是国家和国家之间的关系。近年来"国家公关"成为国际舞台上的热门词汇。良好的国家形象是文化软实力的重要标志，也是国家综合实力的象征。只有加强国与国之间的互动关系，各方增进了解，我们才能做到"内知国情，外知世界"，"中国立场，国际表达"。

在社会交换过程中，公共关系互动体现的是群体和群体之间的交换，以及报酬的实现。无论组织还是个人，对报酬的界定无外乎依从、尊敬、社会赞同和金钱四大类。企业需要与公众进行品牌概念的传送，获得社会赞同，进而转化为金钱利润；国与国之间除了金钱和社会赞同，更加注重的是依从和尊敬，而这些互动无一不是需要建立在公共关系基础上的互动。

（二）关系互动的特点

1.关系互动的关联性

关系互动的基础就是主体间的关联性。关联性发生在互动产生之前，主体之间先形成诸如血缘、地缘、业缘、趣缘之类的关联，借助主体间的关联性而发起互动。

人是群体性动物，想要生存和发展就离不开社会互动活动。而在各类互动中，关系互动无疑是最便捷、最有效的互动方式，借助于主体间业已形成的关联性，自然而然发生互动。由于情感因素的作用，互动的反馈也大多是积极的。

关联性既是形成关系互动的基础，也是维系和稳固关系互动的要素。亲情、爱情、友情等构成了人类的主体情感，人们在不断的互动中来实现各类关系的筛选，互动能够频繁或者长时间的开展往往也意味着一段亲密关系的维系，而关系的双方如有一方中止反馈也就宣告着关系互动的结束。因此这一关系具有客观性，关系互动是因主体的情感变化而决定。

在互联网时代，人们急于从更为广阔的网络空间去发展人际关系，于是共同的兴趣爱好、共同话题等都成为了主体间的桥梁。从在线聊天软件到网络社区，再到校园 SNS，无不体现着关系互动的巨大心理和消费需求。人们开始由无意识的关系互动到被设计的关系互动，再到主动设计关系互动，从关系互动中发现商机、拓展人脉、整合资源，从未却保生存和自我发展。

2. 关系互动的融合性

互动的基础是差异协同，融合是关系互动中的又一重要特色。互动过程中的融合性在一方面体现在各类关系之间具有融合性。这种融合性体现之一为先天性融合，即有血缘关系的人一般同样具有地缘关系，也有极大的可能形成业缘关系，甚至可能与趣缘关系融合，形成四种关系的综合体。体现之二是后天互动融合，这也是关系互动融合的重要意义所在。由于各种关系之间并不具有唯一性或者排斥性，尤其在现代互联网社会，其提供了更多的互动空间和互动内容，趣缘关系互动往往可以造就多层关系的融合，由于共同的兴趣爱好而结合，可以形成地缘关系、业缘关系，同样业缘关系也可以转变成地缘关系。

关系互动的融合性还体现在差异协同上，即是关系的双方通过互动而拉近距离。人是社会中的人，每个人在社会上所处的全阶层地位是有差异的。社会分层是以一定的标准区分出来的社会集团及其成员在社会体系中的地位层次结构、社会等级秩序现象。各社会层级之间并没有严格的界限，但是却又相对独立形成独特的阶层关系。在阶层关系壁垒面前，关系相互交织，千丝万缕，不同等级之间的人通过各类的关系互动实现等级间的自然交往流通。这就是中国人所谓的"关系"做事。而"面子问题"无疑是关系互动中最重要的影响因素。"面子"来源于关系产生的情感，所以说情感是关系互动的润滑剂，也是社会层级之间融合的填充物。融合是关系互动的特点，也是主体互动的最终目的。

3. 关系互动的过程性

过程是事物发展所经过的程序，我们很难准确地计算出由关系而产生的情感因素是在互动的哪一瞬间形成的。"一见钟情""日久生情"等都表明：关系互动的产生是一个过程性的动作。正像往容器里一滴一滴地加水，总有那么一滴使容盛器里的水溢出一样。在一系列表述友情、爱情和亲情的行为中，总有那么一次终于使我们感动，这也喻指出关系互动是一个持续的过程而非一蹴而就。人际关系的变化与双方的交换有关，关系双方不断为彼此提供信息或者服务，这些信息和服务决定了交换是否会继续和深入下去，从而发生实质性的关系变化，这就是关系互动的过程性。

退一步说，就算血缘关系是天生的客观存在的，而要维系血缘关系也得靠主体的持续互动，包括对话、见面等，这个过程才是关系互动的意义所在。以子女关系为例，血缘关系是客观不可改变的，可是由于各种因素的影响，血缘关系互动在某些人的生活中变得越来越难得，过程性的缺失就直接影响到血缘关系的维系，以至于近年来国家需要出台相关的政策性法律来保证血缘关系互动的进行。当然，这属于维系关系互动过程性的极端例子。由于血缘关系在中华民族历史中具有不可估量的情感价值，所以血缘关系互动具有整个社会参与关注和介入监督的特色。

同理，地缘关系、业缘关系和趣缘关系互动如果不能持续下去也就消失殆尽。在这个过程中就需要不断地进行利益刺激（信息发出），通过螺旋式上升的反馈过程不断满足双方的心理期待。

三、关系互动的应用领域

关系互动是互动传播中应用最为广泛的传播形式，基本上在互动传播的各个层面都可以看到关系互动的影子。我们常用的品牌互动、广告互动、公关互动、舆论互动等，无一不是借助人际圈层的超强传播力量来扩散影响力的。此外在一些网络营销、事件营销以及游戏营销中，关系作为其中必不可少的部分不断地刷新着互动传播的影响力，微信时代借由熟人圈层进行营销传播的创意层出不穷，关系互动在互动传播中不断地被赋予新的角色和意义，推动着互动传播的创新和发展。

（一）关系互动在品牌互动的应用

在品牌关系互动中，由于品牌的组织属性，品牌互动主要以公共关系为主，与大众很难建立起独一无二、不可更改的强关系，主体之间属于弱关系链。在弱关系主体之间的互动过程中，品牌需要付出更多的努力才能实现品牌报酬。因此品牌主体在公共关系的建立和维护过程中，在品牌精神的表达上依然是通过各种人际关系来实现品牌的情感化传播。例如亲情、爱情、友情等往往是品牌形象广告所侧重表达的内容，以此来拉近品牌与受众之间的关系。

（二）关系互动在广告互动的应用

关系互动在广告互动中的应用，主要体现在广告中人际关系元素的使用。人际关系中血缘关系、地缘关系、业缘关系、趣缘关系，往往都是广告创意的重要元素。通过情节设置将人际关系具象化并与广告主体结合，让受众产生认同感，拉近传者之间的关系和距离，从而实现广告传播效果的最大化。

（三）关系互动在公关互动的应用

公关互动中最常用的关系主要有业缘关系和趣缘关系。一些公关热点事件往往是将具有共同职业、共同兴趣爱好和观点一致的人聚集到一起，引发高关注度和社会聚焦，最终实现公关传播的病毒式扩散，达到最强的互动效果。趣缘关系和业缘关系结构的松散型、话题的广泛性满足了公关互动对公众注意力的"定时引爆"和聚焦，聚与散都在可控的时间范围内，迎合了企业公关互动传播的阶段性需求。

（四）关系互动在舆论互动的应用

传统的舆论互动是企业通过朋友、亲戚的相互交流将自己的产品信息、活动信息或者品牌信息传播开来；也就是利用人类最基本的社会关系、血缘关系和地缘关系，其过程就是口碑传播的过程。

关系元素的介入使得互动传播内容具有更高的可信度，相对于纯粹的广告、促销、公关、商家推荐、家装公司推荐等而言，可信度要更高。这个特征是舆论互动传播的核心，与其不惜巨资投入广告、促销活动、公关活动来吸引潜在消费者的目光借以产生"眼球经济"效应，增加消费者的忠诚度，不如通过这种相对简单奏效的"用户告诉用户"的方式来达到这个目的。

随着社会的发展，社会分工的复杂化，关系多样化，关系聚合的人群舆论力量更为强大，传播渠道的互联网化，传播信息载体的声、光、电多媒体化彻底解决了传统的舆论传播速度慢、传播范围窄、传播过程中曲解等多重制约因素。舆论互动进入到了空前的发展时期。

第二节　符号互动传播

一、符号互动的内涵

（一）符号的定义

符号是指具有某种代表意义或性质的标识，来源于规定或者约定俗成，一般指文字、语言、电码、数字符号、化学符号等。事物之所以能被称为符号是因为它被赋予了大家（传受主体）公认的某种意义。

人们通过符号的建构和表达来形成理想表达意义，符号具有意义传达作用的主要原因在于，符号由能指（符号形式）和所指（符号内容）构成，两者之间没有固定的天然的联系，符号的能指和所指之间的对应，是在长期的社会文化中约定俗成的。两者不能混淆，否则人与人之间的交流将会产生障碍。

在传播过程中，符号的能指即编码过程，符号的所指就是译码过程。符号的能指和所指在传播的解码和编码过程中形成共鸣，从而达到认知一致。传者和受者使用共同的或者相近的符号体系才能进行有效的沟通。

符号作为传播的核心要素，具有抽象性、普遍性和多变性。抽象性是符号的本质属性，符号本身就是由特殊抽象到普遍的一种形式。普遍性就是人类符号系统的最大特点。没有普遍性的符号就失去了作为意义载体进行交流的功能。符号不仅是普遍的更是多变的，我们可以用不同的符号表达同一个意思，而同一个符号在不同的地域、不同的情境、不同时期也往往代表着不同的意义。

在传播学中，符号具有交际功能、表述和理解功能、传达功能和思考功能四大功能。符号学学者卡西尔曾经说过："人是符号的动物。"创造与使用符号是人与动物区别的重要特征，人每时每刻生活在符号的世界中，运用符号作为意义表述的工具。

（二）符号的分类

在传播学中我们研究符号，根据其在传播过程中的编码方式，将其划分为语言符号和非语言符号两大类。

1.语言符号

语言符号是指由音、义结合构成的符号体系，包括口头语和以书写符号、文字形态出现的书面语。语言是群体共同约定的符号系统，是人类社会最重要的传播媒介，是所有符号中最丰富、最灵活的符号系统。

语言符号具有复杂性和暧昧性。复杂性主要体现在现有的符号系统中，语言符号最为复杂。而暧昧性主要体现在"符号语言意义的模糊和多义性"。这两者之间具有关联性，符号的复杂性很大程度上是因为符号具有暧昧性，两者相互联系密不可分。

此外语言符号还具有语言的有声性、语言中语义和声音结合的偶然性、语言结构的层次性、线条性和任意性等。

2. 非语言符号

非语言符号是指不以人工创制的自然语言为语言符号，而是以其他视觉、听觉等符号为信息载体的符号系统，主要分为视觉性非语言符号和听觉性非语言符号两大类。非语言符号在传播活动中扮演着不可或缺的角色，主要包括图像、颜色、光亮、音乐和人的体语等。

非语言符号具有连贯性、相似性、通义性、协同性、即时性、真实性。在具体的传播过程中，不管非语言符号采用哪种传播方式都具有传播过程的连续性、传播通道的多感官刺激性、传播过程的无意识性。

非语言符号的诸多特点决定了它对语言符号具有补充、替代、强调、否定、重复和调节的重要作用。

总的来说，非语言符号具有对于语言符号功能的补充，以及延伸的作用。作为非语言符号，它是形象化的，能够引起普遍的意义，在意义的表达，以及对于人们情感的表现方面具有相对共同的意义。与语言符号相比，非语言符号在传递表达方面能够较少地引起人们的歧义。同时这种非语言符号的传递往往具有自发性的特点，常会在人们传播行为的不经意间自动反映出来。

语言符号和非语言符号共同构成了连接传者和受者的符号体系，为人们进行表述、传达信息及思考活动提供了工具。

（三）符号与互动

互动传播是传播主体间基于传播渠道的符号信息的互动过程。符号是人们解码译码完成传播行为的基础。我们都生活在符号的世界里，通过与符号的互动来实现人的存在感。现代的大众传播归根结底就是多种符号汇合的符号系统，报纸、期刊上的语言图片；电台、电视、电话中的声音、动画和动作也是一种符号；互联网中的多媒体符号，将我们带入到一个符号的世界中。

在传播过程中，符号信息经主动传播主体的编码过程与传播受者的译码过程而形成符号的流通。在互动传播的过程中，符号不是单向流通而是双向互动流通，编码的环节也具有译码的功能，主体是传受合一的，兼顾编码和译码的双重身份。在这个互动的过程中，主体间的互动是基于符号能指与所指认知一致的基础上进行循环的符号互动。

从互动传播的实质来看，互动传播主要是符号互动，符号互动是互动传播过程的核心。随着互联网科技的普及，新的多媒体数字符号互动已经融入到人们的思维模式层面，符号互动已经不再是一种表达和传播方式，更是一种生存方式。

二、符号互动的分类与特点

（一）符号互动的分类

1.语言符号互动

语言符号互动就是以口头语和书面语言作为主要符号形式进行互动与交流的行为方式。语言符号互动是最基本的人际传播手段，是人们最直接的交流形式。

语言符号作为最复杂的符号系统，是人际互动沟通和交流的基础，贯穿着人类互动传播活动的各个方面。语言的有声性使得语言符号互动摆脱了传播介质的限制，更有效、更直观地实现了面对面的人际沟通和交流。

语言符号的暧昧性使得符号信息在互动传播过程中的编码译码活动更为个性化。由于语言中语义和声音结合的偶然性，且语言符号的能指和所指之间不具有关联性，这就对传播过程中的编码的有效译码提出了更高的要求。语言符号互动的传播主体间需要建立各种直接和间接的关系才能够有效地完成译码工作。

语言符号的最大特点就是普遍性，在互动传播过程中，传受主体的合一性要求传播符号的能指和所指意义具有普遍性。在同一区域、同一时代背景下，语言符号的意义是约定俗成的或者是被大多数人所认可的。

2. 非语言符号互动

非语言符号互动是以除语言之外的视觉、听觉等符号为信息载体的互动与交流方式，非语言符号互动在日常传播活动中扮演着不可或缺的角色。非语言符号的多样性使得在人际互动传播中非语言符号所能传递的信息远远大于语言。

非语言符号是把客观事物符号化，因此它与指称对象之间具有某种相似性。这样在传播过程中，非语言符号的能指和所指之间就具有了一定的联系，可以减小传播主体在编码和译码过程中的差错概率。

非语言符号具有通义性，对于非语言符号的译读、理解往往不受地域、文化、教育背景所局限，如表达友好、赞同、高兴和恐惧的手势、表情和动作，这些非语言符号所表达的意义，不同国家的人都能做出相近、共同的理解，几乎可以成为世界语。非语言符号使得互动传播的对主体要求的局限性大大降低，有效地解决了编码译码行为具有差异性的主体间的互动传播。

在人际互动传播过程中，非语言符号互动有效地填补了语言互动的缺陷，它的即时性弥补了互动传播过程中语言表达的空白。在面对面的人际互动传播过程中，传受主体总是依据非语言符号来探求对方的真实意图和想法。言语是行为的指标，而眼睛是心灵的符号，非语言符号的真实性也使得互动传播过程中主体双方能够进行更深层次的互动交流。

（二）符号互动的特点

1. 符号互动具有区域性

符号在进行互动的过程中，不同区域对符号的认知不同，同一区域内的主体之间可以进行意义的共建。人们对事物的认知大多是基于传统符号的释义而进行的互动。以语言文字为例，以地域为界限，每个民族都有本民族所独有的语言文字系统，以保障族内沟通和交流的顺畅，而族与族之间则需要重新进行语言符号的学习。

在人际互动传播中，地缘关系是产生互动传播行为的重要方式，符号互动的前提必须是处于同一时代社会中的很多人同时认同这样的一些"赋予",因此符号意义的区域化是符号互动得以顺畅进行的基础。

2. 符号互动具有时效性

从符号的意义来讲,符号互动具有时效性。这首先表现在不同的时间和时代的符号具有不同的意义;其次在互动过程中,能指和所指具有一定的时效性,传播媒介和传播环境不同,符号互动的意义和结果也不尽相同。

人类在生活和岁月的变更中,会赋予一些符号特定的意义,这些符号的意义约定俗成后,人们又会在此意义上不断挖掘出新的意义。互动传播是在主体双方对符号认知一致性的基础上进行的,这种对符号的一致认知具有一定的时效性,过了时效就不会基于原有基础上进行互动。

3. 符号互动具有情境性

社会是由行动着的人们构成的,社会生活是由人们的行动组成的。这些行动发生在一定的情境中。在符号互动论中,情景是指人们在行动之前所面对的情况或场景,包括作为行动主体的人、角色关系、人的行为、时间、地点、场合等。因此人们可以将上述因素进行组合以表达自己的意义,事实上任何具有意义的符号只有在一定的情境中才能确切地表示出其意义。"行动者根据他处于其中的情境和他的行动方向来选择、检查、重组和改变意义。因此,所谓解释不应该被看作仅仅是已经存在的意义的自动应用,而应看作是一个形成过程。在这个过程中,意义被使用,被视为一种指导和形成行动的手段。"

托马斯认为,一个人对情境的主观解释会直接影响他的行为。一个人对情境的解释是他以往社会化成果的反映,互动传播的主体双方都处在特定的情境中,不同情境下的符号互动是不一样的。

4. 符号互动具有建构性

符号互动双方进行交流的时候对某些意义具有再建构的作用。主体双方对符号具有共同认知才能用这个符号进行互动,而在互动的过程中都会对符号进行意义的延伸和再现。

在互动传播过程中,传受双方共同双向建构符号意义,符号的魅力就在于它揭示意义。意义是符号互动传播的内涵，但是意义并不是在符号中凝固不变的，它是随着社会环境和文化背景的变化而灵活改变的。传受主体之间特有的符号系统也会随着互动传播的深入而不断地拓展和延伸，建构出新的符号。

三、符号互动的应用领域

符号互动作为传播的基础几乎遍布于社会应用的各个方面：从人际关系到社会公众关系，从广告传播到品牌营销，从传统媒体到新媒体……符号互动每时每刻地在影响着人类社会的存在和发展。人们通过符号与他人交往，形成自我，我们活在他人的镜子里。社会正是在我们的交往中得以形成的，整个社会就是一个符号的社会。

（一）符号互动在广告互动中的应用

广告归根结底就是符号的创意。文字、图形、视频是广告的基本形态。广告中的符号互动是商品时代最显著的符号运作方式，正是符号可特指的信息传达了鲜明的概念，并以多种符号的组合方式表达了一个集合性的意义，而且随着社会的信息化，符号的形式、类型成几何速度增长，此时广告互动便起到了运用符号赋予物质以价值，从而影响人们的行为的作用。

广告互动通过选择符号的能指和所指之间建立起的创意关系，正是这种任意性但是又从属于社会管理的对应关系，才使广告符号具有无限丰富的内涵和形式，同时又喻示了无限创意的可能。

（二）符号互动在品牌互动中的应用

品牌互动过程中传播给大众的品牌形象和品牌精神最终还是需要以符号的形式展示出来。品牌是一个抽象的概念，品牌的具象化主要是通过符号化的品牌情感和企业文化来实现品牌与大众的互动。品牌标识和品牌广告语是品牌形象的直观表现，主要通过语言符号和非语言符号进行创意表达。

符号互动得以组合的关键在于品牌的核心价值符号是品牌的形式载体，符号系统是以整体的方式集中地使品牌形象更好地传播。正是由于品牌的核心价值即品牌意义的相对稳定性，才使人们以同样的方式去组合千姿百态的符号形式有了一个根本的依据。

（三）符号互动在舆论互动中的应用

舆论互动是在一定的社会范围内，消除个人意见差异，反映集合意识，最终形成多数人的共同意见的过程。舆论批评的主要形态就是"口诛笔伐"，语言和文字构成了舆论传播的重要内容载体。

舆论互动的具体表现就是体现在语言符号的互动上，通过口语人际传播和以各类媒体为载体的书面语言符号，将具有相同或类似观点和立场的人聚集到一起，形成舆论影响，在这个过程中符号互动是其核心内容。

第三节　媒介互动传播

一、媒介互动的内涵

（一）媒介的定义

凡是能使人与人、人与事物或者事物与事物之间产生联系或者发生关系的物质都是广义的媒介。狭义的媒介是指能承载并传递信息的物理形式，包括物质实体和物理能。在传播学范畴，媒介是信息和知识的载体。人类历史依次经历了语言媒介、文字媒介、印刷媒介、传统电子媒介（电报、电话、电影、广播、电视）和以网络为代表的新媒介这几个重要的发展阶段。而当把印刷品视为传播媒介的时候，它承载的文字本身也是一种媒介；当把广播电台等视为传播媒介的时候，它承载的言语本身也是一种媒介。"如果说语言、文字是媒介，那么报刊、广播、电视、互联网等则是承载这些媒介（符号）的媒介，它们并不在同一个层面上。"媒介大师麦克卢·汉的这一论断表明：媒介是人体的延伸，万物皆媒介，媒介无时不有、无处不在。

（二）媒介的分类

广义的媒介包括了语言、声音、文字、图像等传播符号在内的所有信息载体，所有的传播活动都要通过媒介才能完成。狭义的媒介仅指承载这些传播符号的媒介，包括电话、电报、信件、传真，以及报纸、广播、电视这些大众媒介，还包括互联网、移动电话等新媒介。此外，学界在具体的研究过程中又根据不同的需求和分类依据，对媒介的分类提出了不同的观点和看法。

1. 时间顺序

按照人类社会中媒介出现的时间，我们一般将媒介分为早期符号媒介、语言媒介、文字媒介、印刷媒介、电子媒介和网络媒介。早期符号媒介主要是人类社会早期用于记录和交流的符号系统，如岩画、壁刻等。而在语言出现之后，语言便成为更有效的人际沟通媒介。随着农耕文明的发展，人们生产活动趋于稳定，文字开始出现，最初的文字依然摆脱不了符号的影子，如甲骨文、象形文字等多是象形文字符号。随着人类文明的进步，语言文字符号等基本的交流媒介依托不同的形式载体和技术载体而呈现出时代特征，印刷媒介、电子媒介充斥着人们的生活。近年来智能手机的媒体化应用使得手机一跃成为新的媒体形态而受到学界的广泛关注和研究。

2. 传播对象

传播媒介可分为个人传播媒介和大众传播媒介。传统媒介如书籍、报刊、电视等都是面向大众传播，属于大众传播媒介。而在互联网时代，一方面大众传播更加开放，另一方面对私密性要求也更高，博客、微博、微信等个人空间的出现，使得每个人都成为传播主体，手机媒体的出现更是对个人传播媒介的概念做出了完美的诠释。

3. 作用感官

依据媒介所作用的人的感官的不同，可分为听觉媒介、视觉媒介和视听媒介。书籍、报纸、杂志等以图文符号为信息载体的媒介主要是视觉媒体；电台则是以声音符号为信息载体的听觉媒体的代表；而随着多媒体技术的发展，集视听符号信息为一体的电视、电脑、手机等则被统归为视听媒体。

4. 传播目的

按照媒介进行传播的目的，分为公益性媒介和营利性媒介。在市场化的今天，大部分的大众传播媒体都属于营利性媒介。商业化的运作使得媒介在市场竞争中朝着优胜劣汰的良性循环发展。

（三）媒介与互动

在早期的互动传播中，无论是口头媒介还是大众媒介，传统的传播环境更倾向于单向度的信息的传送。媒介互动其实是在媒介拟态环境下进行的互动。传统大众媒介的拟态环境主要凸显了决策层的地位，而淡化大众的角色地位。传受双方的地位悬殊，界限森严，互动性微弱。话语权牢牢掌握在社会精英群体手中，普通大众的媒介话语权一直处于禁锢状态。以大众化、网络化的数字媒介技术为特征的新媒介开辟了全新的媒介拟态环境。这种拟态环境不同于以往的传统环境。在新媒体拟态环境中，传播进入到平民化的"草根"时代，人人都可以成为传播的主体，在媒介资源的使用、观点与内容的传播方面都具有相对平等性。传受双方实现了平等和互动交流，双方互动频繁、即时反馈，成为真正意义上的对话者。

从媒介互动的目标来看，主导议程设置形成有效话语权是互动主体的终极目标。而在互动过程中通过不同类型媒介优、劣势互补互助，最终形成强有力的媒介沟通渠道，有效地提升了传播主体的传播效果，是我们在媒介互动过程中追求的直接目标。

随着数字时代的到来，传统媒体和新媒体进入到一个竞争与共赢的状态。一方面，新媒体以绝对的优势获取了大众的普遍认可，但其内容匮乏、传播信息噪声严重等问题，必须向传统媒体借势借力；而另一方面，传统媒体也需借助新媒体技术来实现自身的飞跃。

在传统媒体的传播过程中，大众传播机构充当着"把关人"的角色，掌握着大众传媒的话语权。随着时代的变迁，电子媒介的崛起以及大众传播意识的觉醒，人人成为自媒体从理论变为现实。自媒体传播中的受众既是信息的接受者，也是信息的主动转发者和制造者，传受合一的角色变化使得自媒体人人都是"把关人"。自我把关所带来的一系列道德和伦理问题，究其根本还需要媒体间的整合互动，填漏补缺，互相借势借力，实现互动传播的良性发展。

媒介互动在传播过程中呈现出了多维化的传播特色，各种媒介互动形态在社会互动传播中具有不同的意义和价值。同地域的媒介政策相同、经济环境相同和不相上下的技术水平，在媒介间的互动过程中存在着先天优势，更有利于焦点新闻的扩散和发布。随着信息社会的到来，媒介互动技术不断发展，媒介对于新技术的采用也越来越普遍。尤其是具有开放性和全球性的互联网的普及，使得媒介互动彻底打破了长久以来的地域限制。区域间的媒介互动已成为常态，各类媒体的地方新闻板块概念已经被逐步淡化，在媒介政策不断宽松的社会环境下，媒介跨区域的同质互动及异质互动传播成为常态。

互联网技术的普及和电子通信技术的发展使得地理空间上的限制对媒介的传播不再具有实质性的意义。随着互联网和手机媒介的传播，在连国界都逐渐模糊的全球化时代，实现全球范围内的全媒介互动传播已经成为常态，这一点从近两年的国家形象公关传播的力度上就可以管窥蠡测。全媒介组合最典型的案例莫过于国家级的盛会，无论是北京奥运会，还是上海世博会都形成了全球性的媒介互动影响力。

此外，媒介互动不仅存在于媒介与媒介之间，也存在于媒介与其他社会领域之间，媒介与文化产业、旅游产业、金融产业、制造产业、电子商务产业等各个领域都进行着互动。经济发展使得整个社会产业合为一体，各种产业间的界限也慢慢模糊，合作的空间越来越多。

手机报、手机电视、WAP网是媒介与渠道运营商互动的产物；微信、微博则是媒介与移动通信运营商互动的产物；而各类服务和应用类网站网友的APP移动客户端则是网络与手机媒体互动的产物。

二、媒介互动的分类与特点

（一）媒介互动的分类

由于媒介本身就有多样的分类角度，这决定了媒介互动的划分标准同样多种多样。人们可以分别从媒介互动的诞生时间、媒介特色等对媒介互动进行分类。我们研究媒介互动在传播中的价值，就要从传播要素来探究媒介互动的分类。

在媒介符号系统中，文、图（图片或图像）、声、数字是基本的构成单位。随着互联网的普及，数字符号作为一种新的符号形态正在为大多数人所追捧。而传统媒体，诸如图书、报纸、期刊、电话、广播、电影、电视之类的媒介所承载的信息不外乎是图、文、声、像。纵观媒介互动的各种分类方式，从媒介信息符号属性的角度来分析媒介互动的类型，才能抓住媒介互动的本质，找出媒介互动的基本规律。

具体地说，根据媒介信息符号属性的不同，媒介互动可以划分为以下三大类型。

1. 同质媒介互动

在同质媒介的互动中，我们要分别研究各种类型媒介的互动。第一类是图书、报纸、期刊等平面媒介之间的互动；第二类是电话、广播、电影、电视等电子媒介之间的互动；第三类是数字媒介之间的互动，包括网站、网络视频、网络电视、网络期刊、电子书、手机媒介、QQ／MAN即时通信等。

（1）平面媒介之间的互动。

图书、报纸、期刊主要承载的是图文符号信息，同质性使得同质媒介间的互动更为便捷，使它们无论是在内容共享还是流程互助，抑或是相互宣传等方面，都有很大的运作空间。共同的符号系统使得同质媒介间基于内容的互动尤为频繁。在报纸的板块设置中，我们经常会看到图书连载栏目。不少有影响力的报纸还将其精彩内容整编成册出版发行，同时许多刊物在内容的选题上也经常会借鉴图书、报纸的内容。这种同质媒介互动是双向影响和作用的，图书、报纸、期刊三者的媒介互动关系成"金三角"形，三者良性互动，完成社会舆论议程设置的功能。

（2）电子媒介之间的互动。

电话和广播传播语音信息，电影和电视媒介图、文、声、像兼具，尤以声、像为主。电话与广播之间的互动由来已久，电台的热线栏目往往是听众互动积极性最高的节目。电影与电视更是共生关系。同一部文学作品通常兼有电影改编权和电视剧改编版权，电视台中的"电影频道"也是双方密切互动的佐证，同时很多电台的电视栏目也推出"观众热线栏目"，通过电话与观众互动。

（3）数字媒介之间的互动。

网络以数字"0""1"为基本代码，集图、文、声、像于一体，构成了我们熟知的数字媒介，是比电视更具综合性、更具融合性的媒介。数字媒介具有比其他媒介具有更为充分的互动性，这主要源于数字媒介符号的同质性与功能的异质性。网民在使用网络时并不是孤立地接触某类信息，可以同时消费网络音乐、即时通信、网络影视、网络新闻、搜索引擎、网络游戏、电子邮件等。受众一般会选择具有代表性的网站功能分别满足多样的互动沟通需求。

2. 异质媒介互动

异质媒介互动的核心是发挥每一种媒介的特性和比较优势，扬长避短，更好地整合与优化媒介间的资源和互动传播优势。当媒介互动积累到一定程度后，媒介之间逐渐融合，集合了旧媒介优越性的新的交叉性媒介便会诞生。

（1）平面媒介与电子媒介之间的互动。

电子媒介出现之后，因其在传播中的便捷性和直观性，被平面媒介加以结合利用。而作为新生媒体，电子媒介在内容和素材上仍需借鉴平面媒体的相关内容。平面媒介的可保存性方便电子媒介对自身内容的推介，而电子媒介的形象性又使得图书、报纸、期刊的内容以直观在线并加以互动评述和专题深入报道。表达方式的互补是这两种异质媒介互动的主要内容。如电视栏目中多开辟"读报专栏",直观、多角度地深入评论报纸上的新闻事件,甚至还有针对报刊新闻的专题栏目。而"电视节目指南"大多在报刊登载,以便观众能够有选择地观看和收听相关节目。

（2）平面媒介与数字媒介之间的互动。

数字媒体以数字化互动的特征打破了平面媒体所构建的传播格局。随着网络的迅猛发展,业界展开了平面媒体将死的大论战。但是短短数年,平面媒体就从与数字媒体的竞争中脱颖而出,双方优势互补,竞争与合作并存,使得平面媒体腾笼换鸟,步入到新的发展阶段。内容原创能力和公信力是报纸的核心竞争力,而实时传播和互动传播则是网络的优势所在,两者互动可形成功能相辅、价值互补的整体。一方面,平面媒介努力地全方位实现数字化,向数字时代靠拢,并凭借其丰富的内容资源优势和品牌影响力,在数字时代更上一层楼。另一方面,数字媒体积极地同平面媒体进行内容资源的共享和互动,来丰富和完善自身。

（3）电子媒介与数字媒介之间的互动。

电子媒介凭借其丰厚的内容资源,以及长期以来占据统治地位获得的垄断资源,与数字媒体印象内容的匮乏正好形成良性资源互补。如今各大电台、电视台都有自己的官方网站与观众进行高效互动。视频网站则积极地搭建与电台、电视台的内容共享的合作平台。对于新闻热点事件的报道,电视台与网络在报道内容和形式上优势互补,各有侧重,受众可以全方位地了解热点新闻事件。

3. 多媒介整合互动

多媒介整合互动是指媒介围绕一个事件、一个主题或一个理念而主动传播信息,形成多种媒介自发参与舆论议程设置。从互动传播的角度来看,多媒介的整合互动实现了集人际传播、小众传播、中众传播、大众传播等多种传播形态于一体的媒介互动形态,从而能够最大化互动传播效果。多媒体整合互动也是现阶段应用最为普遍的媒介互动形态,这主要基于媒体的内容传播属性,内容性是所有媒介的共性。媒介品牌或传播主题恰似一个圆心,所有的媒介围绕它们而展开互动。

（二）媒介互动的特点

1. 媒介互动的议程设置性

媒介互动的议程设置性是指媒介互动具有形成社会"议事日程"的功能，通过媒介互动的强度来赋予各种议题不同程度的显著性，从而影响公众焦点和认知。媒介互动的议程设置性主要体现在对话题的设置，以及对互动节奏的把控方面。人们一般倾向于关注媒介互动频率较高的议题，并采用大众媒介互动为这些问题设定的优先次序来确定关注程度。

2. 媒介互动的聚合性

媒介互动的聚合性主要涉及传播过程中两个层面上的聚合，即媒介互动渠道的聚合和传播话题关注点的聚合。媒介互动渠道的聚合，媒介互动体现的是各个类型媒体间的互动，本质上也就是媒体相互间在传播过程中的聚合。其次媒介互动的聚合性体现在传播话题关注点的聚合上，通过媒介间的互动议题传播与聚合，最终形成舆论，发挥出巨大的互动传播力量。

3. 媒介互动的持续性

媒介互动的过程就是媒介对媒介行为或者内容做出反馈，只要能满足同步互动的媒介就能实现即时反馈并刺激引发第二轮的反馈。如广播和电视的手机短信实时参与和网络直播帖，因为节目是直播播出，完全可以实现通过短信或直播帖的反馈内容立即再次反馈，而主持人挑选反馈内容进行点评和解答也有利于刺激媒介互动继续持续进行下去。

4. 媒介互动的延续性

媒介互动的延续性主要是基于互动双方在传播过程中的传播地位以及传播内容的保存和查找上。在媒介互动过程中不断地产生新的内容和话题，而这些信息并不是转瞬即逝的，媒介互动的内容具有一定的延伸持续性。在互动过程中由于媒介双方地位的差距，会导致议题偏离原来的视角和方向。例如，很多网络热门事件经传统媒体介入，通过深入挖掘事实真相，反而得出不同的叙事模式，而传统媒体的权威性会使得媒介互动朝着另外的方向延伸发展。

三、媒介互动的应用领域

（一）媒介互动在广告互动中的应用

媒介互动在广告互动中的应用最为广泛。广告互动主要的过程就是通过创意符号信息在不同媒介上的出现而最终实现互动效果。广告的媒介传播策略是广告互动中决定互动传播效果的关键要素。符号自身不具有互动传播性，广告符号的互动必须借助于媒介的渠道进行。

在广告互动中，媒介的选择主要根据广告创意符号的特色和媒介的传播特色来进行匹配选择。例如，一些图文创意一般通过印刷媒体和数字媒体进行媒介互动投放，而广告片则适合在电子媒介和数字媒介之间进行互动投放。此外，广告互动内容也只有做到和媒体的受众特色相关联才能达到最优的互动传播效果。

（二）媒介互动在品牌互动中的应用

在品牌互动中，媒介策略是品牌互动的重要内容。品牌互动的媒介策略主要体现在互动媒介的选择及媒介组合上。根据不同性质媒介的传播特色进行品牌互动内容的创意和策划，然后通过媒介广而告之，与目标人群进行互动。

对品牌而言，媒介是品牌的扬声器，品牌信息通过媒介广而告之，媒介是品牌互动的高效渠道。媒介对品牌而言，代表的是读者和观众群。不同的媒介有不同的受众群体，品牌在进行互动时首先要定位自己的互动目标人群，然后根据人群特色选择相应的媒介互动组合，最终实现品牌互动的有效进行。

（三）媒介互动在舆论互动中的应用

媒介互动是舆论互动中最典型的应用。媒介互动对于舆论的形成具有极其重要的作用，尤其是在现代社会，随着数字媒体的普及和各种类型媒介的整合、互动和发展，媒介充斥着人们的生活，哪怕是很小的一个事件都有可能在媒体舆论的放大镜作用下，被无限放大。从现实很多事例中，我们不难发现媒体互动参与的影响及其推波助澜的作用。

第四节　情境互动传播

一、情境互动的内涵

（一）情境的定义

情境是在一定的时间内各种情况相对的或结合的境况。在本书中主要研究的是传播中的情境。传播情境指的是对特定的传播行为直接或间接产生影响的外部事物、条件或因素的总称。而传播情境又可以从广义和狭义上进行区分。

广义的传播情境指的是传播行为的参与人所处的群体、组织、制度、规范、语言、文化等较大的环境。而狭义上的传播情境指的是具体的传播活动（如二人对话）进行的场景，如什么时间、什么地点、有无他人在场等。在心理学研究领域，将情境归纳如下：（1）客观的生态维度（如地理特征、气象变量、建筑特征）；（2）行为背景（自然的环境模式、行为匹配）；（3）团体结构（大小、等级系统、成员的数目）；（4）居民的个人特征和行为特征；（5）心理、社会特征和团体气氛（如关系、个人发展、凝聚力等）；（6）其他。

托夫勒在《未来的冲击》一书中这样指出："情境和情境之间的界限虽然可能不清楚，但每一个情境本身又有某种'完整性'，某种'同一性'。"托夫勒认为："任何一种情境都可以用五个组成部分来加以分析，它们包括'物品'，由天然或人造物体构成的物质背景；'场合'是行动发生的舞台或地点；一批角色，这就是人；社会组织系统的场所；概念和信息的来龙去脉。'情境'它几乎涉及与人发生关系的整个外部环境或外部世界。"

（二）情境的分类

对于情境的研究由来已久，关于情境的研究方式和角度也各不相同，传播学、社会学、心理学都有针对情境的分类，各有侧重。目前我们常见的情境分类主要有如下几大类。

1.客观情境和心理情境

顾名思义，客观情境是指情境具有客观实在性，可见可碰触，是由物质实体构成的，具有客观实在性。而心理情境则存在于主体的主观思维中，是主体在个人经历的过程中形成的主观刺激。心理情境对人的行为更具有决定作用。

2.社会情境和媒介情境

所谓社会情境指的是在自然的环境下，互动传播不会受到网络媒介技术的干扰。社会环境更多的是一种面对面的人际互动传播，这时所构成的情境是一个较为封闭式的私人的互动传播情境。

所谓媒介情境指的是当有媒介介入到人的传播活动时，人的传播活动也会相应发生一定变化。而随着具有强大互动性的网络媒介的逐步介入，人们之间的互动传播情境也随之发生了巨大变化。

3.既定情景和有效情境

互动前的情境被定义为既定情境（given situation），即个体面对对方的行为结果时，所产生的直接、即时的本能行为。这个情境属于个体个人的、以自我为中心的选择，而没有考虑对方的利益、关系的长期互动和发展因素。

有效情境指的是由于转换而修正的行为选择，通过有效的选择直接引起个体的行为。

4.戏剧情境、规定情境、教学情境、社会情境、学习情境

（1）戏剧情境。

戏剧情境就是在戏剧表演过程中，体现戏剧内容、情节及主题，表达

剧情状况的各类主客观因素，如场地布景和主人公情绪、态度等。

（2）规定情境。

在戏剧表演领域，情境是剧本中已经规定了的，因此，斯坦尼斯拉夫斯基称之为"规定情境"。

（3）教学情境。

教学情境是大众接触最多的情境类别，主要是指教师与学生在教与学的过程中创设的情感氛围。依据构成情境的要素不同可将教学情境的创设类型分为实物情境、图像情境、动作情境、语言情境、生活情境、问题情境等。

（4）社会情境。

社会情境与我们每个人的生活是息息相关、密不可分的，主要是指个体与具体环境之间的关系，一般意义上的社会环境只有经过情境才对社会心理起作用。因此社会情境理论也是心理学研究的重要课题，在跨学科研究过程中不断地探究出新的观点。同一行为、同一刺激在不同社会情境下，会产生不同的心理反应。

（5）学习情境。

与教学情境不同，学习情境的功能性特征更为显著，主要是指我们在获取知识和技能的过程中通过想象、手工、口述和图形等手段使学习行为达到高效。学习情境更多地会审时度势，伴随着时代的发展，技术的变迁，以及制度的进步，而进行不同程度的创新。

（三）情境与互动

互动可以被定义为个人与情境的相互作用。个体建立互动关系的目的是基于收益来考虑的，因此情境互动的过程实际上就是情境对个体动机的作用过程。从互动过程可以将情境分为既定情景和有效情境。在既定情境中，人们的行为选择通常指向自身利益的最大化。但行为的发展通常基于更长远的考虑，包括策略、长期目标，以及促进自己和他人幸福的愿望。当某些考虑偏离了既定情境的行为选择时，就会导致个体对既定情境的转换，个体在转换过程中产生的对行为结果的评价就组成了有效情境，有效情境引导着行为的产生。简而言之，我们在传播互动过程中评价和修正对行为的选择构成了有效情境，所以有效情境体现的是情境互动行为的价值和意义，通过有效的选择直接引起个体的行为。

情境互动的过程主要受在特定情境结构中个体的认知、情感和习惯的影响。认知和情绪在刺激和引导情境互动过程中起着重要的作用，它们通过三个方面调整转换过程：（1）识别特定情境，认识情境中与其熟悉的模式相似的特征；（2）根据个人的需要和动机，评价行为的选择；（3）了解双方的需要和预测他人动机。

当然有时情境互动过程不需要大量的心理活动，个体由于对重复遭遇的情境模式的适应，会形成一种对某种特定的环境以特定的行为方式反应的习惯性倾向，因此情境互动也受到个人习惯的影响。

无论是客观情景还是主观情景，情景伴随着人的互动而逐步地转换。戏剧离乱者认为，人类的社会生活互动就是一部多幕的戏剧，从台前到幕后，体现着人在客观情境和主观情境中的互动表演。人要不断地适应场景的变换并及时调整自己的行为规范来适应新的场景模式，人与情境的互动构成了人类社会的全貌。

二、情境互动的分类与特点

（一）情境互动的分类

1. 社会情境互动

所谓社会情境互动指的是在自然环境下，互动传播不会受到媒介技术的干扰。主要强调的是面对面的人与情境的互动传播。在互动传播过程中，社会情境互动具有以下独特的属性。

（1）情境的分离性导致互动传播行为的分离。社会情境下的互动传播是在现实情境中的传播行为，但是由于受到社会情境因素的限制，这种互动传播往往被限制在一定的地理空间中。同时处在一个较为封闭的私人空间中进行的互动行为，使得不同的传播情境分离。

梅洛维茨的媒介互动理论强调，不同情境的分离使不同行为的分离成为可能。简单地说，由于互动传播所进行的具体场景环境不同、参与者社会角色的不同就构成了不同的互动传播情境，而不同的互动传播情境又会直接影响到互动传播双方所采用的传播行为，包括语言符号以及非语言符号的使用、互动信息内容等不同。

（2）社会情境互动具有明显的前、后台互动行为界限。在社会情境互动中，不同互动传播方式导致传播情境的分离，从而引起传播行为分离，使得不同传播情境构成了不同前、后台的行为。

前台行为与后台行为是戈夫曼"戏剧理论"的重要观点。戈夫曼认为：社会和人生是一个大舞台，社会成员作为这个大舞台上的表演者都十分关心自己如何在众多的观众（即参与互动的他人）面前塑造能被人接受的形象。一个人在与他人进行互动传播行为时，由于环境因素的不同，就使得参与者对于环境因素的解读不同，在特定的情境解读下使前台行为与其后台行为产生一定区别。前台行为是展现给观众（互动传播对象）看的，而后台行为则是自己进行准备的过程，具有隐藏性。互动传播的参与者会根据前台情境的不断变化而调整自己的前台行为。

（3）社会情境互动中主要侧重的是语境对于情境的构造。语境这一概念最早是由波兰人类学家 B. Malinowski 在 1923 年提出来的。郭庆光的相关理论将语境等同于传播学当中的传播情境，语境对于情境的构造起到了重要作用。首先，语境可以形成特定的语言环境，规范、书面化的语境可以塑造出严肃、规范化的传播情境，而随意化的语境则塑造的是轻松、私下的传播情境。其次，语境的形成可以减少传播情境中的歧义，尤其是在面对面的人际传播中，对于非语言性语境的使用可以对语言符号的使用起到补充的作用，从而丰富信息传播的意义，起到减少歧义的作用。

语境既包括书面语中的上下文，也包括口语中的前言后语，而非语言性语境指的是交流过程中某一话语结构表达某种特定意义时所依赖的各种主、客观因素，包括时间、地点、场合、话题、交际者的身份、地位、心理背景、文化背景、交际目的、交际方式、交际内容所涉及的对象以及各种与话语结构同时出现的非语言符号（如姿势、手势）等。

2. 媒介情境互动

所谓媒介情境互动指的是以媒介为传受反馈通道的人与情境的互动传播活动，随着具有强大互动性的网络媒介的逐步介入，媒介对互动传播情境发挥着越来越大的作用力和影响力。梅洛维茨的媒介情境理论指出："信息不但在自然环境中流通，也通过媒介传播。"因此，"运用媒介所造成的信息环境如同地点、场所一样，都促成了一定的信息流通形式。"而在媒介所营造的情境，即媒介情境互动系统主要有以下几个特征。

（1）媒介情境互动的融合性。

在全媒体整合互动传播时代，任何一个媒体都无法孤立的存在，必然与其他媒体产生或多或少的互动关联，媒介介入情境的互动传播使各自独立的媒介情境融合到一起。梅洛维茨在媒介情境论中提出，电子媒介的出现促使原来不同的情境的合并。强调电子媒介的出现使得受众群体的合并，受众接受原先情境、顺序和群体的改变，以及将私人情境并入到公众情境当中。同样在网络情境当中，原先私下的互动传播行为被放到了相对公开的平台当中进行互动，通过网络平台，人们可以随时加入其他人的互动传播当中。网络的开放性使得媒介情境具有融合性。

（2）媒介情境的虚拟性互动。

在以互联网为主要媒介的新媒体环境当中，作为互动传播的主体双方所处的传播情境是具有虚拟性的，这是由网络媒介技术本身所决定的。网络媒介本身就具有虚拟性，因此传播主体在网络媒介当中所进行的互动传播行为也就同样具有虚拟性的特点。

首先，其传播场景具有虚拟性，媒介情境本身就是一个虚拟场景。因此互动传播行为发生的地点并不是物理上的地理位置，没有准确的经、纬度以及海拔，在新媒体环境下的互动传播是处在于一种虚拟不存在的场景当中进行的。

其次，作为传播主体也是具有虚拟性的，在互联网当中进行互动传播的主体并不是以具体的个人存在而是以虚拟的ID存在的。也就是说，在互联网上进行互动传播的双方，他们各自在社会上的角色、职业及地位等因素都会被隐藏起来而代之以一个个虚拟的ID号码。

（二）情境互动的特点

1.情境互动的建构性

在情境的互动传播过程中，环境具有客观性，而情境则是主客观相互作用的结果。情景与人互动所进行的正是主观与客观的互相建构过程，因此建构性是情境互动的重要特点。

具体地说，人与情境的互动是可建构的，这是情境互动传播活动的重要动因和目的，也就是完成主体双方的态度和行为的改变。构成信息系统的是：谁处在什么地点、什么类型的行为可被谁观察到。每一种独特的行为需要一种独特的情境，并且情境是动态的和可变的。在互动过程中，人的心理和情境互相作用，共同完成互动传播行为。

2.情境互动的感知性

情境互动反映的是人与情境的沟通和交流行为，而这种互动之所以能够产生主要是因为人对情境能够产生感知性。通过人的多维感知实现互动，根据知觉过程中起主导作用的感觉器官活动，可以把可感知的知觉分为视觉、听觉、味觉、嗅觉、触觉等。

在互动传播过程中，这几种直觉是同时发生作用的，可以全方位的感受到情境传达出来的综合信息。情境互动中的感知活动是个体各种感官在与情境互动过程中进行视、听、闻、触动等感知情境特征并产生与之相对应的情感变化与互动的活动。

3.情境互动的主观性

所谓传播情境，指的是个人解读后的环境因素。面对一定的客观环境，传播主体会有不同的对于环境因素的解读，通过不同的个人解读形成情境因素，因此情境因素就具有个人的主观性，从而影响个人的传播行为。

情境互动的主观性要求我们在研究和应用情境互动理论时要充分考虑

个体的认知习惯和过往经验。

三、情境互动的应用领域

（一）情境互动在搜索中的应用——情境搜索

搜索已经是互联网时代人的一大生存技能，在海量的网络信息环境中，搜索极大地提高了有效信息的检索率，成为人们生活中不可或缺的网络工具。

那么到底何谓情境搜索？情境搜索是综合考虑用户背景、兴趣爱好以及环境的智能化搜索，通过对用户意图的深入理解，在用户使用互联网服务的各种场景下提供给用户的最贴切的搜索服务。情境搜索包含7个要素（6w & 1h），它强调"以人（who）为本"，也就是以用户为中心，根据其搜索行为的时间（when）、地点（where）、输入（what）、需求（want）、习惯（how）、背景（why）等因素，由情境计算得到最适合的搜索结果，再将这一结果通过用户的搜索情境直接呈现。

情境搜索突破了传统搜索的框架和约束，主张因人而异、因需而变的搜索，更加注重情境知识的运用。语义搜索、分享搜索、分类搜索、互动搜索、个性搜索等将会彻底改变我们对搜索的定义，情境搜索是搜索的未来之路。

面临着跨界产品开发、大数据的挖掘和整合以及苛刻的用户体验和用户隐私等多方面的制约因素，情境搜索未来要走的路还很长。但是它给人们生活所带来的便利是我们每个人所期待的。

（二）情境互动在营销互动中的应用——情景营销

情景营销（scene marketing）就是在销售过程中，运用生动形象的语言或者场景构建，给顾客描绘出一幅使用产品后带来的美好图像，激起顾客的购买体验需求，并能有效地刺激顾客购买欲望的手段。情景营销是以心灵的对话和生活情景的体验来达到营销的目的。情景营销的基本的过程是，通过情境的直观再现，有效地抓住消费者的心理需求，促成交易。

在具体的情景营销过程中，一般是通过橱窗陈列、店面装修、展览展示、体验试用和导购描述等来营造需求情境。情景营销需要做好消费动因分析，然后把握好顾客进店、介绍产品、深入沟通、顾客离开这四个主要时机，才能最大限度地发挥情境营销的效用。

情境营销的主题式营销情景可以划分为引导式情景营销、流程式情景营销和邀请式情景营销等几大类，以"心理体验"为核心，逐步激发顾客的想象力。情景营销要"因人而异"，没有哪一种情景描绘，能让每一位顾客都喜欢。因此，是否了解顾客情况与心境，决定了情境互动传播的效果大小，也直接决定了情景营销能否成功。

第五节　议程互动传播

一、议程互动的内涵

（一）议程设置的定义

议程设置，《新闻学大辞典》对其解释是："由马尔科姆·麦库姆斯和唐纳德·肖于1972年提出，核心观点是：大众传播媒介在一定阶段内对某个事件和社会问题的突出报道，会引起公众的普遍关心和重视，进而成为社会舆论讨论的中心议题。"

学界对于议程设置理论的研究最早源于美国大选，通过对选举相关数据调研，发现媒介议程对公众议程发挥着巨大的作用，进而引出"议程设置"理论并为该理论提供了充分的调研数据支撑。

该理论认为，大众传播具有通过提供信息和安排相关的议题来为公众设置"议事日程"的功能。长期以来公众通过媒介知晓事情，议程设置是大众传播媒介影响社会的重要方式。因此在议程设置理论出现之后，就引发了诸多学者的关注和研究，而且对于议程设置的研究涵盖了政治学、心理学、社会学等多学科领域，使得议程设置理论得到不断地丰富和发展。议程设置理论的核心观点就是媒介议程影响公众议程，公众议程影响政策议程。

随着现代媒介的发展，媒介形态多种多样，媒介技术手段日新月异，传媒的信息报道和信息传达活动渗透到了人们生活中的点点滴滴。通过各种组合方式赋予各种事件不同程度的关注度，来影响受众对外围世界发生的各类事情重要性的判断的议程设置过程已经成为了人们生活的主宰。

（二）议程设置的分类

1. 媒介议程设置

媒介议程设置是指通过媒介给予的强调力度来影响人们对于事情重要性的判断。即通过媒介的集中报道来制造新闻热点，利用媒介传播与公众认知之间的对应关系来形成议事日程。

在日常生活中，我们最常见的就是新闻头版头条，占据报纸媒体版面的第一显著位置的往往是媒体为我们设置的重要议程。同理，电视有黄金时间，网络有焦点图片等。这些都是媒体进行议程设置的路径，即通过受众关注心理的研究及行为习惯的分析，找出受众关注度的大小强弱特色，并结合这些个性特色来做议程的设置工作。比如说电视台的黄金时间一般集中在19点~21点，这一时间段受众的心态最为放松，是一天中最为闲适的时间，也是对电视的关注度和接受力最强的时间段，所以一些重要的栏目如央视的《新闻联播》《焦点访谈》等就放在这一时间段，并且第一时间播出媒体认为最为重要的事件。

2. 公众议程设置

公众议程设置主要是指人们在长期的社会生活中受社会风俗、教育背景、家庭背景甚至成长经历及社会制度等因素的影响，对公众判断某一事情重要性所产生的影响，从而决定人们的议事日程。

与媒介议程相比，公众议程具有地域特色，在不同的文化背景和社会背景条件下会产生不同的公众议程，而且公众议程因人而异，具有复杂多变性。我们常说的"入乡随俗"就是对公众议程多样性的包容式解决方案。

在具体体现上，我们比较常见的就是一个著名的故事。某位大学教授让一位女生上台写出她人生中最重要的七个人，其中包含了父母、配偶、朋友、同事。然后逐一要求去掉她生命中的某一个人。这个选择过程成为了一个经典的心理学实验，很多人也曾参与到这个实验中来。结果发现，选择的顺序各有差异，而这个差异造成的原因就是公众议程在他心目中对不同人际关系重要性的设置。

3. 政策议程设置

政策议程设置体现的是国家在相关政策的制定过程中的"日常安排"。任何一个国家都会面对各种问题和挑战，但是政府的资源是有限的，在决策之前政府需要有所斟酌，因为政府的财政资源、人力资源、信息资源、时间资源等都是有限的，而社会需求是无限的，如何用有限的资源满足无限的需求？这就引出了政策议程设置的问题。

政策议程设置更多地体现在政策制定者的层面，即政府对政策制定的先后缓急的顺序安排。但政府决策依据也要受社会议程的影响，尤其是在言论相对自由和开放的时代，影响范围大的舆论压力往往会迫使政府做出一些政策让步。一定时期内，公众舆论关注的焦点，往往是需要政府出台相关的政策优先给予解决的问题。

政策议程设置的种类和方式有很多，主要是以国家作为议程设置的主体。随着互联网新媒体的普及，人人都可以进行议程设置，大众通过新媒体进行媒体议程设置，形成社会公众议程进而影响到政策议程的设置。一般来说，舆论是影响政策议程设置的重要因素，但是归根结底，统治阶级的利益才是决定政策议程设置的决定性因素。

（三）议程设置与互动

互动传播是基于两个主体间的互动过程，而对于议程设置而言，根据议程设置的分类可以归纳出三大主体：媒介、公众和政府。由此议程设置互动主要体现的是媒介与议程设置、公众与议程设置及政府与议程设置之间的互动行为和关联。

　　议程设置互动的主要目的是引发受者的共鸣，这个过程对于受者而言，主要经历了接受议程引起关注、对议程设置的信息内容的感知以及情感、态度、意向因此而引发变化三个阶段，这个过程也是形成共鸣的过程。

　　共鸣效果的主要表现就是议程从主流媒体流向周边，在实际社会互动传播中，只要是能够引发民众共鸣的事件，都会引发全媒体的互动传播，在很短时间内营造出强大的社会舆论。溢散效果是随着互联网新媒体的普及而日益显著的。其体现的是议程从其他非主流渠道提出（主要是互联网）并产生，受到网络用户的关注和讨论，最终形成网络舆论，从而引发主流媒体对该议程的关注和报道。网络舆论的话题主要集中在社会热点、社会阴暗面及一些突发事件的传播效应上。共鸣效果和溢散效果归根结底还是主体间的议程互动引导受众关注的过程。通过议程设置占领舆论的制高点，保证获得更大的认同和共鸣。共鸣基于认同的基础，较广泛的认同就会产生情感共鸣最后决定态度问题。

　　议程设置的互动还体现在不同类型之间的议程设置过程是互相关联的，媒介和公众之间存在着因果关系。一般来说，媒介议程或多或少都会影响到公众观念和社会风俗，从而形成对公众议程设置的作用。政府对于媒介议程具有控制作用，而公众议程设置往往会形成强有力的社会口碑，使得政策制定者在某些公开的场合必须重视公众议程设置的影响力，从而影响他们所重视的事情。在国家管理中的舆论导向工作的重要性由此而来。媒介议程、政策议程和公众议程三者在议程设置的过程中互相影响、互相作用。

　　总之，议程设置过程就是一个复杂的互动过程，各类因素相互交织，从而构成了事物的发展，并导致了事物发展的不确定性。当然掌握了互动之间的因果联系，很多事情还是可以按规律办事，并使事情朝着预期的方向发展。这也是我们对传播过程相对可控的一个重要原因。

二、议程互动的分类与特点

（一）议程互动的分类

1.媒介与媒介的议程互动

媒介间的议程互动主要体现为议程在两种或者多种媒体之间互相流动、互相影响，议程互动的前提是媒体之间的等级性和异质性。在信息的表述和传播上，通过特色和优势的互补，以实现更大传播范围内的议程设置。曾经有学者以"扳机效应"来形容媒介间的议程互动影响的现象，即"媒介议题会影响媒介议题，让发展中的新闻事件成为大家关心、炒作的焦点"。

通过媒介间的议程互动，公众热点议题出现双向流动和互相影响的趋势。一方面，传统媒体设置网络媒体的议题，网络媒体介入推动和深入多角度挖掘事件的广度和深度，利用网络媒体的开放性和海量信息，以及信息传播、复制、编辑、上传的便利性，报网联动，最终形成共同的媒体话语和舆论共振。另一方面，传统媒体对一些传播于网络并迅速为网民所热议的事件进行跟进报道，这是网络媒介设置传统媒体议事日程的过程。而且传统媒体在选择报道的过程中，往往会从自身的角度进行选题、取材和评论。这样传统媒体通过对报道角度的重新定位及评论，达到引导舆论、设置网络媒体议事日程的目的。例如，近年网络流传的外国年青人撞倒中国老人的事件。一开始，网络首发新闻将老人行为定位为"碰瓷"，从而网络上引发了轩然大波，激发了大众对这位中国老人的强烈攻击。后来，传统媒体介入，深入挖掘事情真相，发现此次事故的责任方是骑车的外国年轻人，于是引发了网上更为激烈的争论。最终警方出面，公布了监控视频，从而平息了这场争论。但整个过程也让大众对于新闻的客观真实性产生了严重的质疑和深刻的反思。

媒介之间的议程互动是最普遍的议程互动形式。由于媒介形态的多样，媒介功能各具特色，媒介间的互动形式也种类纷繁，主要分为：同质媒介之间的议程互动、异质媒介之间的议程互动、区域间媒体议程互动及跨区域的媒体互动等。

2. 人与人之间的议程互动

人与人之间的议程互动主要体现在社会行为规则对人际交往的议程设置作用。社会行为规则，即人们要想很好地在这个社会生存就必须遵从的习惯、方法和大多数人认同的规矩。在现实生活中，它又包含了很多分类系统，例如教育系统、法律系统、道德系统等。这其中既包含了大量的不成文的社会公认的规范性因素，如尊师重教、尊长爱幼等中华传统中道德性的行为约束共识，也有大家在社会生活中潜移默化形成的社会行为守则，也有规则、条例和法律来约束人们的行为，一旦违反就要受到相应的惩罚。

除了道德与法律，民俗也是最贴近生活的行为规范，每个人生长的各个阶段都需要有民俗来进行规范。首先，民俗决定我们人生中很多重大事情的议事日程。简单地说，我们人生必须经历的婚丧嫁娶、生老病死无一不是一个人际的议程互动过程。民俗是生活文化，而不是典籍文化，并没有文本的权威，主要依靠人们的耳濡目染和世代的言传身教在人际和代际进行议程设置和议程互动来影响人们生活的各个方面。

3. 人与媒介间的议程互动

媒介的开放性、互动性使得每个参与其中的用户既是信息的接受者，又是信息的发布者。传统的议程设置权利开始由大众媒介转移到个体的手中，个体的自我议程与媒介议程形成新的议事日程，一方面互联网新媒体成为人们发表意见的场所，对媒介发布的议程进行评论转发和分享，另一方面网民也可以通过媒介提出议程，借由网络的开放性进行话题讨论，以及建立的维护趣缘关系、圈层。

在游戏互动中的人与媒体的互动是人与媒介之间的议程互动的典型应用。电子游戏中的玩家作为受者，不仅在与游戏设计者的互动传播中提供大量游戏反馈，还为游戏提供了更多的游戏媒介日程，而成为游戏的生产者，同时还对游戏进行二度创作，并且通过人与媒间的互动形成了虚拟社区——游戏公会，进行着各种游戏内及与游戏相关的议程设置行为，从而构建了全新的议程互动传播模式。

（二）议程互动的特点

1. 议程互动的引导性

议程互动的引导性体现在议程互动的过程在很大程度上决定了人们想什么，然后通过互动引导人们如何想。传播互动可以轻而易举地决定人们想什么问题。大众传媒通过议程设置将议事日程广而告之。对媒体传播的新闻，人们在表达自己的想法和观点的时候，如果看到自己赞同的观点且受到广泛欢迎，就会积极参与，这类观点就会越发大胆地发表和扩散；而当人们发觉某一观点无人或很少有人理会（有时会有群起而攻之的遭遇），即使自己赞同它，也会保持沉默。意见一方的沉默往往造成另一方意见的增势，如此循环往复，便形成一方的声音越来越强大，而另一方越来越沉默的螺旋发展过程，这就是传播学中的沉默的"螺旋定律"。

在传播学中，我们将传播效果分为认知、态度和行动三个方面，这是传播效果形成的不同阶段，而议程设置的相关原理都是着眼于效果形成的最初始状态，也就是形成认知。通过议程互动，扩大赞同的声音，同化中立者，将反对的声音淹没在沉默的螺旋里，最终达到改变和影响人们行为和态度的传播效果。

2. 议程互动具有时效性

议程本身就指议事的日程，是一个受众关注度顺序的问题，公众的注意力具有时间的变化性，议事的日程也会随着时间的淡出和新的热点事件的出现而进行不断的重新排序过程。议程设置的过程其实就是公众瞩目的焦点顺序的变化过程。这就形成了一段时间内的公众热点话题，并且任何一个热点话题都不会长时间地占据议事日程的顶端。议程互动体现的是具有较长时间跨度的一系列报道活动所产生的中长期的、综合的、宏观的社会效果。这个效果是不断变化的，因此议程互动的最大特点就是它的时效性。

前段时间网络热议的帮汪峰上头条事件其实就是一个典型的议程互动行为。头条即议事日程的头条，通常情况下，头条是综合多方因素的重要性来取得大部分手中的注目而形成的。将上头条作为一个议题提出，体现出网络时代受众对议程设置的主动性，同时头条内容的不断更迭也彰显出议程互动的时效性特征。

3. 议程互动的约束性

议程互动的约束性体现在它能决定人们想什么。这种约束性主要是通过议程的设置来约束人们的认知内容，通过议程互动来约束人们的态度和行为。在新媒体时代，媒介在决定人们怎么想上显得更加乏力。互联网新媒体传播时代是一个个性张扬的互动传播时代，人人都是媒体，同时又对传统媒体发出来的声音不约而同地发出质疑。但是通过媒介议程设置可以在很大程度上决定人们能看到什么。传统媒体时代又被称为媒介为王的时代，人们的信息来源主要是媒体，无处不在的媒体决定了人们能看到什么，甚至是先看到什么后看到什么，即便是在内容为王的互联网媒体传播时代，网络新闻也依然会受到传统新闻头条的影响。

议程互动对大众行为和态度的约束性主要体现在，媒介设置议程的同时会表明媒介的态度，在这个观点和态度被大多数人认可的情况下，大多数个人会力图避免由于单独持有某些态度和信念而产生的孤立，于是赞同者的声音会越发强势，而反对者的声音则在沉默中慢慢淡化。也就是说，议程互动在传播中的重要作用就是通过议程互动来约束人们对议题的观点和看法，最终使舆论沿着议程设置的方向发展。

三、议程互动的应用领域

最初对于议程设置的研究主要来源于政治选举中媒介对选民意见的影响力分析，随着议程设置理论的不断成熟，以及研究方法的深化，议程设置理论开始被广泛地应用于社会生活的各个领域。一般而言，议程互动的过程是一个分成三部分的线性的螺旋状循环过程：首先，必须设定互动议题的轻重缓急，即媒体议程设置；其次，该议题在某些方面影响公众观念或者与之发生相互作用，从而引发公众对其广度和深度的开发；最后，公众议程又引发了媒介议程的重新设定，对议题给予客观、全面的舆论引导，在这个过程中多重因素发生相互作用。我们在舆论互动、危机公关、广告互动中广泛地应用到了议程互动。

（一）议程互动在舆论互动中的应用

舆论是社会中相当数量的人对于一个特定话题所表达的个人观点、态度和信念的集合体。舆论互动体现的是两个相反的过程，即群众自发和有目的的引导。意见是舆论的核心，而意见同样是议程互动中的议题，因此议程互动是最普遍的舆论互动形态。

在互联网时代，人人都是舆论发起者。在群众自发的舆论互动过程中，主要借助的是网络新媒体平台，一些针对某些关系到公平、公正或者涉及大众安全和利益的议题，一般都会引发网络上广泛的讨论和网民的聚集；当人数达到一定的数量，网络议程的影响力就波及到了传统媒介的议程设置。通过双方议程设置的流动，实现了舆论力量的聚合，有效地提升了舆论互动传播效果，最终形成公众议程和政策议程互动。

（二）议程互动在公关互动中的应用

危机公关是议程互动在公关互动中的典型应用。由于在网络媒体时代人人都是舆论发出者，人人都是"把关人"，其实质是"把关人"的缺失，于是网络负面新闻就成为了具有互联网媒体特色的新事物，各大群体组织无一不视网络负面舆论为洪水猛兽。解铃还需系铃人。负面新闻是通过议程互动来实现大众关注度的吸引，因此解决的方向依然是议程互动主动权的获取。

危机公关就是在负面新闻出现后，甚至出现大量受众关注的负面影响时，通过议程互动的形式来化解负面事件所带来的负面影响。具体地说，主要是声明、解释、澄清和致歉。通过主流媒体发出主体的声音，一方面对于恶意诽谤进行严厉反击；另一方面如果确有其事，企业应通过一系列的补救行为和言论来控制局势的恶化，尽可能地减少损失；还可以采取一系列的整改和补救措施来设置议程互动让受众感知到变化和态度，进而进一步地说服和挽留用户。

（三）议程互动在广告互动中的应用

首先，议程互动在广告互动中的应用主要体现的是有目的的引导性的议程互动在广告创意和传播互动过程中的应用。在广告创意过程中，创意人员需要根据阶段性的社会焦点议程来借力，这也是很多优秀广告作品的创意的出发点，结合热点事件和网络流行语进行广告作品创作，从而实现受众的认知层面的接受即注意。

其次，在广告互动投放过程中，在投放的时间和投放地点的选择上，社会议程中的受众习惯、社会风俗等往往是投放的重要参考。通过分析受众需求特点，以及市场行为特色来进行广告互动策划，是广告互动成功的关键。例如，节庆促销广告、淘宝"双十一"购物季等都是在广告互动中具有明显议程互动特色的经典案例。

第五章 互动传播的应用与策略

在前面的各章节中，我们主要介绍了互动传播学的相关理论知识，互动传播学本身就是一门源于实践的学科，而且互动传播的研究对于社会生活的各个方面都具有积极的指导作用。整个社会就是一个互动传播的整体，我们无时无刻不在互动。在本章节中，我们将从互动传播的现状入手，深入分析各种类型互动的发展状况以及常用策略，并结合案例深入分析成功的互动传播活动所运用的互动传播学理论和策略，进而以此来指导和促进我们日常的互动传播行为。

第一节 人际互动

一、人际互动的发展现状

在人类的传播史上，人际传播是其中最古老也最基本的传播形式，一切其他形式的传播都无不以人际传播为基础，都是人际传播的某种延伸或变形。人际互动（interpersonal interaction）就是人际相互作用。人的相互作用可能是信息、情感等心理因素的交流，也可能是行为动作的交流。人际互动的目的是出于社会交换的目的而发生的，形式有合作与竞争，除了极端的对抗性的情境，在日常的经济和社会生活中，大多数情况下人际互动是可以达到双赢和多赢效果的。

随着社会科技的发展、传播技术的进步，人际传播经历了传统媒介和互联网新媒介两大时期。传播形态也实现了面对面传播、延时传播和电子传播三种形态。三种形态相互交融，优势互补，使得人际互动传播进入到一个全方位、多维度的互动时代。

（一）传统媒介下的人际互动

1. 面对面的人际互动

面对面的人际互动是以口头语言、体态符号和副语言为主的，基于人与人之间的互动与沟通，从而满足人和人之间信息和情感的交流，是人类最原始的沟通方式，也是其他传播方式的基础。

面对面的人际互动中双方主要是直接的、面对面的接触，具有实时沟通性。面对面交往双方的真实想法和意图可以通过身体语言和非言语线索挖掘出来，因此互动传播效果更好。

面对面的人际互动虽然历史悠久，但是其强大的互动优势使得它依然是当下最重要的沟通方式。在各个行业中都可以看到面对面人际互动的商业应用，如线下公关活动、各类行业展览、展销会、日常生活中的家庭聚会、约会，甚至国家领导人出国访问等。面对面的人际互动在现代社会中依然不可或缺，甚至还发挥着更为重要的作用。

2. 传统媒介下的人际互动

尽管面对面的人际传播具有重要的社会地位，但是这种传播方式会受到时间和空间的限制。长久以来，人们不断地寻求新的技术手段来摆脱这种限制。随着人类传播经验的积累和文字的出现，人际传播媒介进入到了传统媒介时代。

传统媒体是相对于近几年兴起的网络媒体而言的。它是以传统的大众传播方式即通过某种机械装置定期向社会公众发布信息或提供教育娱乐的交流活动的媒体，包括电视、报刊和广播三种传统媒体。传统媒体在一定程度上克服了面对面人际互动传播在时间和空间上的局限性。但是，目前的多媒体还不能取代传统媒体。

在传统的三大媒体中，报纸新闻是以文字传播为主，可随时阅读、不受时间限制，并且具有可保存性，可以分发传阅，形成大众传播。广播电台媒体主要以声音传播为主，具有传播速度快、传播范围广、收听方式随意并且制作成本低和灵活性强等特点。电视则具备了声画结合的特点，信息内容更加丰富直观，现实感强。传统媒体在传播中的巨大优势有效地促进了人际互动传播的发展。目前整个社会已进入到"媒介为王"的时代，媒介无时无处不在，刺激着人们的视听感官。

传统媒介无所不在的传播优势使得它迅速地与商业相结合，媒体广告一度成为媒介商业化运作的重要手段，在品牌形象传播、促销信息、广告信息的发布中发挥着重要的作用，使传统媒介成为企业传播的核心阵地。

（二）网络媒介下的人际互动发展

在传统的三大媒体中，报纸新闻容量有限，而且缺乏个性化；广播新闻稍纵即逝，不易记忆和保存；电视虽具备了声画结合的特点，但其表现形式仍不够丰富，并且有严格的时间限制。这三大媒体在信息传播的过程中都是单向传播的，即新闻机构向受众传播，没有受众的信息反馈这一环节，受众只能被动地接受信息，缺少公开对信息发表意见的途径。传统媒体长期在人类社会中占据主导地位，受众的需求长时间地受到压抑，于是互联网的出现引爆了"传播革命"。在网络媒体巨大的民意支持下，传统媒体地位一落千丈。

网络使信息的传播方式可以结合传输文字、图表、图片、声音、录像、动画等多种形式，而且这种方式不受地域和时间的限制，易于存储、编辑和转发，最重要的是网络信息可以随时检索。互联网的这些优势弥补了传统媒体长期以来制约互动传播的种种缺陷，人类社会迅速地步入了互联网时代。

1.传统网络媒介下的人际互动传播

传统网络媒介是指互联网的早期发展阶段，主要是指以电脑为载体的网络媒体。从人际互动的传播过程来看，互联网提供了人际交往的崭新模式，网络人际关系的主要特征为：多维性、全球性、虚拟性、不确定性以及非中心化。

此外，在现实的交往中，人们往往会受个人外在因素的影响，中国历来就存在着以貌取人、看人下菜碟等人际交往的不平等现象。但人际网络交往能改变作为传统吸引力来源的诸要素的排列顺序，志趣相投、智慧等深层次的因素往往从一开始就是人际交往的关键，以趣缘关系为基础建立的平等的人际关系更有意义。

网络媒体最初是作为科研和国防军事应用才得以发展的，直到其运用到民用之后，媒体价值才得以大放光彩，其巨大的商机也吸引了一大批的互联网"淘金客"。互联网的先驱们不断地开发出各种创新应用，将人们的生活从线下搬到线上，从邮件应用到QQ、MSN等即时通信工具，从博客自媒体到SNS社区，从门户网站到信息服务、电商网站，各类点评网站、团购网站等。一方面将线下的人际关系转移到线上，另一方面凭借互联网的特色来开发在现实中很难实现的特色互动网站。各类创意网站层出不穷，极大地满足和方便了人们的生活和工作。通过网络人们可以超越时空的限制，加速联系的速度，降低联系的成本，使人际关系的维持变得更加方便而有效率。

2. 移动互联网媒介下的人际互动传播

手机最初是作为通信工具而得以广泛应用的，它属于传统媒介中的电子媒介。随着互联网的发展，人们对于互联网的需求和依赖程度越来越大，随时随地上网成为了受众的普遍需求，个人计算机不断地朝着小、轻、薄的方向发展。而随着手机应用的普及，人们对其功能的需求越来越大，手机的体积和功能则不断地增大，最终随着3G／4G的普及，手机理所当然地成为了移动的互联网，并且迅速地将手机用户转化成移动互联网用户，以致目前手机互联网用户人数超过了电脑上网用户。移动互联网正在改变着人们的生活。

从传播来看，手机媒体具有随身携带性，充分满足了人们对网络随时随地的需求。同时手机的即拍即发功能也是手机作为媒体的最大优势，实现了信息的秒发和同步报道。移动互联网时代创造了诸多的热点新闻事件，主要源于手机实现了大众对于新闻的即时记录与传播功能。

综上所述，人际互动从面对面互动到随时随地多维互动经历了漫长的历史发展过程。这个过程也是人类社会对人际互动需求的满足过程。人际互动源于对社会交换的需求，交往本身就是一个交换的过程，其最终目的是通过交换实现个人报酬，这种报酬是多种形式的，包括金钱、声望、尊严、价值等。在市场经济条件下，人际互动成为企业营销的重要工具，广告传播中离不开符号化的人际关系，企业公关是对大众人际关系的多方面的维护和发展，品牌互动传播更是人际关系的缩影。总之，在现代社会商业活动中，人际关系的运用无处不在，并发挥着巨大的交换优势，发挥着获取企业报酬的重大作用。

二、人际互动的常用策略

（一）角色扮演策略

在日常生活中，当人们进入一个新的环境中用一种新的方式去行为时，或者是社会地位发生变化，履行新的社会角色之后，其原有的态度都会发生变化。在互动传播中，主动传播主体的角色，既是信息的传播者，也是信息交流活动的接受者，并主导着整个互动传播的进程。

戈夫曼的"拟剧论"将情境区分为前台和后台两个区域。在单向传播模式中，传播者和受传者严格遵循着这个理论。前台是一种制度化的社会存在，传播者在前台的表演是理想化、社会化的前台行为，而后台则是与表演情境相隔离的情境。媒介情境中的前后台情境随着传播主体角色身份的虚拟化而产生模糊的界限，对于传播主体行为的社会化规范约束性也相应减弱。

在人际互动传播中，人们运用各种技巧和方法左右他人，以建立良好的印象，在前台人们呈现的是能被他人和社会认可的形象，反之则被隐匿于后台。

后台行为的前台化正是由于传播角色在网络媒介环境当中行为的隐匿性引起的。由于网络本身隐藏了一些社会道德规范，因此传播主体在传播行为当中更多地体现了"自我"的一面，而这里"自我"的来源更多地体现了传播主体自身个性结构以及个人意识。传播主体将原本是属于后台行为的传播活动表现在台前，将自己在面对面的互动当中所无法表达的情感借助虚拟化的媒介环境表达出来，从而达到情感宣泄和说服的目的。

（二）情境建构策略

传播情境可以从广义和狭义上进行区分。广义的传播情境指的是传播行为的参与人所处的群体、组织、制度、规范、语言、文化等较大的环境。而狭义上的传播情境则指的是具体的传播活动（如二人对话）进行的场景，如什么时间、什么地点、有无他人在场等。传播情境是对于特定的传播行为所产生的影响，不同的互动传播活动会产生不同的传播情境，传者和受者对于情境的不同解读也会影响互动传播行为。传播情境具有定向性与目的性，其所覆盖的范围为特定的传播活动。

互联网为广大的网络用户构建了一个既开放又相对封闭的广阔的虚拟世界，在这个虚拟世界中我们又引发出虚拟社会角色，虚拟社区、虚拟身份、虚拟社会架构等，我们在网络上可以打造出现实生活中难以想象而又可以满足人们所有想象的空间。匿名传播以及角色重塑使得网络用户可以在一个平等的对话空间上去进行人际交往，这也是网络人际传播受到青睐的主要原因。

与传统人际互动相比，网络人际互动的发生有别于传统的现实情境，互联网在人际互动情境的构建上彻底颠覆了传统人际互动，社交网站、博客、微博、即时通信产品等通过各种社会应用情境的建构，充分地引爆了互联网在交往性人际互动上的强大力量。

三、人际互动的案例解析

成立于2005年的校内网，是中国最大、最具影响力的SNS网站，在大学生用户中拥有绝对领先地位，并已经开放白领和高中网络，最终更名为"人人网"。人人网以用户实名制为基础，已经开放3000所国内大学和1500所海外大学，垄断了中国大学生用户80%以上的市场份额。注册公司达到

8万家，高中2万所。截至2008年3月，校内网已经拥有真实注册用户超过2200万、PV数2.8亿、日登陆用户1270万，实现了同时覆盖多个不同社会群体的三维SNS创新。

人人网的特色在于，从一开始就以校园业缘关系作为网络虚拟社会的背景关系。互联网的开放性使得基于业缘和趣缘的人际关系得到了前所未有的聚集和扩散，网络交往的核心是人际信任问题。人人网高度的人际信任建立在大学同学彼此之间熟悉和了解的基础上，由此形成的健康友好的网络人际关系有利于形成良好的人际关系环境，有利于提高个体的素质和促进个体的发展。

作为Web2.0网站，人人网为用户提供了日志、群、即时通信、相册、集市等内容丰富的互联网功能体验，满足用户对社交、资讯、娱乐、交易等多方面的需求，构成了一个以实名制为基础的、相对网站的虚拟社会，从而完成了个人社会关系的网络化建构。在现实生活的校友、同学，通过网络空间进行嘘寒问暖，状态关注，拉近了现实生活中的人情关系。这种网络与现实时空一体的互动交流是人人网最大的传播特色，也是它在互联网时代脱颖而出的关键。

2009年8月4日，千橡互动集团董事长陈一舟宣布，其旗下SNS网站校内网将启动新域名renren.com，并更名为"人人网"。至此，人人网完成了对虚拟社会的建构。虚拟社区其实是拟态环境的一部分，网络虚拟社区是以客观环境为蓝本的，与客观环境有着密切的联系。在互联网媒介的互动传播时代，人们处在一个受众主动参与和实时反馈的"拟态环境"当中，这加速了拟态环境的环境化。网络媒介下的互动传播时代构建的是一个"虚拟现实系统"，从而加速了媒介世界对于现实世界的虚拟化，即人际传播情境的再造。人人网通过对现实社会人际关系情景的再造，以校园为基础，最终扩散到整个社会，将所有人囊括进这个大的网络情境当中，然后通过各种应用来实现与受众的互动。在互动过程中获取了报酬，即扩大了网站的社会影响力和商业影响力。

第二节　广告互动

一、广告互动的发展现状

20世纪八九十年代我国传媒开始走向市场，以受众为中心的整合营销传播思想越来越深入人心。在信息爆炸的互联网社会，人们对于传统的广告已经产生了厌烦和抵触心理，广告要见效，必须在传播方式上创新。互动是一种增强广告效果的绝佳方式。对广告主而言，互动能够全面获知消费者的意见，统计广告到达率，从而帮助其进行经营决策和广告投放策略调整；对受众而言，互动是满足如下三大需求的关键。

首先，广告互动能满足受众对话语权和选择权的渴望。受众并不是完全反对广告，而是反对"垃圾广告"。对于与自身需求密切相关的产品，受众有需求和了解的渴望。其次，广告互动能为受众提供更多的产品信息，与广告主互动，受众能够获知更多的产品信息，从而有助于他们做出理性的购买决策。最后，广告互动能为受众带来"体验"。随着社会物质资源的极大丰富，受众越来越重视商品的附加价值，期望在经济交往中获得个性化的独特体验，广告互动则可通过模拟来实现这种体验需求。因此，带有互动性的广告传播模式成为黄金模式。

按广告传播媒介的不同时期划分，可把广告互动传播的发展历程归纳为以人为媒的广告互动、传统媒体广告互动、新媒介广告互动。在这一历程中，由于传受双方经济地位和观念的变化，广告互动形式从短期的简单的买卖交流，变为长期关系的发展维护。广告互动传播目的由单纯的交易变为物质交易和精神交往。广告互动传播使得广告充分发挥其信息传达作用，满足受众需求，实现企业传播目标的精准化。

（一）以人为"媒"的广告互动

商品交易的早期，人们为了交换的方便进行，通过吆喝、叫卖等独特的声音方式进行产品（服务）信息的宣传。此时所谓的双向其实就是面对面的交易过程，这种互动传播模式比较单一，只是简单的买卖互动。

在这一传播阶段，广告互动传播以交易为唯一目的。随着市场竞争的加剧，直奔交易主体的吆喝式广告互动已经满足不了消费者的多样化个性需求。对于目标产品，消费者更愿意对其多样化进行全方位的了解。此时产品销售人员就是产品的"代言人"。而在商品资源过剩的市场经济时代，销售人员就需要采取各种方式主动发起广告互动活动，如橱窗陈列、试用、新品发布活动、促销活动等。

亲切感和情感关系的建立和维护是广告互动传播的最终方向。因为在社会交换中人际关系往往是起到重要作用的决策筹码。人们往往会选择自己有特殊感觉的产品和品牌。因此只有和受众人群建立起特殊的情感关系，才是品牌制胜的法宝，这就需要在广告互动的过程中完成情感信息的传达和互动，并从认知和态度上改变受众，最终达成交换行为，实现互动报酬。

（二）传统媒介广告互动

大众传媒实现了信息的一次性大范围传播。凭借着强大的受众优势，媒介广告得以迅速发展。广告媒体的概念应运而生，主要是指那些能够被用来向消费者传达广告信息的物质实体。随着印刷、广播、电视等技术的发展，信件和电话逐渐成为广告互动传播的主要反馈手段。由于互动传播是一种极具个性化的传播方式，具有一对一的互动传播反馈特色，因此在很长一段时间内广告互动传播主要是针对重点客户进行的。

该时期的广告互动传播模式可分为间接人际互动和大众传播与弱反馈两类。间接的人际互动是指以媒介为中介进行的企业和消费者之间的互动行为，如促销广告的发布与受众的购买行为。大众传播与弱反馈主要是指传受双方在精神层面的互动。如在品牌形象广告互动传播过程中，受众可能没有立即做出购买行为，但是会形成潜移默化的品牌形象，从而在其以后的消费过程中成为决策依据。

　　传统媒介广告互动具有传播范围广，表现形式多样，互动及时等诸多优点。在互动传播中，广告接收者也成为传播者，能够参与广告信息的制作，甚至成为广告活动的一个构成部分。这种传播权的共享和分配越均匀，广告传播的互动性就越强。

　　在传统媒介广告互动过程中，不仅广告传播者能够影响广告受传者对产品（服务、企业等）的态度和行为，广告受传者也有足够的力量影响传播者。如广播中观众热线电话的插播，电视购物广告中的热线互动等。

（三）新媒介广告互动

　　随着网络、手机等新媒体的出现和跃进式发展，基于高科技数据处理技术和全球信息网的媒体也开始进入广告行业。1994年，美国的AT&T公司在Hotwired（www.hotwired.com）上做了第一个互联网广告，为广告界增添了一类新型的广告作品形式。

　　到目前为止，新媒体互动广告已发展至E-mail广告、游戏广告、关键词广告、视频互动广告、按钮广告、弹出广告等多种形式。我们可以将其分为两大形态：一类是广告传播者与受传者以新媒体为中介的信息交流；另一类是人工智能化身为传播参与者，与广告受传者之间的互动交流、体验活动。随着链接、人工智能和点对点技术的发展，新媒体广告传播者打破了距离和时间的障碍，实现了即时的广告信息互动。

　　从传播特点来看，大数据和各种互动科技的应用使得新媒体广告互动传播的传播目的和层次都更加复杂，主要侧重于一种长期的有组织的、从单次交易层层深入广告受传者内心的传播活动。

　　总之，广告互动发展的历程始终离不开社会交换这一最终目的。信息传播主体和受众的地位和关系不断地发生着变化。最终以受众体验为中心的新媒体广告互动传播具备了无可比拟的传播优势而深受消费者青睐。广告互动传播不但需要为产品赋予意义，为消费者提供服务，也需要为消费者解决购物难题，引发情感共鸣，满足消费者的情感需求。互动广告传播模式的发展不是一个代替另一个的过程，而是叠加的过程。全方位的媒体互动广告传播是一个长期的"广告传播—交易—广告传播"不断重复的过程。

二、广告互动的常用策略

广告互动传播模式中存在着广告传播者、广告受传者、互动媒介三大主体要素，互动传播要素之间互相作用构成了互动传播行为。在广告互动传播的过程中，这三大主体要素不断地随着社会经济、观念和科学技术的发展而发展，并随着传播主体的目标和需求的变化而变化，三大主体要素的变化需要我们用不同的策略加以应对。

（一）个性化策略

所谓个性化策略，是指以目标网民为中心，根据其需要、品位、兴趣取向、上网习惯、消费习惯为个人特别定制和定向发布特定广告的策略。在广告互动传播过程中，受众主要是基于一定的需求来接触媒体的，广告只有在互动过程中符合个人的需求才能达成有效互动，实现企业报酬。此外，由于用户体验决定购买选择，广告互动方式要适应不同人群的行为习惯，以简易方便为佳。各类电商网站支付平台的不断完善就是个性化策略的重要体现。针对不同客户的用卡习惯，网上支付系统不断地开发出各类银行以及各种形式的银行卡的支付通道，最终实现了网购的普及。

个性化广告互动策略表现在广告的定制和定向发布两个方面。定制广告通常是智能代理根据个人提供的资料，归类配出广告内容套餐，实现自动的分众化，甚至类似个人化创作的广告。例如，比较火的脸萌手机APP软件，可以根据个人形象特色进行个性化定制和传播，从而引发大量的追随者和转发者。

定向发布广告是根据不同类型广告主的不同需求，准确地收集并判断网民的行为特征，选择最适合的对象投放相关广告，从而最大限度地提高广告的到达率和转化率。这就是目前行业内热议的通过大数据分析来实现广告的精准投放。个性化广告能够迅速抓住网民的"痛点"，激发他们的好奇心和参与欲，诱发其行动。

（二）体验式策略

体验式策略是指通过利用虚拟现实等技术，引导网民参与使用品牌（产品或服务），预先获得消费体验，对该品牌（产品或服务）产生解、认同和共鸣，从而达成广告目的。在以人为媒介的广告互动中，主要通过销售人员的描述和示范来实现产品和服务功能的体验。传统媒介时代则可以通过情景的再造来实现广告体验式互动，新媒体时代各种触控与虚拟现实技术的应用能够更加直观形象地实现广告的体验式互动。

体验式广告互动策略可以完成从试用到说服甚至购买行动的多层次交互效果，并通常具有娱乐性。例如，MINI汽车新品发布会的广告《为一辆车造一座城》，通过城市生活场景的构建，结合声、光、电、视频等特效技术，让到场来宾亲身体验新MINI的拥有感。

体验策略要让消费者体会到品牌或商品的优良品质，体验模式要有多种选择，以满足受众自主和娱乐的需求。

（三）游戏式策略

游戏式策略即以娱乐为诱因，以互动游戏为载体，在受众参与的过程中传播广告信息，从而达到潜移默化诉求的广告效果。长久以来，无孔不入的广告引发了受众的极大反感，他们采取了转换频道、视而不见甚至选择性跳过，这说明传统的广告形态已经很难引起受众的关注。这要求网络广告更加具备服务性或娱乐性，或者两者兼备，只有这样，才能增强网络广告的黏合力和吸引力。

按照广告内容和游戏的融合程度，游戏策略分成两个层面：（1）在网站提供免费游戏的开头、中间和结尾，或者游戏的四周发布广告。这种形态下并不要求品牌（产品）特性与游戏内容有明显关联。（2）用互动游戏技术，将品牌（产品）信息嵌入游戏环境当中，通过网民的互动游戏，产生更强的说服效果。

互动性、趣味性的游戏，使网民在娱乐的过程中获得简单的产品信息，并通过持续的关注形成持久的品牌记忆力，加深对产品的印象。

（四）激励式策略

激励式策略是指在网络广告活动中，设置即时可以获得的"奖励"以诱导目标受众主动参与，从而达到深度诉求的效果。调查表明，免费抽奖类广告是网民最易接受的广告互动形式。通过完成某一任务获得抽奖机会，满足了大多数网民的侥幸心理。诚然，这要求设置的任务比较简单，如微博转发或者上传评论等。这样在整个过程中受众的付出只是键盘的操作，并没有实体物质的付出，而奖品一般都是实物，受众因而会觉得交换过程比较"划算"，因此主动参与到广告互动中来。

从心理学的角度来看，行动源于需要而发于诱因，有奖转发类活动以奖品为驱动力，诱使目标受众对营销活动产生互动行动的原动力。

这种策略适用于微博微信企业公众账号增加关注度，新产品试用推广，调查问卷收集资料和测试等。

（五）悬疑式策略

悬疑式策略是指通过设置疑问，为受众创造行动导向，实现层层递进诉求的广告目的。它的核心是利用受众的好奇心、参与欲望和解惑的需求，广告提供的信息能够满足这一切。从心理学角度来看，好奇心是人们做出行为反应的驱动力，人们普遍对未知的东西具有探索的欲望。

悬疑式策略一般有疑问型、欲语还休型、邀请行动型等。悬疑策略的特点就是能够改变传受双方的地位，使受众从不自觉的被动状态变为自觉的主动状态。例如，最近比较热议的针对周迅婚讯的一封报纸头版头条告白信，其背景故事的悬疑性引发了受众的搜索和探寻，从而形成有影响力的广告互动传播行为。悬疑策略的有效实施，关键在于要能提供确实的解决办法和足够的信息。

广告互动的双向互动传播特性，要求我们在策划和发布互动广告时，应以受众的心理需求为本，注重运用开放的参与性和创新性思维，最终实现最大化的互动效果。随着广告的不断发展和更新，广告环境的日益完善、互动广告的策划创作水准不断提高和管理技术的不断发展，互动策略将更加丰富，互动广告必将得到更为长足的发展。

三、广告互动的案例解析

一个男孩用可乐瓶罐激活飞船后，仿佛真的来到了潘多拉星。这并不是美国著名电影导演卡梅隆执导的《阿凡达》，而是可口可乐零度的"阿凡达"电视广告；它并没有运用我们熟知的3D技术，却让你有身临其境之感。其原因就在于它运用了AR。所谓AR，是augmented reality的简称，中文名为"增强现实"或"混合现实"，增强现实（AR）是在虚拟现实技术基础上发展起来的一种新兴计算机应用和人机交互技术。它借助计算机和可视化技术将虚拟的信息应用到真实世界，真实的环境和虚拟的物体实时地叠加到了同一个画面或空间同时存在，简单地说就是虚实结合。

广告中男孩所持的是一个印有"AVTR"特别包装的可口可乐"零度"，事先将代码编入"AVTR"字样里，然后再把加入代码的"AVTR"放到摄像头前通过软件识别解码后，就能看到隐藏的视频或图像。这样，你就可以用可乐瓶操控电脑里的一个飞行器。这种事境体验感，震撼住了一大批体验者。类似的互动广告在AR技术商用后，受到了各大品牌的追捧，各商家纷纷推出量身定制的品牌AR广告：奥迪的AR使用手册；万达地产广告片使用AR技术全景实现了楼盘项目的前期游览；巴西世界杯的AR射门游戏；麦当劳、肯德基的创意AR广告……各大品牌的创意应用为广告受众提供了丰富的互动内容，广告变得趣味十足。

随着媒体广告的泛滥，广告商不断地寻求创新与创意手段来吸引受众的关注，将广告主题在消费者的头脑中建立关联。AR技术提供使用者关于视觉、听觉、触觉等感官的模拟，让使用者如同身历其境一般，可以及时、没有限制地观察三度空间内的事物。这些应用特点无疑是各大品牌趋之若鹜的动因。

AR技术的出现为互动营销行业发展带来了巨大契机，在一种轻松活跃的环境中，使用户与品牌产生零距离的接触，这种全新的用户体验充分地调动受众的好奇心和参与热情，并且通过模拟情境的现实化，在创造惊奇的同时将品牌信息深深地烙刻到受众的脑海里，广告互动的传播效果达到了前所未有的成绩。

从广告互动策略来看，AR广告将个性化、体验式、游戏式及悬疑式的互动传播策略完美地融合在了一起。AR技术结合各大品牌特色创造个性化的品牌广告片，通过游戏互动的形式将受众深深地吸引进来，并产生强烈的互动记忆。此外，创意AR广告作品往往还给受众创造出不可思议的体验感觉，未知的广告发展情境是受众主动体验的极大诱因。

在网民"君临天下"的Web 2.0时代，"互动性"日益成为广告营销的制胜关键，AR技术凭借其交互性、灵活性和它所带来的高关注、高参与、病毒传播性等优势，使这种互动犹如3D阿凡达一般真实而直接，从而极大地调动了广大受众的积极性，这无疑成为Web 2.0时代全新的互动广告解决方案。就如同《阿凡达》的热映不仅成就了卡梅隆票房"世界之王"的称号，同时也宣告了这场耗资1.5亿美元的营销战役的胜利一般，20世纪福克斯公司与可口可乐、麦当劳、松下、LG等大公司一起，利用增强现实技术开创了互动营销的新纪元。

在Web 2.0时代，人们迫切需要更多的互动性，更多的即时性，更多的个性化，更多的垂直化。随着AR技术跟手机发展的结合，相信一个崭新的Web3.0时代已经在向我们招手。其虚实结合、高度交互性及三维定位功能，将极大程度地调动用户参与的热情，还原互联网的真实感，让互联网跟真实世界的关系更紧密。AR也为互动营销、移动广告发展带来了巨大的商机。它创造出的全新的用户体验，在一种轻松活跃的环境中，使用户与品牌产生零距离的接触。

第三节　游戏互动

一、游戏互动的发展现状

通过游戏的设置使主体之间或主体与游戏之间发生的互动形式，都称为游戏互动。游戏互动是以情境互动、关系互动、议程互动为主要传播方式的互动传播应用。从心理学的角度来看，游戏互动的动机主要来自关系、操纵、沉浸、逃避和成就。不论你身处哪个时代，形形色色的游戏都能够从各个动机因子满足不同玩家的需求，这也就是游戏具有使用与沉浸特色的重要依据。

早期的游戏互动主要是人与人之间面对面的直接交流互动，互动的内容以竞技、娱乐为主，不论是肢体游戏互动还是语言文字游戏互动，都体现出古人对于人际互动交流的迫切需求。骑射竞技、吟诗作对和麻将牌九等，古代游戏互动的出发点是基于关系的互动，同时游戏规则主要靠议程互动来规范。此时的游戏互动具有直接性、竞争性和娱乐性，是古代人们重要的休闲娱乐活动。

但当电子媒介出现后，依托多媒体技术手段的游戏互动给玩家带来了前所未有的游戏情境体验。游戏互动不再局限于人和人之间。电子媒介作为新的互动对象还吸引了更多的使用与沉浸。电子游戏情境互动的建构性、感知性和主观性为每个玩家建立了专属空间，面对面的游戏互动发展成为不受对象约束的人机互动及面对面的人际人机互动。

网络媒介时期的游戏互动把传统的游戏互动以角色和情境再现的方式在网络中表现出来。网络游戏互动包含了人机互动、人与游戏的互动及人际互动。典型的计算机互动性包括：由选单选择指令，做出按键动作，进行链接，键入搜寻字词在数据库进行检索，在播放影音数据时调整音量或播放程序，以及回答计算机屏幕对话栏所提出的问题或信息等。区别于以往的游戏互动，网络游戏互动的互动性大大提高。网络情境互动更加丰富，人际关系互动更加全面化，议程互动在电子游戏的庞大叙事模式下得到了充分的应用。依托电脑和现代信息技术，电子游戏建立了一个庞大的在线虚拟游戏社区。庞大的叙事场景，可以实现现实世界的重现以及虚拟世界的创造；在游戏互动的方式和手段上，玩家可以运用音视频等工具进行人机之间与人际之间的信息互动与意义共享。

在游戏互动的三大发展形态中，网络电子游戏无论是在关系的应用还是情境的构建以及游戏议程的设置等方面都具有无可比拟的传播优势。网络电子游戏将网络新媒体的虚拟性、互动性、广泛性、平等性等特征应用到了极致，并且以全新的互动性、叙事性等特征构建出高效的信息传播模式。以往的游戏互动只能提供一种被动式的、反馈式的互动。游戏互动议程的设置是既定的，虽然受众可以选择游戏互动的对象、方式和时间，但是互动的内容是既定的，而且互动的时间和方式要符合对方的需求，互动行为才能达成。电子游戏摆脱了游戏互动对对象的不确定性所带来的时间、空间和兴趣爱好限制，人们在网络虚拟空间可以随时选择自己感兴趣的游戏内容进行人机互动，或者与身边人共同互动。网络新媒介可以让使用者更充分地沉浸其中，电子游戏呈现出三种互动共存的特色，构建了庞大的虚拟游戏社区和人际交互平台。以玩家与计算机的互动为基础，玩家既对游戏进行"使用与沉浸"，更对游戏内容进行二度创作。

二、游戏互动的常用策略

（一）关系互动策略

关系互动策略是指在游戏互动过程中基于现实社会关系的虚拟再现而进行的网络人际互动传播。游戏互动中的关系互动的行为模式主要包括竞争、机会、角色扮演和沉浸。竞争是游戏的核心精神。社会心理学家认为，人们与生俱来有一种竞争的天性，每个人都希望自己比别人强，随着人类进入到文明社会，能满足人们竞争心理但又不会造成人身伤害的游戏成为了人们最大的休闲娱乐方式。从古至今，游戏的形态已经焕然一新，但是其竞争的本质是中世纪里人们使用与沉浸的心理动因。机会在游戏中的体现其实是合作，人们在互动中寻找合作机会来实现自身利益的提升，逐利性是人们进行游戏互动的深层动因。以经验值等级系统为例。目前主流网络游戏的经验值奖励办法是，做任务和砍怪，这些往往是吸引玩家持续进行互动的有力诱惑。

游戏互动的社会化角色扮演就是基于现实社会关系的虚拟化再现，游戏用户通过角色关系的互动来实现传播行为和过程。游戏互动的角色扮演既来源于现实、又区别于现实，具有虚拟社会人际交往的特性。它是为增强游戏玩家对游戏的黏合度而设定的主体关系。

游戏互动中关系的交叉融合性满足了人们迅速融入网络社会的需求。通过网络角色关系可以拉近主体间的关系，降低生疏感。网络创造了一个全新的人际交往空间，人们不需要面对面沟通，而且网络空间的匿名性使得人们可以隐匿自己在现实世界中的部分甚至全部身份，重新选择和塑造自己的身份，根据自己的意愿打造自己的网络身份与他人进行互动。角色扮演的自由性和随意性使得人们在网络虚拟空间的互动行为不再有现实生活中的拘束感。我们有角色的选择权和扮演自由，选择扮演的是既定的虚拟的前台行为，可以将后台的行为在角色扮演里表现出来，这就在一定程度上打破了前后台的界限。

沉浸是指当人们在进行某些日常活动时集中注意力，并且过滤掉所有不相关的知觉，进入一种沉浸的状态。早期沉浸理论指出，"挑战（challenge）与技巧（skill）是影响沉浸的主要因素。若挑战太高，使用者对环境会缺少控制能力，而产生焦虑或挫折感；反之，挑战太低，使用者会觉得无聊而失去兴趣，沉浸状态主要发生在两者平衡的情况下（Csikszentmihalyi，1975年）。随着计算机科技的发展，沉浸理论延伸至关于人机互动的讨论上，在活动中完全专注和活动中被引导出来的心理享受是沉浸的主要特征。

关系互动在角色扮演类游戏中的作用最为明显，角色扮演游戏的核心是扮演。在游戏玩法上，玩家扮演一位角色在一个写实或虚构的世界中活动。玩家负责扮演这个角色在一个结构化规则下通过一些行动令所扮演的角色发展。角色扮演模拟游戏是一种非常好的直观教学，带有网络链接的在线角色扮演模拟游戏还可以锻炼团队协作的能力。除此之外，角色扮演模拟游戏还可以实现在很多现实世界中社会角色难以实现的动作和行为。

（二）情境互动传播策略

游戏互动可以被定义为个人与游戏情境的相互作用。从互动过程把情境分为既定情景和有效情境。在既定情境中，人们的行为选择通常指向自身利益的最大化。但行为的发展通常基于更长远的考虑，包括策略、长期目标及促进自己和他人幸福的愿望。当某些考虑偏离了既定情境的行为选择时，就会导致个体对既定情境的转换，个体在转换过程中产生的对行为结果的评价就组成了有效情境，有效情境引导着行为的产生。简而言之，我们在传播互动过程中的评价和修正对行为的选择构成了有效情境。在游戏互动过程中，情境是既定的，但是人们的互动行为如角色的选择，人与游戏的互动组成了有效情境。所以有效情境体现的是游戏情境互动行为的价值和意义，通过有效的选择直接引起个体的行为，满足个体的心理需求。

情境互动的过程主要受在特定情境结构中个体的认知、情感和习惯的影响。认知和情绪在刺激和引导情境互动过程上起着重要的作用，但是以虚拟空间为依托的互联网游戏情境互动过程一般不需要大量的心理活动。因为游戏是以休闲娱乐为主，游戏的情景设置都是既定的，个体由于对重复遭遇的情境模式的适应，会形成一种对某种特定的环境以特定的行为方式反应的习惯性倾向，因此游戏情境互动主要受到个人习惯的影响。游戏情境互动具有主观性、可感知性以及可建构性。在互联网电子游戏时期，游戏的情景互动空间得到了空前的发挥。通过人与游戏、人与人、人与电脑的多重互动，不论是客观情境还是主观情境，都伴随着人的游戏互动而逐步地转换。拟剧论者认为：人类的社会生活互动就是一部多幕的戏剧，从台前到幕后，体现着人在客观情境和主观情境中的互动表演。人要不断地适应场景的变换并及时调整自己的行为规范来适应新的场景模式，人与情境的互动构成了人类社会的全貌，同样人与游戏情境的互动也是游戏互动的重要内容。

（三）议程互动传播策略

网络游戏中的议程互动具有现实世界中已成互动的共性，同时也兼具网络媒介的个性。在游戏中，人们的行为选择是由个人的认知态度所决定的。不同的玩家通过选择什么样的角色，什么样的合作者，以及游戏道具和策略，会形成玩家各具特色的个人叙事要素。在议程设置既定的前提下，不同的人进入同一款游戏，事件发生的顺序是不同的，因而结果也是完全不同的，这是电子游戏叙事颠覆其他媒介文本叙事的地方，也是游戏引发沉浸的重要原因。我们所说的游戏叙事模式其实就是游戏议程设置的直观体现和作用。

在游戏互动传播过程中，媒介议程、公众议程和政策议程分别从不同的层面决定着游戏的叙事模式。传统的面对面的游戏互动一般具有地域性和阶段性，由于面对面的游戏互动是人与人之间的互动行为，因此游戏规则的普及是游戏得以随时随地进行的重要手段。在中国，搓麻将可以说是"全民运动"，但是个别地方在大的游戏规则下又会有细微的差别。此外，面对面的游戏还具有圈层性。根据游戏的内容所吸引的受众往往具有一定的共性，如年龄、性别、爱好等，由此而引申出一系列具有公众议程特征的游戏，如网络盛传的引起"80后"热议的小时候玩过的那些游戏等。电子游戏互动是以人机互动为主，也有以游戏机为主的人与人之间的互动，但是人与人的互动并没有打破面对面的局限性。网络电子游戏的出现使得游戏议程设置更具交叉融合性。从游戏的情景设置到人与游戏的互动，以及人与人之间的互动，都完全将现实社会搬到网络虚拟空间中来，形成了一整套的网络游戏议程互动模式。

在传统议程互动引导性、时效性和约束性的前提下，网络游戏议程互动又具有个性化的特征，由于玩家游戏选择的不同而形成不同的叙事文本。传统媒介叙事主体主要是由传者即媒介生产者建构的，而游戏则是由受者即玩家建构的，其叙事体系是在玩家游戏过程中形成的，是一种基于玩家的个性化的选择之上的议程互动。

三、游戏互动的案例解析

"冰桶挑战"（ice bucket challenge）是一项由社交网络所发起的活动，其初衷在于帮助渐冻人。参加者需要将一个装满冰块的一桶水倒在自己头上，并且将整个过程拍成视频并上传至社交网络。另外，参加者还要提名三名其他人士并要求其仿效。被提名者需于24小时内回应，可选择接受同一挑战，或是改成捐款100美元给慈善团体作为代替，或是两者都做，已接受挑战者则同样可以作捐款行为。这项看似简单的游戏互动，却形成了席卷全球之势。越来越多的名人加入到冰桶挑战的行列中，如美国的比尔·盖茨、扎尔·伯格、勒布朗·詹姆斯，中国的雷军、"流行天王"刘德华、富士康郭台铭和百度李彦宏。如今美国的"挑战冰桶"已经从互联网界蔓延到娱乐界，成为风靡全世界的一场"全民娱乐"。

仔细研究整个冰桶挑战赛的游戏规则，我们不难发现"挑战冰桶"之所以流行，是因为其具有高度附着性、复制性和社交货币功能的内容，借助社交网络和名人等渠道进行传播，再加上"邀请"、触发机制及网友的拼命分享，三者共同造就了这项风靡全球的活动。首先，游戏的内容主要包括游戏背景和游戏规则。游戏背景也就是互动传播中的游戏情境设置。冰桶挑战赛的公益初衷是吸引一众名人参加的先提条件，游戏互动的公益情境预设既是整个互动的基础，也是引爆的关键。游戏的规则也就是游戏的议程设置，在冰桶游戏的议程设置中融合了人际互动、情景互动及媒介互动。其次，活动的传递接力是靠人际关系来进行，而且倚靠的是高层人际关系，能够被点到名或者挑战这项运动是一种荣耀，证明自己的身份和社会地位，流行性也为这项活动的"社交货币"加分。关系本身就形成了媒体互动关注焦点。最后，活动的情境设置具有简单易复制性，拍一小段视频上传在信息社会已经是最简单的互动行为，虽然冰桶湿身的挑战对参与者有点小考验，但无伤大碍，而且以公益之名娱乐性十足，具有很强的复制性。网友也非常乐于看到名人"湿身"或者"出糗"的视频，这也加速了视频的传播以及行为的复制。全媒介的互动参与加速了"冰桶挑战"活动的传播力度。

从传播渠道来看，"冰桶挑战"游戏借助社交网络和名人等渠道进行传播，通过社交网络，全球的所有人都已经连接，信息的流动速度已经超乎想象，特别是对于"挑战冰桶"这样的有内容的"流行病毒"，社交网络更是完全没有抵抗性，想不疯狂扩散都难。这就是网络媒介的巨大传播优势：迅速性、爆发性和不可预估性。引爆热点最重要的还是"明星效应"。明星本身就是舆论的焦点，他们参与的一切活动都具有话题性，这种话题性可以让信息快速流动，让这项行动快速传播。同时，明星都有广泛的粉丝群体，本身也是一个强大的"自媒体"，现在明星本身作为"自媒体"也成为信息传播的重要渠道。有那么多影响力巨大的明星参与，这项行动很快就全民皆知，这个过程就是媒介议程影响社会议程的典型案例。

再从触发机制来看，一项行为之所以流行，主要是基于背后的诱因或者触发机制，"挑战冰桶"是怎么开始传递下去的呢？就是挑战者要提名三名其他人士参与挑战。名人提名的还都是名人，还都是影响力巨大的明星，通过这样的"提名机制"可以让这项行动像"病毒"一样"传递"下去。因此，其触发机制就体现了关系互动策略。

综上所述，"冰桶挑战"的成果的确不是偶然的，而是在游戏的初始设计中就已经将关系互动、情景互动、议程互动高度地融合进来，并在传播过程中又充分发挥媒介的自发互动关注作用，从而形成强势的舆论互动，最终实现了这个游戏的火爆。

第四节　舆论互动

一、舆论互动的发展现状

舆论是指在一定社会范围内，消除个人意见差异、反映社会知觉和集合意识的、多数人的共同意见。其中"议题""公众"和"共同意见"是学者们提出的舆论的众多要素的交集。舆论的形成一是来源于群众自发，二是来源于有目的引导。从舆论的发展来看主要经历了三大阶段：第一阶段古代没有新闻事业时期的社会舆论，第二阶段是新闻业如何反映社会舆论，第三阶段就是网络大众舆论时代。

（一）古代没有新闻事业时期的社会舆论互动

在媒体出现之前，古代人类最早的舆论互动形式是一些歌谣和韵文，包括一些小说、戏剧、史诗等。它们朗朗上口、易于流传，并且对统治阶级抨击的激烈程度是现代受审查的报刊所无法达到的，所以深受人民的喜爱，优秀的作品流传至今，却依然被世人所传颂，对喜好名声的统治者也形成了一种威慑力。同时统治阶级也会通过编纂大型典籍、丛书来主导舆论。即使是在君主专制制度下的中国封建社会，中国的舆论仍然是强大的，民众对统治阶级的批评甚至比西方更加强烈。在舆论批评中最活跃的是有文化的士人，有史书记载的古代有影响的舆论互动活动有先秦游说之秋、汉代的"党锢"之争及其在魏晋的影响、宋代的太学生运动和明代的东林运动和清代的"文字狱"等都是在当时社会影响比较大的舆论事件。

分析中国历史上这几次大的舆论事件，可以看出：古代的舆论互动活动也经历过一个由分散到正规的过程。汉代太学生和正直的官员反对宦官和外戚的斗争，是比较近距离的搏斗，所以往往是成群结队地被杀。而宋代的太学生运动是反对外来的入侵者，是以有组织、有计划、大规模地在宫门前联合请愿和抗议的形式出现。明代的舆论互动则是通过制度的形式出现，即监察御史上奏章弹劾，并且是以密集的方阵前进，前仆后继地上请愿书。这个时期的舆论批评比较成熟，有东林书院作为舆论中心，有《首都公报》推波助澜，反映了舆论越来越有组织性，并且发展成为一种主要的参政、议政方式，在形式和规则上已经比较接近媒介新闻业舆论互动时期。

（二）新闻业反映社会舆论互动

1895～1911年是中国民族报业的崛起时期，新闻事业不断走向成熟。这一时期的报纸业杂志由一些开明的知识分子创办，并得到一些支持改革的新式官员的支持。报刊在创立之初就成为社会舆论的引导，一群热血爱国志士以此为阵地，口诛笔伐，直指摇摇欲坠的腐朽的清政府。此时的媒体，大多数不考虑金钱利益，是以鼓动和宣传革命、制造和引导社会舆论为目的的，开启民智、引导革新，真正起到了反映和指导舆论的作用。而辛亥革命之后，除了1915—1925年外，媒体的这种作用显得有所退步。林语堂归其原因为："一个政府越'强大'，报刊就越弱小，反之亦然。"

新中国成立以后，媒体作为政府"喉舌"，一直发挥着积极的舆论引导作用。改革开放后，当新闻资讯变得铺天盖地，当报纸、广播、电视几乎无孔不入，人们在不知不觉中发现媒体在一定程度上已经掌控了我们的舆论，新闻传播工具在反映舆论的形成、引导舆论的过程中发挥了很大的作用。社会舆论若只在街谈巷议中存在，或仅记载于决议，其力量是有限的。只有经过报纸、通信社、广播、电视等新闻传播工具的广泛传播，唤起人们对某一社会问题的关注，才能把舆论凝聚起来，影响人们的思想和行动，所以新闻界又被公认为"舆论界"。有的政治集团利用新闻传播工具放出"政治空气"，以试探社会舆论，这是对新闻工具的舆论作用的进一步扩张。舆论是新闻报道的重要内容，新闻报道是舆论传播的主要方式，舆论与新闻关系非常密切。

（三）网络大众舆论时代

在中国，网络舆论显示其影响力是在被称为"网络舆论年"的2003

年。2003年，"非典"疫情爆发，从而进一步改变了普通大众从电视、报纸获取信息的习惯，也改变了对互联网信息惯有的不入流、缺乏可信度的偏见。传统媒体在"非典"疫情前后截然相反的报道的立场，让公众对传统媒体的公信力产生质疑，而互联网终于让公众实实在在地看到其作为新兴媒体的强大威力。特别是在政府公布疫情后，民众可以通过网络了解最新动态，在浏览新闻的同时，通过论坛、新闻跟帖等形式畅所欲言，发表自己的评论，这给一贯没有太多表达渠道的大众提供了一个相对宽松自由的空间，网络舆论也开始受到上至党和国家领导人，下至平民百姓的普遍关注。

网络大众舆论对舆论的社会影响有两大类，一类是人们不断受到的关于要如何硬性要求，诸如未成年时必须接受的关于价值观、基本人伦关系和行为举止的教育（主要通过学校和家长）；成年后社会主流文化的熏陶（国家的各种法律和法规、执政党的章程、社团的公约、具体部门的规章，以及这些权力组织的领导人不断发出的指示等）、宗教或准宗教的规范（教会的教规、信仰团体的思想约束等）。另一类是社会中无始无终流动着的一般信息，这种影响实质上也是将舆论引导到合乎社会主流意识的轨道上，但是它的形式是间接的，如传媒的内容一旦造成较为广泛的影响，也会浸润到人际传播中，成为人际传播的话题。

二、舆论互动的常用策略

（一）情绪感染策略

情绪是人们各种的感觉、思想和行为的一种综合的心理和生理状态，是对外界刺激产生的心理反应及附带的生理反应。情绪具有相通性和感染性，是影响互动传播的重要因素，由此便引申出情绪感染的相关传播学研究。情绪感染是指情绪能从一个人身上感染给另一个人。表情越生动，表达得越清晰，情绪的感染力就越强。同时，人们也在下意识地效仿着他人的情绪，因此情绪感染本身就是一个人际的互动传播过程。

从各种情绪感染传播案例来看，情绪感染一般具有突发性、非理性、病毒式扩散性。一般有突发事件发生后，很多人第一时间会有一些极端的反应和言论，这些具有强烈极端性和刺激性的言论会在网上进行传播从而引发一部分人的认同和追捧，甚至引发集合行为。在传播学中，集合行为指的是在某种刺激条件下发生的非常态社会聚集现象。例如，中日关系一直是国内一些民族主义激进分子的情绪爆发点，日方的任何一个举动都会引发他们的网络聚集和抨击。很多对此了解不深的网民会受到他们极端言论的影响而产生共鸣，从而形成情绪病毒式扩散，甚至延伸到现实生活中，引发多次对日资企业的打、砸、抢事件。

情绪无好坏之分，一般只划分为积极情绪和消极情绪。但由情绪感染引发的行为及行为的后果有好坏之分。所以说，对情绪感染的管理主要是疏导情绪，并合理化之后的信念与行为。在互动传播中，我们要积极运用积极情绪的感染力量来营造高效的传播环境和健康的传播效果。

（二）群体规范策略

所谓群体规范，是指人们共同遵守的行为方式的总和。广义的群体规范包括社会制度、法律、纪律、道德、风俗和信仰等，是每个成员必须遵守的已经确立的思想、评价和行为的标准，不遵循规范就要受到谴责或惩罚。群体规范在不同的群体中产生不同的作用。利用正式群体中的压力与非正式群体中的内聚力可以产生相应的道德效应。人们对于群体规范所形成群体压力的感受是通过舆论互动表现出来的。因此，对于同一种群体规范，由于评价不同，人们感受到的压力大小也不同。因此群体规范通过舆论表现出来，群体规范舆论一经形成，就成为一种公认的社会力量，人们的行为就要受到舆论压力的制约。

群体规范作为一种标准化的观念，所涉及的对象是非常广泛的，内容也是多种多样的。它可以是国家的法律制度，民族的风俗、习惯、礼仪、传统文化，以及人们的知识、观念和信仰等；也可以是机关、工厂、学校的规章制度、规则和纪律等。这些内容本身就构成了一定的舆论传播素材，而且群体规范对舆论的传播也同样具有规范作用。在网络社会，人人都有参与制定群体规范的话语权，政府职能部门也越来越重视政策制订过程中公众的舆论倾向，各类民意听证会也越来越多。

在群体规范策略的具体应用方面，管理学上一些企业市场行为的"羊群效应"其实也是群体规范形成舆论的客观现象。它是指由于缺乏对信息的充分了解，投资者因此很难对市场未来的不确定性做出合理的预期。人们往往是通过观察周围人群的行为而提取信息，在这种信息的不断传递中，许多人的信息将大致相同且彼此强化，从而产生从众行为。"羊群效应"是由个人理性行为导致的集体的非理性行为的一种非线性机制。

（三）榜样行为策略

榜样行为互动是指以先进的典型为榜样，通过宣传他们的先进思想和行为使人们从他们的事迹中受到启发和鼓舞，从而提高人们思想认识与觉悟，形成良好社会舆论氛围的一种方法。舆论互动的行为榜样策略是指利用榜样效果来引导大众舆论互动的传播行为，在互动传播过程中，榜样是主体认同的对象，是主体心目中的范例，由此就会产生主动的、积极的响应和跟随。榜样教育过程采取的活动形式和依托媒介就是这一传播活动中的符号和媒介。在舆论互动传播过程中，这种具有主动性的互动行为往往是效果最好的，榜样互动行为必须具备有效性。有效性主要是指作为榜样，必须对主体具有吸引作用，能激起人们认同需要或仰慕心理的主体，才能称为榜样。从舆论互动的角度来看，榜样行为主要是通过榜样教育形成舆论互动，从而引导人们的行为指向，榜样行为是由上而下的双向传播行为。

榜样行为策略是有目的的、引导性的舆论行为，在具体应用上主要体现在以阻止为主题的传播活动中，如全民学雷锋，"人民的好公仆"孔繁森等都是从提升全党全民精神文明高度发起的的榜样互动行为，在全社会掀起了重大的反响和学习热情，它对于有效地净化社会空气、引导社会行为起到了重要的作用。

三、舆论互动的案例解析

热播美剧《纸牌屋》讲述了男主角弗兰克·安德伍德从"党鞭"到副总统，再到把总统玩弄于鼓掌之间，步步惊心布局上位的台前幕后全过程。剧中最为引人注目的就是贯穿整个上位过程中媒体发挥的精妙作用。可以说弗兰克·安德伍德的每一步计划都是直接或者间接地通过媒体的舆论引导功能来实现的。在白宫的门外，各家新闻媒体则成了受众，他们聚集在会场外观望、等待，白宫发言人告知什么，他们就报道什么。白宫发言人的通稿，造成了媒体间新闻的同质化。同样的内容反反复复出现在报纸、广播和电视里，对公众的说服效果自然非同寻常。他们垄断了话语权，对外公布的都是有利于自己的信息，但作为受众的网络媒体远远不会满足所谓的"一视同仁"，于是各大媒体记者使尽浑身解数，想尽各种方法去打探头条消息，获取高层政治新闻爆料。在传播学中，媒介有一项突出的功能"议程设置"，即为公众安排谈论的话题，决定人们谈什么和想什么。据此，剧情拉开了大幕。

第一个在剧中出现的就是以严肃新闻著称的《华盛顿先驱报》，弗兰克·安德伍德看中的就是它在政治话题上的权威性，所以通过女记者佐伊透露政敌的教育法案，最终成功地将自己的教育法案通过。显然，这是由于媒体的提前爆料所引起的对公众议程对政策议程的设置。将政敌的法案公之于众，充分利用大众舆论的力量将其推到风口浪尖，放大法案所引发的不满声音，从而影响高层的决策，最终实现自己的法案成功上位。纵观整个过程，佐伊在新闻报道中重点评述了法案中党派的分歧部分，为了追求反常性、轰动性的所谓新闻价值，媒体大肆炒作，党派矛盾被夸张放大，从而蒙蔽了公众的眼睛，误导了社会舆论。

从《纸牌屋》中几次大的群体事件来看：通过媒体发出"议题"，借由"公众"难以统一协调的"共同意见"来实现自我意见是弗兰克·安德伍德的成功之道。此外，舆论形成的过程，有两个相辅相承的过程。一是来源于群众自发，二是来源于有目的引导。以《华盛顿先驱报》为代表的传统媒体包括电视台，在整个剧情发展过程中都被弗兰克·安德伍德利用作为有目的的引导大众舆论的工具，也直接导致了佐伊、简宁、卢卡斯这一批传统媒体人的绝望。佐伊作为关键人物，在经历了见不得人的新闻爆料与肉体交易达到了事业的巅峰后，最终媒体人的职业道德始终拷问着她的行为，开始了寻找真相的不归路。此时他们只能依靠网络媒体来完成强权政治下的真相披露。剧中杜撰的"头条网"，从媒体特色和扁平化的团队管理都深深地吸引了事业处于辉煌期的佐伊，也是在"头条网"的工作经历让佐伊开始正视与反思自己一直以来的行为。网络媒体在议程设置上的开放性和自由性使得人们有更多的渠道去了解真相，网络舆论更多地代表了群众自发的声音。

网络媒体的巨大优势自然不会被男主角忽视，当他公布的教育法案引发了敌对政党组织的教师罢工游行等一系列集合行为威胁到国家局势，引发了总统的强势干预，传统媒体倒戈，他只能借助于网络媒体去寻求突破。于是授意佐伊在Twitter上，将一起偶发的幼童交通意外大肆渲染成由于教师罢工引发的失职行为，引发了网络舆论对教师罢工行为的抵制，最终迫使敌对政党结束教师罢工。但万万没想到的是，网络舆论是一把不受他控制的"双刃剑"。这也是网络媒体与传统媒体的最大区别所在，即网络媒体具有开放性、自由性和平等性，且这些特点不某人他的权势和地位而改变，当然也不会对他区别对待。

《纸牌屋》中佐伊、简宁、卢卡斯这些媒体人分别诠释了舆论与媒介议程、公众议程、政策议程的关系。尽管弗兰克·安德伍德有着一手遮天的权力，但他只能从个人行为的范畴内对他们进行围堵和追杀，他所做的一切都是无法在一个民主体制社会见诸阳光的，更不敢公开封杀媒体的报道。此外从舆论互动的角度，他灵活地运用群体规范策略来瓦解对手的借由情绪感染策略引发的大规模集合行为。通过与儿童遇害事件的结合，将对手置于道德和舆论指责的风头浪尖，让他们不得不遵从社会规范压力，为自保而放弃罢工。

在这里，网络作为新兴媒体，一开始被政客所利用，成为争夺话语权的有利武器，到后来反被作为批露真相的有效通道。当社会出现某一新问题时，社会群体中的个人基于自己的物质利益和文化素养，自发地、分散地表示出对这一问题的态度。网络形成一个意见的集散地，持有类似态度的人逐渐聚集，凝聚成引人注目的社会舆论。在舆论压力下，政治领导集团或权威人物，按照人们的意愿，提出某种主张或号召，并引起广泛共鸣，也可转化为公众舆论。这两类舆论形成过程，实际上在相互转化，或先从群众中来，然后经权威方面传播到群众中去；或经过权威方面的组织和动员，然后再传播到群众中去。

第五节　公关互动

一、公关互动的发展现状

公共关系是指某一组织为改善与社会公众的关系，促进公众对组织的认识、理解及支持，达到树立良好组织形象、促进商品销售的目的的一系列公共活动。其是指组织机构与公众环境之间的沟通与传播关系。这个定义反映了公共关系是一种传播活动，也是一种管理职能，因此公关具有情感性、整体性和长期性等特征。公关互动是一种状态，任何一个企业或个人都处于某种公共关系互动的状态之中。互动是一个企业或者个人完成社会交换、实现个人价值的惟一手段。当一个工商企业或个人有意识地、自觉地采取措施去改善和维持自己的公共关系状态时，就是在从事公共关系互动活动。公关互动具有主动性、多样性和策略性的特点。公关互动传播活动是由组织、公众、传播三要素构成的。公关互动的主体是社会组织，客体是社会公众，联结主体与客体的是媒介信息传播。这三个要素构成了公共关系的基本范畴，公关互动的发展就是通过三大要素在互动过程中的参与程度和方式的变化而展开。

早期的公关主要是伴随着新闻业的发展而产生的。最初，媒体的海量信息对企业决策者发挥着重要的决策依据作用，因此企业公关"主动"与媒体交流，借此掌握舆论动态，同时也通过媒体发布企业动态和广告来实现与公众的信息传递。这一时期，企业公关具有较强的单向性，主要原因一方面是受媒体的局限；另一方面是因为早期商品社会处于卖方市场时期，买方对商品没有选择的主动权，卖方只关心产品数量，很少考虑市场需求，卖方在交易上处于主动地位。

随着市场经济的发展，社会技术的进步，社会产品极大丰富，整个社会进入到买方市场时期。这一时期竞争加剧，组织开始借助于大众传媒进行品牌宣传，而受众的选择空间也更大了。于是企业开始主动地进行公关互动活动，通过媒体传播和线下互动两大主要渠道，面对面地将产品和服务展示给受众。在这个传播过程中，组织充分运用各种电子媒体，一方面以媒体为传播渠道将产品通过声音、图片及视频资料全方位地展示给大众客户；另一方面通过临展、活动等形式直接面对目标客户群。这一时期公关互动传播的形式极大地充实了人们的生活，提供了更多的双向互动交流渠道。随着"媒体为王"时代的到来，公关传播如影随形，无处不在，充斥着人们的生活。随着传统广告的没落，公关互动异军突起，成为各大企业进行品牌互动的法宝。

网络媒体的出现使得公关互动如虎添翼，传统公关互动利用报纸、电视台、电台等传统媒介作为渠道，但是随着互联网的发展，从渠道到形式再到内容都发生了很大的转变。在不断成长的互联网的影响下，网络公关也随之应运而生。公关公司也从传统领域延伸至网络，网络媒体的互动性极大地满足了受众的互动需求，为受众提供了更为便捷的互动渠道和空间。社会化媒体的爆发彻底转变了品牌与消费者之间的沟通方式，而数字营销发展之迅猛也时刻提醒公关行业做出相应的改变。这一时期，受众具有极大的主动性，他们可以自主选择自己感兴趣的公关互动行为，主动参与进来，满足自身需求。以受众为中心，整合多种互动渠道线，将上下相结合是现代公关互动的核心。

二、公关互动的常用策略

（一）导入型公共关系策略

这一策略适用于企业初创阶段和开创企业新局面的阶段，主要目的是公之于众，广而告之。如何在第一时间建构品牌或产品与公众之间的典型印象和关系是公关互动要解决的首要问题。品牌形象的认知传达与接受是这一阶段公关互动的主要任务。其主要做法是高姿态、高频率的宣传和交际，其目的在于在公众中形成良好且深刻的第一印象。在品牌公关形成的过程中，"首因效应"对于品牌的发展发挥着至关重要的作用。传播学中的"首因效应"是指最初接触到的信息所形成的印象对人们以后的行为活动和评价的影响。人与人第一次交往中给人留下的印象，在对方的头脑中形成并占据着主导地位。这就需要组织进行前期严谨的品牌定位与受众定位，根据品牌定位来做公关互动内容创意，根据受众定位来制定公关互动的媒介投放策略。在公关互动传播过程中，直准目标特色鲜明，这样才可以在最短的时间内有效建立与公众的良好关系，实现品牌认知度的提升。

（二）维系型公共关系策略

维系型公共关系是指社会组织在稳定发展之际用来巩固良好形象的公共关系模式。该策略适用于企业的稳定发展阶段，是对企业形象进行印象管理阶段。依据导入期与公众的互动过程中搜集到的目标客户的需求和喜好信息，来组织各类与受众面对面的关系互动交流活动，从而进一步对已经形成的良好的公关状态进行加固。维系型公共关系是针对公众心理特征而精心设计的，具体可分为"硬维系""软维系"两种形式。"硬维系"是指目标明确，主客双方都能理解意图的维系活动，如打折促销活动、会员制管理、展销临促等。其特点是通过大规模的让利、各种优惠赠品活动及会员关系的建立等来进一步维系同公众的关系。"软维系"是指那些活动目的虽然明确、但表现形式却比较超脱、隐蔽的公共关系活动，其目的是在不知不觉中让公众不忘记组织。例如，日常新闻传播、广告投放、客户答谢活动等，使公众在不知不觉中了解组织的情况，加深对组织的印象。

不论是"硬维系"还是"软维系"，其本质都是制造持续不断的品牌信息，使组织的有关形象潜移默化在公众的记忆当中。通过各类品牌情境的打造让受众沉浸其中形成品牌忠诚度，进而完成受众自发的口碑互动传播。

（三）防御型公共关系策略

防御型公关是组织处于形象危机时期所采用的公关战略。这一时期由于客观的原因或组织主观的原因引发了许多意外的事件，这些事件对组织的形象造成极大的冲击，使公众对组织产生不信任，严重地威胁着组织的生存与发展，如果任其发展下去，后果将难以预料。所以，这一时期，组织公共关系的重点就是处理突发事件。例如，禽流感引发的鸡肉制品相关的食品企业的危机，对此很多食品企业都将鸡肉制品下架，而对于洋快餐肯德基来说，产品下架显然面临着关门闭客的尴尬，于是防御性公关策略成为了肯德基的无奈之举。为了消除消费者的心理障碍，除了在门店张贴海报表示产品安全外，肯德基还要求供应商的每一批供货都要出具由当地动物检疫部门签发的《出县境动物产品检疫合格证明》和《动物及动物产品运载工具消毒证明》，并证明所有的供货"来自非疫区，无禽流感"。

防御型公关具有及时性、针对性和引导性。通过及时发现、对症下药、转移注意力的方式迅速化解和降低突发危机事件对企业公共关系的影响，最终取得受众的信任是组织防御型公关活动的关键。信任度是组织品牌忠诚度的核心内容，而信任度的维系是防御型公关策略的基本考量标准。

（四）矫正型公共关系策略

矫正型公共关系，就是采取措施来纠正因主客观原因给本组织带来的不良影响（风险或严重失调），恢复本组织被损害的良好形象和信誉的公共关系方式。一般形成组织危机的原因要么是来源于受众的误解，要么是组织自身确有错误。对于前者需要查明原因公布真相，而后者则更为棘手。由于公共关系属于弱关系群体，组织和公众之间的关系很容易因不信任而彻底了断，这种情况对组织造成的影响是致命的。三鹿奶粉就是引文近年来在自身危机事件中的不当处理才导致品牌形象迅速坍塌，以致企业遭遇破产的。

危机事件的意外性、紧迫性、破坏性和聚焦性使得矫正型公共关系策略成为五大策略中最为复杂又最为关键的策略，如果不能及时控制，危机会急剧恶化，使组织毕生之功毁于一旦。这就要求组织在制定矫正型公关策略时，遵循危机处理的一般原则，按照危机处理的方针措施步步为营，把危机看成一次发展的契机，抓住机会，遏制、削减和恢复组织形象，实现新的突破和发展。

（五）进攻型公共关系策略

进攻型公共关系策略是在组织及外部环境发生某种冲突时，以攻为守、改变环境、创造新局面。其特点是：内容形式新颖，能大大吸引公众的注意和兴趣，有利于迅速提高组织的知名度和美誉度。此时的公共关系战略目标中的公司形象塑造可以定位为"开拓创新精神""优良的管理和优秀的服务""公平竞争"等。

进攻型公共关系的战略目标是提高组织的美誉度。根据进攻型公关的特点，组织信息的传播是该策略的重中之重。信息的传播具有单一性，而且互动性弱，因此很难吸引公众。尤其是在网络信息时代，信息的到达率极低。这就要求组织在已有会员用户的基础上，通过长久以来建立的品牌信任和品牌忠诚度来实现与受众的口碑互动传播。

第六章　互动传播的效果评估

　　互动传播既是传统单向传播模式的复杂应用，也是传播学与社会学、心理学等多学科融合应用的分支。对于互动传播效果的研究也应借鉴相关学科的效果评估理论与行业的发展趋势，在互动传播体系下，综合分析互动传播的效果评估研究。

第一节　互动传播效果的概述

一、互动传播效果的定义

　　互动传播效果是指传播主体通过媒介渠道将具有说服动机的信息在双向互动中传递给目标受众，并对其心理、态度和行为等方面产生影响。从互动传播效果的评估需求上看，目前多用于舆论互动、广告互动、品牌互动等领域。对于互动传播效果的评估主要是从被动传播主体的认知效果、心理效果和其社会行为效果等方面来实现。而目前有操作性的互动传播效果的评估多集中在媒介传播效果评估和受众心理效果评估两大部分。

二、互动传播效果的分类

　　互动传播效果依据传播过程的表现阶段可以分为认知效果、心理效果、社会效果三个层面：双向互动的主体在传播过程中对于外部信息不断地感知，引起主体信息认知结构的变化，属于认知层面的效果；持续的互动过程与定向的信息累积对传播主体的心理与态度的作用而引起的情绪与情感的变化，属于心理层面的效果；主体在态度与情感上的强化、外部环境的诱发效应使得传受主体以外显的社会行为来体现互动的效果，属于社会层面的效果。

（一）认知效果

互动传播的认知效果主要是指"受者"（传播主体双方都具有受者角色）对于来自主动传播主体、媒体渠道、客观环境及传播情境等因素的信息进行加工处理的过程。互动传播的认知效果既是主动传播主体进行有效互动的客观效果反映，又是受者自我互动与行为表现的基础。

人的认知过程是一个非常复杂的过程，是指人认识客观事物的过程，是对信息进行加工处理的过程，是人由表及里，由现象到本质地反映客观事物特征与内在联系的心理活动，它由人的感觉、知觉、记忆、思维和想象等认知要素组成，注意是伴随在心理活动中的心理特征。受者对于信息的认知过程经历了以下几个阶段：（1）初始的认知平衡阶段。受已有的知识结构与行为规范的影响，受者对外界环境与社会规范体系的认知与适应处于平衡状态，并对新事物或信息所传达的观点是完全排斥的。（2）认知失衡阶段。在互动过程中，由于外界多种因素的作用，原有的外界环境与社会价值规范体系受到冲击，受者对既有的外界认知和社会规范体系的依赖性不断减弱，其认知状态出现了短暂的失控与混乱，并对新的事物或信息的排斥感减弱。（3）认知调节阶段。受者的认知状态在短暂的失控与混乱之后，会抛开既有主观态度来重新定位新的事物或信息，并对原有认知规范体系的依赖持续减弱。在认知新事物或信息的过程中保持不排斥也不接受的中立状态。随着互动的深入，在更多新的信息和观念及外界诱发因素的作用下，受者对新的事物或观念开始逐步深入的认知。在持续的互动过程中，受者对新事物或观念的认知日趋全面。（4）认知新平衡阶段。受者完全接纳新事物或新的价值规范传达的信息，处于认知与外部环境的新平衡状态。

从整个互动传播的阶段来看，认知效果主要是指受者对于信息的感知、记忆与理解阶段的效果。影响互动传播中认知效果的因素主要包括符号信息的共鸣性、媒介传播的效度、认知失衡的烈度及受者的期望值。符号信息的共鸣性是受者认知的前提，也是其对信息的感知、记忆与理解的基础；媒介传播的效度包括其传播的广度与强度，通过特质媒介渠道的传播呈现，有助于受者接受信息的感官刺激，并能强化受者的记忆效果，使其能够更好地理解信息的内容；对于受者的认知效果而言，更为主要的还是从受众认知的正功能与负功能的实现方面来评价效果，受者认知失衡的烈度反映了受者在受到外界信息刺激后的恐慌状态，体现了受者认知的负功能，失衡烈度越强，受者对于新信息与观念的平衡意愿越高；而受者的期望值体现了受者认知的正功能，受者的期望值越高，越容易对目标信息产生感知，有助于受者对认知信息的记忆和理解。

（二）心理效果

互动传播的心理效果主要是指带有说服动机的互动传播活动对受传者的观念或价值体系的影响而引起其情感与态度的变化。态度的形成实际上是一个社会化的过程，是个体在后天的社会生活环境中通过学习而逐渐形成的。而互动传播效果实现的重要环节则是在互动中实现对受者的说服以强化或改变其对信息与观念的态度。

态度改变指的是主体已经形成或原先持有的态度发生了变化。态度改变既包括方向上的改变，即质的改变；也包括程度上的改变，即量的改变。两者之间是相互联系的，方向的改变以程度的改变为基础和前提，程度的改变也总是朝着某一方向进行。

心理学家霍夫兰德（C. I. Hovland）对态度改变进行了深入地研究，提出了说服模型，如图6-1所示，将与说服效果有关的因素全部囊括进去。在这个模型中，外部刺激由说服者、说服信息和说服情境组成。其中说服者的影响力取决于他的专业程度、可靠性和他是否受欢迎。说服对象的特点包括其投入或承诺、是否对说服有免疫力及人格特征。在态度改变的过程中，被说服者首先要学习信息的内容，在学习的基础上发生情感转移，把对一个事物的情感转移到与该事物有关的其他事物之上。当接收到的信息与原有的态度不一致时，便会产生心理上的紧张，一致性机制便开始起作用。说服的结果有两个：一个是态度的改变；另一个是对抗说服，包括贬低信息来源、故意扭曲说服信息和对信息加以拒绝掩盖。

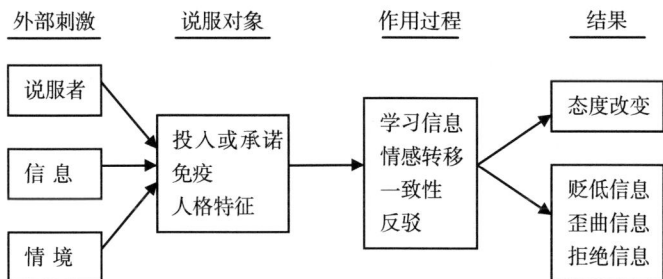

图6-1 基于霍夫兰德观点的说服模型

　　互动传播中受者的心理效果主要受到传播者、传播方式、接受者和情境等四个因素的影响。从传播者的层面来看，传播者的专业身份、角色地位、人格特质等方面都影响受者的心理效果。从传播方式的层面来看，传播信息的稀缺性、情感倾向性、情绪引导性等特点对受者的心理效果产生最直接的影响；而双向互动的深入程度对于受者的情感与态度的免疫力变化起主要的作用，继而影响到受者的心理效果。从接收者的层面来看，接收者的选择认知性、原有的态度、说服感受性、受者当时的心情及自我卷入程度等因素都直接影响到受者接受信息后的内化效果与态度变化。从互动传播的情境层面来看，情境对信息传播的正负功能也影响到受者的心理效果。

　　（三）社会效果

　　互动传播的社会效果主要是指带有说服动机的互动传播活动对受传者的观念、价值体系、情感和态度等方面的影响而引起其趋向传者目标的行为意向或行为活动。

行为意向是任何行为表现的必需过程，为行为显现前的决定。个体的行为在某种程度上可以由行为意向合理地推断，而个体的行为意向又是由对行为的态度和主观准则决定的。人的行为意向是人们打算从事某一特定行为的量度，而态度是人们对从事，某一目标行为所持有的正面或负面的情感，它是由对行为结果的主要信念以及对这种结果重要程度的估计决定的。主观规范（主观准则）指的是人们认为对其有重要影响的人希望自己使用新系统的感知程度，是由个体对他人认为应该如何做的信任程度及自己对与他人意见保持一致的动机水平所决定的。这些因素结合起来，便产生了行为意向（倾向），最终导致了行为改变。

互动传播的社会效果主要评价受者在互动传播活动中的行为意向或行为活动，而显性的行为活动，如购买行为、参与行为等，往往能够通过相关渠道获取诸如销售额度、参与人数等数据。对于隐性的行为意向，其不仅是互动传播活动对受者的直接影响，更是受者后续行为活动的基础。行为意向是指个人想要采取某一特定行为的行动倾向，也就是指行为选择的决定过程中，所引导产生是否要采取此行为的某种程度表达。行为意向的效果主要受到受者的行为态度、主观规范和知觉行为控制三个要素的影响。行为态度的形成包含受者实行某特定行为结果的重要信念和对结果的评价两个层面。主观规范是由受者在采取某一特定行为时对其所感受到的社会压力的认知，其规范信念和依从此普遍性社会压力的依从动机的集合。知觉行为控制是指个人预期在采取某一特定的行为时自己所感受到可以控制（或掌握）的程度。

三、互动传播效果的特性

互动传播活动涵盖了社会交往的方方面面，从现实应用来看包含了人际互动、广告互动、营销互动、品牌互动、舆论互动、公关互动等人类生活和消费的多维度互动活动。从传播效果上来看具有以下四个特性。

（一）效果累积性

互动传播活动对传受主体的影响是在持续的传播互动中形成的，随着互动传播的内容信息的累积，传播主体对传播内容的情感态度也在发生着持续的变化，传播主体的关系在持续的互动中累积影响。从认知到兴趣再到关注，继而产生态度倾向和行为意向，互动传播的效果具有累积性。

（二）效果复合性

互动传播活动涵盖了关系互动、符号互动、媒介互动、情境互动和议程互动等多种要素互动，其传播效果具有明显的复合性。互动传播活动不是单一的信息内容的双向流通，而是通过传播过程中各要素对于传播主体的共同作用，因而互动传播的效果不仅是信息对主体在认知、关注到行为意向等单向度的信息传播效果，更包含了传播主体关系互动、媒介互动、情境互动，以及议程互动等复合效果。

（三）效果双向性

互动传播是传播主体的双向互动活动，其传播媒介、情境等要素方面对于主体双方来说都具有对等性。互动传播中的传播主体同时具有传者与受者的身份，在传播过程中，不仅是信息的传播者，同时也是接收者，互动传播对主体双方都产生影响，其效果具有双向性。

（四）效果溢散性

互动传播活动涵盖了关系互动、符号互动、媒介互动、情境互动以及议程互动等互动环节。随着互动活动的深入，传播信息不断累积，互动议题拓展与深入，互动传播活动作用于互动主体双方的效果也随之从最初的传播目标溢散开来。不同于以往单线传播模式，互动传播活动中，符号信息、媒介特性、情境建构及议程进度等都会对互动对象产生累积的作用，并使得传播效果不断丰富与延伸。

第二节 互动传播效果模型依据

一、AIDMA 效果模型

美国广告学家艾尔莫·里维斯于 1898 年提出的 AIDA 效果模型是消费者行为学领域较成熟的理论模型之一。艾尔莫·里维斯认为，AIDA 效果模型不仅是消费者接受行为的心理过程，更是广告创作与传播策略应该遵循的原则。广告效果所具有的延续性、迟效性和累积性等特点使得消费者的购买行为在多数情况下不是在广告传播后的及时表现状态。有时是长期累积性传播后，消费者基于对传播信息的记忆而产生的延续性和迟效性的心理过程。斯特朗于 1925 年在 AIDA 效果模型中的购买行动阶段前，又引入了形成记忆阶段并形成了 AIDMA 效果模型。

该理论将消费者从信息的接触到购买行为的过程划分为以下五个阶段：

A：即（attention）引起注意阶段。信息经过媒介渠道的传播传达到受众群体中，并形成关注。

I：即（interest）引起兴趣阶段。该阶段还处于外界信息刺激与受者内化阶段，信息的展现形式及趣味程度是该阶段的重要衡量指标。

D：即（desire）唤起欲望阶段。该阶段需要从以传者需要为中心的传播方式转向以受者需要为中心的传播方式，深入分析目标受众的需求层次，引导受众释放需求欲望。

M：即（memory）形成记忆阶段。该阶段是传播信息被受众接受的阶段，也是受众放下戒备、转变态度的阶段。形成记忆阶段是受众的自我说服与二次口碑传播的基础。

A：即（action）购买行动阶段。该阶段是指受者在动机和欲望的驱使下，将消费权利转让的过程，实施购买的行动，达到传播者的预期目标。

斯特朗将 AIDMA 效果模型引入到广告效果评估中，成为了第一个广告效果评估模型。该模型阐明广告效果不是一个含混的概念，它可以解构出不同的阶段层次。广告活动效果的测评应从广告在多大程度上引起了消费者的"注意"，激发了他们的"兴趣"，刺激了他们的"欲望"，形成了他们的"记忆"改变了他们的"行动"等方面来进行。这种线性的效果分层模式虽然能简单直接地描述广告引起的消费者心理变化过程，但却忽略了消费受众对信息反馈的主动性，没有很好地考虑到消费者自发的需求所起的作用。

二、DAGMAR 效果模式

DAGMAR 是美国广告学家 R. H·科利（Russell H. Colley）在著名的《为衡量广告效果而确定广告目标》一书中提出的。DAGMAR 是"为度量结果而确定广告目标"（defining advertising goals for measured advertising results）一语的缩写，也称为科利法模式或达格玛模式。在该书中，科利将广告的成败归因于能否有效地把信息与态度在合适的时机有效地传播给合适的受者。与传统广告目标方法不同，DAGMAR 模式更加注重沟通信息的传播而非销售的变化。

DAGMAR 模型的广告效果模式如下：

未 知→知 名→理 解→信 服→行 动

未知：未察觉某商标或企业。

知名：潜在顾客需要对某品牌或公司的存在"知名"。

理解：潜在顾客需要了解这个品牌或企业的存在，以及这个产品能为他做什么。

信服：潜在顾客需要达到一定的心理倾向并具有购买这种产品的行为意向。

行动：潜在顾客在了解、信服的基础上经过最后的激励产生购买行为。

科利依据广告所执行的只是传播任务的认识，他认为以传播效果衡量广告效果是非常合理的，极力说服广告主建立起广告传播的效果层级模式，主张每一阶段都必须确立能够加以科学测定的量化指标，以便最后测定和衡量广告传播效果。除了把沟通任务作为广告目标的核心，DAGMAR重要的思想还包括：主张设定明确的广告目标，这个目标应是可书面表达、可定量测量的，其设定了确定基点、目标顾客和时间周期。

DAGMAR模型的一般原则如下。

（1）广告目标是营销工作中有关传播方面的简明陈述。

（2）广告目标是用简洁、可测量的词句写成的。如果对广告目标尚未达成协议，那么在制作广告之前就要把广告目标找出来，而非在事后再找。

（3）广告的各种目标要得到创作与核准等部门的一致同意，制定计划与执行计划要分开。

（4）广告目标的制定，应当以对市场及其各种购买动机方面精湛的知识为基础。它是以缜密小心的衡量市场各种机会为根据而表示出的非常实际的期望。

（5）基准点的决定是依据其所完成的事项能够测量而制定。心理状态包括认识、态度与购买习性等要在广告刊播之前与之后加以鉴定，或者以广告到达与广告未到达的受众来进行比较。

（6）用于事后测定广告成果的方法，应在建立广告目标时即制定。

DAGMAR模型的一般方法如下。

（1）商品（merchandise）：我们所卖的商品与服务最重要的利益诉求是什么？

（2）市场（market）：我们所要影响的人们是谁？

（3）动机（motive）：他们为什么要买或者不买？

（4）信息（message）：我们所要传达的主要想法、资讯与态度是什么？

（5）媒体（media）：怎样才能达到这些潜在顾客？

（6）测定（measurement）：我们提出什么样的准则来测定所要传达到各特定受众的效果？

DAGMAR模式认为，广告效果是在传播过程里达到的，所以分析广告的效果应从整体传播过程如何影响消费者心理变化过程的角度来分析，预先确定广告目标，基于广告传播效果的四个层级模式的基础，建立能够科学测定的量化指标，以便最后测定和衡量广告传播效果。

DAGMAR模型对广告传播活动中消费者的心理历程划分，似乎与AIDMA模型近似。但AIDMA是以广告传播者为中心，受众是在广告传播影响下被动地产生心理变化的过程。而DAGMAR则以受众接受为中心，消费者主动地对广告传播信息进行加工。应该说DAGMAR模型比AIDMA说更符合当今的市场趋势。

DAGMAR方法能够直观地表现广告活动进行前后受众心理状态的变化，并且简单易行。但它有一个很大的缺点：由于两次调查的时间间隔比较长，通常为一个广告周期，因此我们不能断定某项心理指标水平的增长在多大程度上是由广告引起的，从而不能准确地评估广告产生的心理效果。

三、 L&S 效果模型 2000

1961年，罗伯特.J.勒韦兹和加里.A.斯坦纳在美国《市场杂志》上提出了一种消费者对信息的反应过程的层级模型。与DAGMAR模式不同，L&S模式将消费者对品牌从未知到产生购买行为的反应过程，划分为认知、情感和行为三个阶段组成的递进运动过程。该模式不仅常常被传播研究者引用，而且也成为广告行业中制定广告目标的理论基础。该模式的作用效果原理如下：

知 晓 → 了 解 → 喜 欢 → 偏 好 → 信 服 → 购 买

勒韦兹和斯坦纳注意到了情绪因素在决策中的作用，认为消费者对广告的反应由三个部分组成，即认知反应、情感反应和意向反应。

认知反应包括知晓和了解。所谓知晓是指消费者发觉到产品的存在，它发生于消费者与广告接触之际；了解是消费者对产品性能、效用、品质等各方面特点的认识。

情感反应包括喜欢和偏好。喜欢是消费者对产品的良好态度，偏好是消费者对产品的良好态度扩大到其他方面，喜欢和偏好是密切联系的两种反应，它们是消费者对产品的评价。产品是否为一种满意而合适的问题解决办法的衡量。

意向反应包括信服和购买。由于偏好，消费者产生了购买欲望，而且认为购买该产品是明智的，这就是信服。信服代表决策的结果，它说明在做决策之后，消费者已经坚信购买广告产品，或者说有了购买广告产品的动机；购买是由态度转变为实际的行为反应。勒韦兹和斯坦纳还认为，广告活动要达到最终目的，就要促使消费者由知晓向购买进展。

从 L&S 模型可以看出，消费者对广告传播的刺激可能会有一个心理反应的过程，不同的广告传播由于目的、内容、传播组合、诉求、表现等不同，可能会引起不同的心理历程。同时由于消费者加工广告信息、做出购买决策的复杂性，六个阶梯也不能概括所有的广告心理过程。有时消费者并不需要获得全部的信息，也不一定要经历全部的阶梯。但它还是给我们揭示了广告心理效果的历程和主要机制，这对于广告传播实践是非常有益的。

L&S 模型的缺陷是：首先，对某些产品来说，消费者不一定按照 L&S 模式所制订的次序进行，他们可能开始一两个过程后就停止或重新开始；其次，后一阶段的活动结果反馈，可能对前一阶段产生影响，如对产品的信服可能加强消费者对产品的偏好。

四、AISAS 效果模型

2005 年，日本电通集团提出了基于网络购买消费者行为的 AISAS 理论。AISAS 的前两个阶段和 AIDMA 模型相同，但在第三个阶段 S 为 Search，即主动进行信息的搜索，第四个阶段为 A，即达成购买行为，最后一个阶段 S 为 Share，即分享，将购买心得和其他人进行分享。这一学说更加准确地概括了在网络条件下消费者获得信息、分享信息的能力，是对 AIDMA 理论的发展。

营销方式正从传统的 AIDMA 营销法则逐渐向含有网络特质的 AISAS 发展。

（1）attention——引起注意；

（2）interest——引起兴趣；

（3）search——进行搜索；

（4）action——购买行动；

（5）share——人人分享；

AISAS模式的转变表现为，出现了两个具备网络特质的"s"——search（搜索）、share（分享），从而凸显了互联网时代下搜索和分享的重要性，而不是一味地向用户进行单向的理念灌输，因此充分体现了互联网对于人们生活方式和消费行为的影响与改变。

五、SICAS 效果模型

DCCI通过技术手段对用户的长期、连续性、实时监测发现，用户行为消费模式，正在由AISAS模式转变为SICAS模式。用户、消费者的信息触点—用户行为—消费路径在改变。

2.0+移动互联的全数字时代，用户行为/消费触点变革为SICAS模型（如图6-2所示），即sense— interest & interactive—connect & communicate—action—share（品牌与用户相互感知— 产生兴趣并形成互动—建立联系并交互沟通—产生购买—体验与分享）。SICAS将全面替代电通广告公司数年前所出的AISAS模型。

图6-2 SICAS 效果模型

SICAS模型，是全景模型，用户行为、消费轨迹在这样一个生态里是多维互动的过程，而非单向递进。品牌与用户互相感知（sense），产生兴趣并形成互动（interest & interactive），用户与品牌商家建立连接并交互沟通（connect & communication），产生购买（action），体验与分享（share）。

sense（品牌与用户互相感知）：在SICAS生态里，通过分布式、多触点，在品牌—商家与用户之间建立动态感知网络（sense Network）是非常重要的基础。关于触点，既有去向感知的产生，更有来向的凭要求、需求响应，对话过程无时无刻、随时随地，广告网络、智能语义技术、社交网络、移动互联网LBS位置服务等，是互动感知网络的基础。对品牌商家来讲，实时全网的感知能力变成第一要义，建立遍布全网的sensor，及时感知需求、理解取向、发现去向、动态响应及充分有效的到达变得非常重要。对用户的感知最为重要，而能够被用户感知到同等重要，这两点是品牌商家建立感知网络的两个关键。对于用户来说，关注、分享、订制、推送、自动匹配、位置服务等，都是其有效感知的重要通路，品牌商家所需要做的，就是以最恰当的方式能够被用户通过这些通路感知。当然，不同通路的效率、特性也是下一步需要研究的。站在用户行为、消费路径角度观察，在sense阶段，有6个衡量企业感知能力的基本指标：

——感知率：以某种或某些组合手段所能够感知到有效人群与目标市场总体人群之间的比率；

——感知量：能够感知到的信息范围的多寡，用户人口信息—兴趣需求内容—网络地址信息—现实位置信息—关系链—沟通联系方式等；

——到达率：营销活动最终到达的人口与能够感知到的人口的比率；

——理解力：是否能够基于感知到的信息进行分析、理解、响应；

——感知效率：到达单位人口的目标客户所发生的成本；

——被感知率：根据抽样或者全数据实测原则，所了解到的被潜在用户能够感知到的人口比例；

——回馈率：具有双向回路的感知人口在所有目标感知人口中的比率。

interest & interactive（产生兴趣并形成互动）：形成互动不仅仅在于触

点的多寡，更在于互动的方式、话题、内容和关系。这方面，曝光、印象的效率在降低，而理解、跟随、响应用户的兴趣和需求成为关键，这也是为什么社会化网络越来越成为最具消费影响力的风尚、源头的原因。此阶段的用户，正在产生或者已经形成一定程度的心理耦合、兴趣共振。站在用户行为、消费路径角度观察，关于产生兴趣阶段，我们将在下一步研究三个方面的指标，以此来帮助企业明晰、优化SICAS环境下的营销布局：

——兴趣互动成本效率指标：互动购买行动量、单位互动成本、二跳率、点击率、转化率、播放完成率等；

——兴趣互动内容特性指标：关系、话题、声量、关注点、好评度、好评点等；

——兴趣互动品牌服务指标：品牌气质、产品功能、价格评价、使用体验等。

connect & communication（建立连接并交互沟通）：意味着必须基于广告、内容、关系的数据库和业务网络，基于Open API、互联网、分享、链接，将移动互联网和计算机互联网结合，将企业运营商务平台和Web、App打通，在COWMALS的互联网服务架构之下，建立与用户之间由弱到强的连接，而非链接。不同广告系统打通、广告系统与内容、服务系统打通，以及social CRM等，成为其中的关键。站在用户行为、消费路径角度观察，关于连接阶段，我们下一步将会研究以下关键指标，帮助企业建立有效的连接架构，评估不同方面连接的成本效率：

——social Connect：企业是否建立了与主要社会化网络的品牌对话、互动连接通路；

——ad connect：企业是否自身或者通过Agence实现了广告系统的数据互联、业务协同；

——app connect：企业是否通过自有App及第三方App建立与消费者的互动连接通路；

——LBS connect：企业是否具有通过位置服务为消费者匹配产品服务的能力；

——EC connect：企业是否将上述通路与电子商务打通，使得消费者可以直达、购买；

——CRM connect：企业是否实现了原有CRM系统、social CRM系统互联互通，甚至彻底打通为一体，以及具备将感知网络数据流汇聚到CRM中进行动态实时管理、响应、对话的能力；

——SCM connect：企业是否已经将后端物流供应链与前段电子商务、客户关系管理打通；

action（产生—购买）：在行动—产生购买（action）阶段，用户的行为不仅发生在电子商务网站之中，O2O、App、社交网络等，都可能成为购买的发起地点。站在用户行为、消费路径角度观察，关于购买阶段，我们将会研究以下关键指标，帮助企业优化销售、电子商务布局，评估不同方面关键指标对于销售转化的价值和意义。

——电商率：线上销售及通过O2O带来的销售额在总销售额中的比率；

——分布率：企业电子商务是一之内的自主电子商务，还是分布式的电子商务及其占比；

——接通率：企业线下销售网店、线上电子商务与感知网络的接通量、打通率；

——个性率：是否具备对用户个性化需求的采集、响应、定制、服务能力及其占比；

——移动率：企业电子商务在移动终端的部署量及交易达成量及其在总量中的比率；

——社会化率：社会化网络来源的流量、声量、购买量在企业商务总量中的比率。

share（体验与分享）：体验—分享的原始理解在于社会化网络，但是实际过程中，互联网的开放分享会实现对用户体验分享碎片的自动分发和动态聚合，且一切远非口碑营销那么简单。体验、分享并非消费的末尾，很大程度上正在成为消费的源头，且体验分享的关键信息的发现能力，不仅是满足个性化需求的关键，也会成为消费生产力的重要来源。在体验、分享阶段进行互动、引导，其营销价值甚至大过于广告制造最初的关注。这是一个消费者主体、用户主权的时代。站在用户行为、消费路径角度观察，关于 share 阶段，我们将和企业一起来研究、评估以下指标的价值与方法。

　　——体验分享内容指标：话题、关注点、好评度、好评点、传播圈、关键节点等，兴趣互动阶段也有相关指标；

　　　——体验分享互动指标：参与者量、声量、话题数等；

　　　——体验分享对话指标：企业与进行体验分享活动的用户之家的对话量、响应度；

　　　——体验分享转化指标：从用户体验分享环境转化到企业品牌社区、官微、官网、电商网站等营销环境的用户的比率。

　　总之，SICAS 模型是 DCCI 在 2.0、全数字营销环境到来之际，所提出的建设性的行为消费模型，是对 AIDMA、AISAS 的全面革新和替代；互联网在变革，商业生态在变化，用户在迁徙，我们对于商业、营销活动的理解，也必须切换到全景、多点互动、非线性的场景之中来。企业必须将自身融入场景的各个微点之中，以感知、对话的方式和用户互动，逐步放弃成本效率越来越差的广告营销模式。

第三节　互动传播效果评估

　　传播效果的评估主要是针对传播对象影响的范围和程度进行分析和衡量，通常采用两种方法来进行：一是传播前评价法，主要是依据既定的传播目标对传播策略进行事先评价的方法。这类评价方法是传播主体依据自身掌握的数据和案例对拟定的传播策略（如传播方式、传播内容、传播环境、传播时机及媒介策略等）进行综合评估，从而优化传播的实施策略；二是传播后评价法，这种方法主要是在传播过程中或传播活动完成后，通过相应的客观数据反馈和主观态度测评（受者情感、品牌认知、公众形象等）来评估和总结传播活动的效果。

互动传播虽然是主被动传者之间的互动，但从互动传播的目标来看，其效果主要体现在传播活动对被动传播主体在态度、情感、行为等方面的强化或改变。本节就互动传播过程中的传播内容、传播媒介、说服过程及被动传播主体的行为意愿等四个方面来评估分析互动传播的效果。

一、内容传播效果评估

对于互动传播而言，传播过程主要是指被动传播者接收传播内容，并内化为自我互动，进而产生情感、态度及行为的变化。内容传播效果是互动传播效果的基础，而对于内容的范畴而言，则包含了语言符号、非语言符号、符号化的情境与环境等多样化信息内容。影响内容传播效果的因素有以下四种。

（一）内容传播的强度

衡量内容的传播强度包括内容传播的广度与深度。从内容传播的广度来看，主要评估参考指标有内容的传播渠道、内容的接触频次等。被动传播主体接受信息的效果主要体现在关注、产生兴趣、形成记忆、态度转变等四个阶段。内容的多维传播渠道不仅能够提高被动传播主体的关注度，并且能够增加信任感，为被动传播主体的态度转变提供客观的外部基础；内容的接触频次直接影响被动传播主体的记忆阶段，有助于提高被动传播主体的认同感和参与"互动与分享"的积极性。

从内容传播的深度来看，主要评估参考指标有信息内容的共鸣性、内容话题的识别度等。在东京电通株式会社提出的SIPS模型中，将"引起共鸣"作为传播过程的首要阶段，包括对品牌发出信息的共鸣和对生活者发出信息的共鸣。就广义上的互动传播而言，具有共鸣性的信息内容能够唤起并激发受者内心深处的回忆，同时赋予内容符号以特定的内涵和象征意义，建立目标对象的移情联想。通过信息内容与生活经历的共鸣作用而产生效果和震撼。信息内容的共鸣性与稀缺性影响到内容话题的识别度，而内容话题的识别度直接影响到被动传播主体心理诉求的满足，包括好奇心理、从众心理等，同时也影响到被动传播主体互动与分享的积极性。

（二）内容传播的友好度

衡量内容传播友好度的评估参考指标主要包括内容形式的接受度、内容的情感倾向、内容的口碑等。内容形式的接受度主要包括内容的呈现形式、受众认知的难易度等，其直接影响到被动传播主体的关注阶段和兴趣阶段，接受度越高则意味着接受门槛越低，有助于提高受者的互动体验。内容的情感倾向主要是指受者对传递信息的态度（或称观点、情感），即内容的主观性信息。由于传播的立场、出发点、个人状况和偏好的不同，受众对生活中各种对象和事件所表达出的信念、态度、意见和情绪的倾向性必然存在很大的差异。内容情感倾向性评估主要可从传播主体典型印象的情感倾向性评估、符号的情感倾向性评估、环境的情感倾向性评估和情境的情感倾向性评估等四个方面来分析。内容的口碑是基于强弱关系的人际传播主体对内容信息的感知与共识。内容的口碑是内容传播友好度的重要参考指标之一，它直接影响人们的认知、情感、期望、态度、行为意向和行为。内容的口碑可分为接收前效果与接收后效果，接收前效果主要是口碑所引起受者的认知反应，如知晓与理解，影响受者接受意向的正负舆论。接收后效果主要是受者受口碑影响在认知一致后所产生的再传播行为。

（三）内容传播的参与度

衡量内容传播参与度的评估参考指标主要包括内容的认知一致性、话题的期望值、议程设置的互动性等。内容的认知一致性是内容传播的参与度效果评估的基础，它主要体现在两个方面：一是传受主体对内容信息认知释意的一致性，这保证了内容信息的双向有效流动；二是传受主体的认知态度与认知信息的一致性，其保证了受者参与内容传播的行为意向。话题的期望值是指受者依据自身的经验判断参与话题互动目标的把握程度。

作为社会群体中的成员，受者有归属需求、娱乐需求、社交需求、存在需求等方面的个体需要，而依据期望理论，受者对内容参与度的动力为话题的期望值与满足个人需要的价值的乘积；也就是说受者对话题的把握程度越高，传播内容对满足受者需要的价值越大，内容传播的参与度也就越高。议程设置的互动性是指传受主体双向平等的设置互动议题，它是基于内容的认知一致性和话题的期望值基础上的影响因素。

（四）内容传播的累积度

内容传播的累积度是指对于受者产生认知、形成记忆、转变态度和外化行动等效果的传播内容的持续积累程度。衡量内容传播累积度的评估参考指标主要包括内容的权威性、内容的传播频次、边际上限等。拉扎斯菲尔德提出，信息的传递，是按照"媒介—意见领袖—受众"这种两级传播的模式进行的。重要因素是意见领袖和权威专家，内容的权威性是内容信息对受众产生累积作用的重要因素。内容的权威性越高，受者的趋同心态就越强烈，对于信息的全面性的求知欲望就越高，有效累积度就越高。正如沉默的螺旋一样，内容传播的累积度也是一种螺旋式的过程，多维度的内容信息经由不同媒介渠道多频次地传递给受者，使受者产生趋同或排斥的心理，随着传播频次的增加，趋同的态度逐渐高于排斥的态度，内容信息的有效累积度增加，接受意向也更强烈。内容传播的累积度是在一定内容容量范围内产生作用的，当受众个体在一定时期、一定范围、领域追求获取某一特定知识会出现"饱和"，达到边际上限时，这些内容的累积效果就会出现停顿。

二、媒介传播效果评估

互动传播中媒介传播的效果可由三个方面进行综合评价，一是媒介有效性（MEI），即对某一类型媒介从内容认知度、媒体忠诚度与权威相符度三个维度进行综合评价，反映出单一类型媒介面向目标受众促进态度转变和行为实现的传播效果；二是媒介贡献比（MER），又称为"媒体有效性比重"，指的是单一媒体有效性占该次媒体组合整体有效性的比重，反映了该类单一媒体在所有媒介组合中有效性方面的相对优劣，可用于同一媒介组合中不同媒介效能的横向比较；三是媒介投资有效性（ROI），指的是媒体有效性比重（MER）与媒体投资比重（MIR）的比值，反映了单一媒介的投入产出比。其中媒介有效性是媒介传播效果的基础，科学地对媒介有效性进行评价是整个媒介效果评估有效实施的前提条件。媒介贡献比给出各类媒介的效率评价，对于比重高的媒介可以进行优先考虑，而媒介投资有效性从财务投入产出比角度分析重点评价媒介或媒介组合的价值贡献。

对媒介传播效果评估模型进行如下具体说明，如图6-3所示。

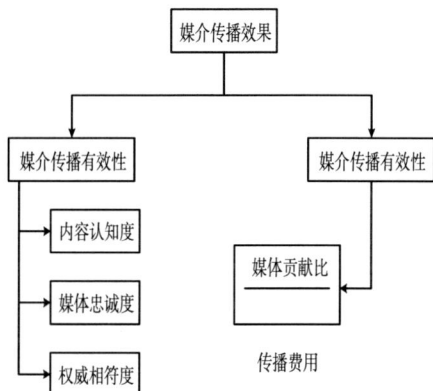

图6-3 媒介传播效果评估模型

1. MEI

MEI反映的是不同的媒介选择对于提高目标受众对信息内容的认知、态度转变和行为意向的有效性。W权重的含义：体现了影响媒体有效性的各指标（回忆度/承载力/相符度）对于促使受众对信息内容产生认同的态度与行为意向的影响程度。W权重的计算方法：将受众接触过信息内容后的认同的态度与行为意向作为因变量，将受众对媒体的内容认知度/媒体忠诚度/权威相符度的评价作为自变量，通过回归分析计算出影响媒体有效性的各指标与受众态度认同与行为意向的相关程度。

MEI=内容认知度×W₁+媒体忠诚度×W₂+权威相符度×W₃

2. MER

单一媒体有效性占该次媒体组合整体有效性的比重，反映了该类单一媒体在所有媒介组合中有效性方面的相对优劣，可用于同一媒介组合中不同媒介效能的横向比较。

3. ROI

MER 与 MIR 的比值，反映了单一媒体的投入产出比。

三、说服效果评估

从互动传播的过程来看，传播主体的互动过程也是说服过程。说服效果的评估是互动传播效果评估的核心内容。说服是否有效果要受到主动传播主体的角色属性、传播内容、被动传播主体心理期望、传播情境等因素的影响。

（一）传者角色

1. 角色权威性

在互动传播过程中，主动传播主体的社会角色地位的高低直接影响着受者对于内容信息的态度认同和后续的行为意向。其角色的权威性越高，说服的效果也就越好。

2. 角色友好性

在互动传播活动开始之前，被动传播主体的态度倾向性决定了其行为方式，主动传播主体的角色符合受者的情感倾向，其角色的友好性就越高，说服的效果也就越好。

3. 角色类同性

传播主体间的角色类别越趋同，其主观价值评判就越相近，在认知方式、主体态度、主观期望等方面也容易达成一致，信息内容的传播也容易产生共鸣，说服的效果就越好。

4. 角色公正性

对于互动传播而言，双向对等的信息流通、传播主体的内容评价与内化过程都决定了传播主体在传播过程中的平等地位。从社会交换的角度来看，传播主体在互动过程中，只有基于公正客观的交换原则，才能有效地实现主体双方的互动目标的满足。

（二）传播内容

1. 内容的差异性

主动传播主体所编码的内容信息与受者原有的态度之间具有差异性，主动传播主体的可信性越高，受者发生最大态度改变量的差异水平也越高。

2. 信息的情绪性

主动传播主体所提供的信息对受者的情绪唤醒所产生的效果会影响说服的效果。特别是唤醒引起的恐怖情绪。如果传者所传播的信息能唤起受者中等强度的恐惧，则传播活动能达到很好的说服效果。

3. 信息的组织性

信息的不同呈现方式也会对受者的态度改变产生作用，一般说口头传递比书面传递效果更好，面对面的沟通比大众传媒沟通效果好。对于普通大众，提供单面论据的信息说服效果好，对于教育水平较高的对象，则同时提供正反两面论据的信息说服效果较好。

（三）受者心理

1. 人格特征

主动传播主体需要了解互动对象所具有的人格特征，如自尊、智力、焦虑和控制点等。低自尊的人易于被说服；自尊水平高，自我评价高的人不易转变态度；智商高的人容易受理解信息的影响，而智商低的人受依从信息的影响。例如，马克思列宁主义思想的传播，对于智商高的人易于接受，他们能够主动改变态度；而对于智商低的人来说，其态度变化往往是被动的，他们难以理解这些思想和观点，易于接受群体的压力，从而改变自己的态度。

2. 态度转变的反差程度

根深蒂固的态度难于转变，已成为既定事实的态度也不易转变，与个体的需要密切相关的态度也不易转变。这就需要主动传播主体的说服信息应避免直接与受者原有的态度相矛盾。

3. 态度倾向的强化

对受者的行为意向进行微弱的攻击，使之加强原有的态度，从而增强其抵抗有害观点的能力；对受者的行为意向给予支持，可使原有态度得到加强。

四、受者行为效果评估

从互动传播的显性目标来看，受者行为的效果评估则是最直接的评价依据。受者的行为是其行为意图的显性效果。行为意图就是个人想要采取某一特定行为的行动倾向，也就是指行为选择的决策过程下，所引导而产生是否要采取此行为的某种程度表达，因此行为意图是任何行为表现的必需过程，是行为显现前的决定。受者行为意图受到以下三个方面因素的影响。

（一）受者的行为态度

影响行为意图的首要因素是受者的行为态度。实行某项行为的态度评价标准并不一致。期望—价值理论指出：态度是个人对特定对象所表现出来的一种持续性的喜欢或不喜欢的预设立场，也可说是个人实行某一特定行为的正向或负向的评价，态度的形成可从个人实行某一特定行为结果的重要信念和对结果的评价两个层面解释。

（二）受者主观规范

影响行为意图的第二个因素是受者的主观规范。主观规范是由个人在采取某一特定行为时所感受到的社会压力的认知。主观规范是个人知觉重要的他人或团体认为他应不应实行某一特定行为的压力。所以主观规范是规范信念和依从普遍性社会压力的依从动机的积和。

（三）受者的知觉行为控制

影响行为意图的第三个因素是受者的知觉行为控制。知觉行为控制即个人预期在采取某一特定的行为时自己所感受到可以控制（或掌握）的程度。因此可能促进或阻碍行为表现的因素之个人能力评估和这些因素重要性考虑的便利性认知的积和。

知觉行为控制常反映人们过去的经验或二手信息或预期的阻碍。知觉行为控制包括内在控制因素（如个人的缺点、技术、能力或情绪等）以及外在控制因素（如信息、机会、对他人的依赖性或障碍等）。

目前互动传播效果的研究主要在行业应用中较为体系化，如广告业，媒体行业等。在互动传播理论体系尚不明晰的情况下，可借鉴社会学、心理学、传播学的相关效果评价理论，如理性行为效果、认知效果等，为我们研究互动传播的相关效果评估拓宽思路。